像领袖
一样教学

改变学生命运，
使学生变得更好

[美] 史蒂文·法尔 Steven Farr 著
"为美国而教"教育组织 Teach for America

中国青年出版社
CHINA YOUTH PRESS

图书在版编目（CIP）数据

像领袖一样教学：改变学生命运，使学生变得更好 /
（美）史蒂文·法尔著；张尧然，杨颖玥译. —2版.
—北京：中国青年出版社，2019.5
书名原文：Teaching As Leadership: The Highly Effective Teacher's Guide to Closing the
Achievement Gap
ISBN 978-7-5153-5537-5

Ⅰ.①像… Ⅱ.①史… ②张… ③杨… Ⅲ.①师资培养 Ⅳ.①G650

中国版本图书馆CIP数据核字（2019）第051768号

Teaching As Leadership: The Highly Effective Teacher's Guide to Closing the Achievement Gap
Copyright © 2010 by Teach for American
Published by Jossey-Bass
A Wiley Imprint
Simplified Chinese translation copyright © 2014 by China Youth Press
All rights reserved.

像领袖一样教学：
改变学生命运，使学生变得更好

作　　者：[美]史蒂文·法尔
译　　者：张尧然　杨颖玥
策划编辑：肖妩嫔
美术编辑：杜雨苹
出　　版：中国青年出版社
发　　行：北京中青文文化传媒有限公司
电　　话：010-65511270/65516873
公司网址：www.cyb.com.cn
购书网址：zqwts.tmall.com　www.diyijie.com
印　　刷：三河市文通印刷包装有限公司
版　　次：2019年5月第2版
印　　次：2019年5月第1次印刷
开　　本：787×1092　1/16
字　　数：285千字
印　　张：20.5
京权图字：01-2013-6165
书　　号：ISBN 978-7-5153-5537-5
定　　价：49.00元

TEACHING AS LEADSERSHIP

目 录

contents

TEACHING
AS LEADSERSHIP
序 言
Foreword

上世纪90年代末，我开始了在苏泽高中的教学生涯，同时也是"为美国而教"教育组织的一员。

那时的苏泽高中已不复昔日崭新漂亮的模样，学校周围的居民从中上阶层变成了低收入家庭。然而不变的是，苏泽高中依然在剥夺孩子们的自由——现在不再是把他们拒之门外，而是无法在课堂上向学生们提供他们想要得到的教育。

这里也有一群默默奉献的人，为了孩子们的教育呕心沥血，但是整体而言，这所学校已经不足以为其大部分学生提供良好的服务，以至于让学生们与其他优秀高中学生的差距越拉越大。

这种不平等，导致了经不起推敲的成绩分化。这也是为什么我在13年前选择成为一名老师，选择加入"为美国而教"。

成绩分化的现实是令人震惊的。根据2007年的评估，美国来自高收入家庭的四年级学生，能够熟练阅读的比例是来自低收入家庭学生的三倍多。统计数据还告诉我们，来自低收入家庭的这些四年级学生，将来只有十分之一的人能够坚持到大学毕业。

2005年，作为当年的国家年度教师奖得主，我在周游全国的路上遇到了数不清的教育工作者，他们为了消除这种成绩分化，日复一日的在课堂上努力奋斗。从密西西比州的奥利夫布兰奇，到加州的洛杉矶，他们都努力确保每一个走进他们教室的孩子能够成绩出色，不论他们的家庭背景如何。

但是我也看到，这个国家的某些人依然认为成绩分化的存在，是因为那些儿童拥有不同的背景——比如来自低收入家庭——所以他们的能力不如其他人。这简直是大错特错。我的学生和我遇到的其他任何儿童相比，都同等聪明，拥有同样的学习能力。他们每天都在用他们的智慧、创造、坚韧和善良鼓舞着我。

每一天，只要我们允许成绩分化的不平等继续存在，我们就是在漠视那些最需要我们关注的学生。我们这样做，是在损害我们的未来。

我们有责任向我们的孩子们做出简单而有力的承诺。我们必须向他们承诺，他们追逐梦想的机会，只会受到他们想象力与勤勉的限制——而永远不会受到其他任何标签的限制。

我也深深地相信，我们将会实现这个承诺。我之所以相信，是因为我曾见到这种成绩分化，被我自己学生的优秀成绩抹平。他们几乎全部都生活在贫困线以下，但是他们的学习出色。他们取得了优异的成绩，并因此从根本上改变了他人对他们的看法和预期。

作为一个在贫困地区学校取得点滴成就的老师，我常常问自己，我们怎样做，才能一劳永逸的消除这种成绩分化。在过去的几年里，我一直在思索这个问题我曾反思过自己的课堂经验，学习过最新的教育研究，也和来自全国各地的人进行过深入探讨。

我渐渐相信，完成这个重任只能依靠人，高效能的老师们——这些老师不仅对他们的学生抱有最高预期，同时也知道如何帮助学生达到预期目标——他们是破解这个难题的最关键环节。

当然，在老师的控制之外，还有无数影响学生学习和成绩的因素。如果我们想要对这种成绩分化发起总攻，就必须解决这些问题。

优秀的老师可以对儿童的人生产生巨大影响。事实上，我相信老师是消除这种成绩分化的核心力量。

在环游全国的时候，我发现同样是特困生，学习好的课堂和学校与学习差的课堂和学校，其区别并不在于每个学生的平均开支，也不在于他们使用的课本或课程，甚至和学校设施的好坏也关系不大。在更大的程度上来说，其中的区别来自老师。

这本书展现了那些高效能老师们在课堂上的行为。它将其中难以言喻的微妙之处具体化，揭秘了这些优秀老师的神奇魔法。它帮助我们把问题的焦点，从讨论能否消除学生间的成绩分化，转移到了怎样消除学生间的成绩分化。因此，这是每一个教育工作者都不可或缺的一本书。

《像领袖一样教学》揭示那些成功消除了学生成绩分化的老师的做法，非常类似于所有面对看似难以逾越的困难的伟大领导：他们设定一个大目标，为了达到这个目标，从各方面调动他们的团队（学生）投入其中，周密筹划，高效执行，持续增效，并瞄准他们消除学生成绩分化的目标坚韧不拔。

"为美国而教"花费了数千个小时观察他们最高效教师的行为，并与他们进行深入交流，然后才研究出了这六条原则，这些老师多数只有一到两年教龄，却在一年之内将学生的学习水平提高了两三个甚至更多个年级的层次。这些老师是最伟大的教育者。

　　我发现，他们的工作是可以学会的，这令我感到非常振奋：我们都可以学习他们的例子，成为更加高效的老师。不过与此同时，他们的谦虚也在鼓励着我。我有幸见过一些书中提到的老师，他们总是说，关于高效教学的课题，还有很多东西值得学习，我们诚挚邀请您参与讨论。

詹森·卡姆拉斯

美国年度国家教师奖得主

TEACHING
AS LEADSERSHIP
前 言
Introduction

想象一下，假设你和我们一起到一所有很多"为美国而教"会员执教的学校访问。

那么你会发现这所学校的五年级学生中只有一半人的阅读和数学能力能够达到该州要求的最低标准。

这就是最现实的情况：低收入社区四年级学生的学习水平，比高收入社区的同年级学生要落后两到三年。

与此同时，你若进一步走访，还会发现美墨边境的孩子，大约只有一半人能够从中学毕业，而某些富裕社区的中学毕业率是在98%～99%。

在"为美国而教"，我们培训并支持了大约两万五千名教师，他们所在的社区或学校成绩分化尤其严重。因此，我们可以通过本书中一个个案例去学习那些优秀老师的做法，看看他们让学生取得优异成绩的秘诀。

以学生的成绩定义老师的效能

现在请想象一下，你和我们一起观察两个特定的刚入行的新老师。两个人在执教之前，都以优异的成绩从大学毕业，他们有着类似的批判性思维、沟通能力和组织能力。他们在走廊对门的两个教室里，教授同一年级的同一门课程。根据以往的观察数据和记录，第一个老师，是一个纯粹的新老师。他在课堂管理方面略显吃力，不过学生们对他的反响很好，整个教室都有一种好好学习的氛围。根据地区在学年中期进行的测验，这个班的学生完成了一年级的全部学习目标——鉴于特困地区学校师生所面临的种种困难，这在很多人看来已经是值得敬佩的成绩。

不过，在对面的教室里，出现了更加惊人的现象。根据类似的观察数据和记录，这个班里的每个学生都在一年里学到了相当于三年进度的知识。这位老师与其学生所取得的成绩，超过了任何人的期望——尤其是作为一名新老师，没有人再把这惊人的成就称为"鉴于他们所面临的挑战，还不错"。从绝对的衡量标准来看，学生们在这个班里的成绩可以称之为"十分了不起的"。

在"为美国而教"组织中，我们用学生学习的成果，来定义并衡量老师所取得的成就。我们的使命是终结教育不平等，终结我们国家这种不平等的现象（孩子的出身决定了他将来的学习成绩和人生前景）。我们曾看到，优秀的学习成绩具有无与伦比的巨大力量，可以开拓一个学生的人生机会。因此，我们寻求这一方面的成功——可衡量的学习成绩，正是它，将低收入社区的儿童与高收入社区的儿童分离开来。

通过收集、分析数千名老师课堂中的学生成绩，我们得以从一系列效能频谱（频率的分布曲线）来观察我们的老师，有的人费了九牛二虎之力，学生的成绩却毫无起色，有的人却为学生打造了一条通向优秀成绩的康庄大道（关于我们定义、衡量、追踪学生成绩的系统概述，参见附录）。

最高效教师的独特之处

我们不断地在思考：在最艰难环境中取得非凡成功的老师，有何独特之处呢？他们是怎样消除学生成绩差距的呢？

20年前，"为美国而教"刚刚成立的时候，我们听说一些著名的低收入社区老师，他们能保证让学生们达到与高收入社区学生同样的学习水平。很多人认为，这些老师"天生适合当老师"——超级巨星的成功总是神秘而不同寻常的。不过，随着我们数以百计、后来是数以千计的老师日复一日地和学生们共同努力，他们当中越来越多的人找到了诀窍，取得了最初只有几个人能够达到的成功——在最艰难的环境中，带领学生取得优异的学习成绩。

我们正在进行的研究

我们首先进入了"成绩还行但不算优异"的班级，那位老师正在勤奋工作，努力讲授课程，试图让学生们集中精力。有的学生看起来有点走神，但大部分时间里，他们都在专心听讲。那位老师熟悉学习内容，清楚地知道应该怎样设计课程、怎样讲授知识，语调和态度也积极而热情。学生偶尔有不当行为，老师也能及时纠正，在某种程度上还算是成功的。这个课堂给人的整体感觉就是，老师在做正确的事情，努力工作。我们看到了学生学习的迹象，但也感觉到，这些学生或许只是简单地完成上学的任务，十分钟之后，我们离开了。

进入走廊对面的教室，我们立即感受到了不同，在我们进门的瞬间，老师和其他学生似乎都没有留意到我们，或者是没有在意我们，一个学生站起来，把我们带到教室后面一个听课的座位，打开笔记本，低声指给我们当天的学习目标。随后，他就快速回到了自己的座位，他举手应答，踊跃参加课堂讨论。我们甚至还没搞清楚这堂课在讲什么，就感到被这些学生所带动，去聆听老师的"秘密"。我们费了些力气，才把注意力从老师讲课转移到这间教室上。我们发现，教室墙上和我们手上的笔记本封面上，都有个巨大的"2"字。我们看到黑板旁边有一个横幅，上面解释说，这些"2"意味着教室里的学生决心要在今年学完两年的课程。我们看着那些学生，注意到每次老师提问，所有学生都会举手，但手势不同。老师兴奋地点点头，然后又问另一个问题。而我们则想知道，她在手里的笔记本上频繁地记些什么。不知不觉的，学生们分组完成了一个又一个练习，这位老师也不停地从这个小组走到那个小组，然后每个学生都开始独立学习。在短短的四分钟里，我们看到两组不同的学生相互帮助。在这个教室里，每一个人的每一个动作都不是随意的，争分夺秒的感觉非常浓厚。我们听到老师两次提醒，学生们要在课后参加辅导。我们以为差不多过了十分钟，其实已经过去五十分钟了。

二十多年以来，"为美国而教"一直在调查研究，低收入社区的高效能教师有何独特之处。比如，我们常常观察这样的老师，收集他们在课堂内外的行为特点。我们采访他们，帮助他们回顾教学过程、目的和信念。我们研究这些老师的备课材料、测验试卷和学生作业，我们每年至少四次对参加我们项目的老师进行调查研究，了解什么样的培训和支持对他们的教学实践影响最大（我们培训、支持老师的具体方法，参见附录。我们怎样了解老师的行为，参见附录）。

当我们把老师们的行为、想法、信念与他们学生的学习情况进行对比之后，就看出了最高效老师行为的普遍模式。我们看到，高效能教师采取的原则，和任何艰难环境中的成功领导者所采取的原则是一样的——我们称之为"像领袖一样教学"。

像领袖一样教学

通过观察、采访和调查，我们深入到数千个教室中，研究那些仅仅是让学生成绩过得去的老师，和那些足以改变学生人生进程的老师。这本书讲述了我们从那些高效能教师身上学到的东西，他们的学生受到了不同寻常的挑战，取得了惊人的学业成就。

总结他们行为的本质，我们得出了六个原则，把高效能教师和那些勉强过得去的老师区分开来——任何艰难环境中的领导，也都会采取这些原则，这六个原则就是：

设定大目标	对学生来说有挑战、有意义、可衡量的目标。
多管齐下	通过一系列方法努力工作，实现这些伟大目标。
周密筹划	聚焦学生们的努力方向、定义怎样才算成功，以及学生如何获得最佳的成长。
高效执行	监督过程、调整课程，确保每一个行为都有利于学生学习。
持续增效	批判性反思他们的学习过程，找到产生问题的根源，并落实解决方案。
永不放弃	在他们的信仰里，他们有能力克服学生学习的一切障碍。

这六个原则构成了"像领袖一样教学"的框架，正是这些原则和行动，使这些老师成绩突出，尽管他们的学生起点较低，还面临着各种艰难挑战，却依然取得了非常优异的学习成绩。

开始前提：老师可以消除成绩分化

1966年，美国教育部发布了一份具有里程碑意义的报告（通常称为科尔曼报告），报告认为，学校之外的因素（如学生的社会背景和家庭生活）对学生的学习成绩产生了90%的影响。在很多人看来，这份报告催生了一种观念，免除了学校和老师对学生学业成败的责任，同时鼓励了一种不良倾向："从学生自己的生活环境中寻找他们失败的原因"。四十多年来，这种观点竟然成了美国人集体思维的一部分。有些人依然怀疑学校和家长在促进教育平等上的重要影响，还有人认为教育平等的目标永远不可能实现。

▶ 我们对新老师影响力的关注

"为美国而教"支持数以千计继续在校园工作的老会员，但我们的主要精力是培训并支持一到两年教龄的年轻老师，也正是对他们的调查研究为本书提供了素材。

虽然关注新老师带领学生取得优异成绩的力量，但是我们并没有忽视教育者的经验在困难环境中的价值。我们的数据显示，带领学生取得优异成绩的入职两年的老师，比第一年的新老师要多，这也印证了老师随时间积累经验提升自己的研究结论。最近有研究指出，老师的学习过程可能比我们之前想象的要短，我们也曾遇到一些老师，他们说不清自己的教学能力是在执教的第一天、第一个月、第一年还是第一个十年里提升的。

与此同时，我们和一些外界研究者对我们的老师进行了缜密研究，发现某些老师（如本书中提到的新老师们）在他们执教的第一年、第二年就对学生的学习产生了重要影响。

你在本书中遇到的老师将驳斥这种观点，他们坚定地认为，尽管担负贫困的重担，只要付出艰苦努力，他们的学生依然可以取得惊人的成绩。通过学生的学业成就，他们证明成绩分化的统计数据并不是命中注定的。

低收入社区的高效能教师们正在用行动说明，老师和学校可以成为促进美国教育平等的主要力量。

为这个真理寻找第一手证据，是我们的重要工作之一，也是写作本书的动力所在。我们通过此书，分享那些老师对科尔曼报告无意引发的愤世嫉俗思想的反驳，每一天，我们都看到他们通过学生的成绩来驳斥那些错误结论。我们看到了书中这些老师的成功，比如以下几位老师：

● **乔希·比伯**　他今年在凤凰城教的五年级学生有一大堆问题，有的在之前长期旷课，连续逃学四十多天；有的刚移民到美国，只会说一点点英语；还有的因为家庭原因，在过去两年里转了四所学校。他班里的这些学生，平均阅读水平只相当于三年级，只有三个学生的阅读水平能达到五年级。事实上，他班里有些学生几乎不识字，尽管之前也上过学。比伯老师意识到，他的学生所处的教育氛围，使得各方对他们的期望很低，而他们取得的成绩更差。然而，在比伯先生教了他们一年以后，全班27名学生中有15人达到了五年级的阅读水平。平均来算，他的班在一年中完成了两年多的识字进度。在学年的最后几周，他的学生们都超过了在五年级数学考试中拿80分的目标。在比伯老师执教的第二年，还有9名学生阅读水平低于五年级，但到2月的时候，这些学生都赶了上来，还有6人开始冲击六年级的识字目标。此外，在数学方面，在学区组织的季度测验中，比伯先生的学生取得了平均分85分的好成绩。在两年的时间里，比伯和他的同事们一起努力，让数学考试及格的学生人数翻了三倍多，阅读考试及格的学生人数也翻番了。

● **费利西亚·奎斯塔**　在洛杉矶，参加七年级英语补习的学生挤满了她的教室，因为他们落后太多了。他们在这个学年开始的时候，平均阅读水平只相当于三年级的中等。在前一年，这些学生没有固定的老师，只有一个又一个的代课老师。在加州的统一测验中，这些学生的平均分不到

15分。有人通知奎斯塔，因为这些学生成绩太差了，他们不必参加年级测验了，然而，奎斯塔坚持认为她的学生能够达到七年级的标准。经过一年的艰苦努力之后，她主持测验，她的59名学生中有51人达到了七年级的优秀或良好水平，三分之二的学生在学区的流畅阅读测验中顺利过关，从而离开补习班，回到了正常的英语课堂。

● **安贾利·库尔卡尼** 她的学生中（纽约市的二年级）有一些残疾人，他们进来的时候，识字能力要比其他人落后两到三年，一位管理人员称这个班是"全校74个班中最棘手的"。然而，库尔卡尼女士并没有灰心丧气，她决心到年底的时候，她的学生"不仅要在学校得到肯定，还要在社会上得到认可"。根据美国常用的Fountas & Pinnell阅读分级体系，在她执教的第一年，她的学生在阅读方面平均取得了一年半水平的进展。在数学方面，根据学校测验结果，他们达到了二年级数学水平的全部28条标准，他们在社会实践中也同样取得了很大进展。库尔卡尼女士骄傲地向我们讲述3月的时候，班长戴维向其他同学高声宣布："女士们，先生们，我们以后再走起路来，可要像个二年级学生的样子。"

● **雅各布·莱瑟姆** 他在新墨西哥州的祖尼族村落讲授数学及科学课程，他的学生们则面临贫困的挑战。有些学生非常勤奋地工作，帮助他们的家庭维持收支平衡。有些学生健康状况不佳，或者营养不良。他班里的几乎所有学生，学习成绩都落后于同年级的及格水平。但是，就在九个月之后，在莱瑟姆的"基础数学"课上，学生平均完成了相当于两年的学习进度，很多学生已经能够跳过基础数学Ⅱ，回到他们同年级的课程。在他的物理课上，学生完成了该校历史上的首次科学课跳级。他的机器人团队，由来自全校的学生组成，并由国家航空航天局（NASA）的科学家担任顾问，参加了一项全国竞赛。尽管该团队的机器人没有获奖，但莱瑟姆的很多学生因此改变了志向，选择进入四年制的大学，其中有些人选择了工科。

在我们考虑低收入社区与高收入社区学生之间惊人的学习差距时，像比伯老师、奎斯塔老师、库尔卡尼老师以及莱瑟姆老师这样的老师们，用他们的实际行动，否定了我们那种认为成绩分化是"一种正常现象"的想法，甚至在我们问这些高效能教师做了什么特殊事情之前，我们就已经看到，他们的付出改变了学生们的人生，而那些学生们的成功也并不是由他们所处的社会经济环境决定的。

身边的这些高效能教师，让我们坚信，教育不平等是一个可以解决的问题。他们用行动证明，老师可以成为消除学生成绩分化的一股重要力量。

不断兴起的研究证实了这种前途光明的见解。在过去的几十年里，越来越多的研究指出："学校可以对学生产生非常有效的作用，其结果几乎可以掩盖学生背景的作用。"一项研究发现，同样是来自低收入家庭的学生，在最低效老师的带领下，在每年的州测验中平均分为14分，而同样的学生若由最高效老师带领，则能在同样的测验中取得53分以上的平均分。另外一项研究发现，如果好班级的这种学习优势能够连续积累，让前四分之一的老师代替后四分之一的老师，四年时间就足以消除黑人与白人学生之间的成绩分化。

教育信托基金会分析家卡蒂·海考克和希瑟·佩斯克曾经说过："这种幅度的改变——在三年内取得50分的进步，是非常惊人的。对于一个孩子来说，这意味着从'后进生'转入加速进步甚至才华出众的轨道。这种差异，意味着选择一所好大学与终身干粗活、低收入的差别。"

这种坚信能够创造出这样的改变的信念，根深蒂固地体现在那些高效能教师的行动里，本书的框架就来自他们。你在本书中将要遇到的这些老师们都坚信，作为老师，他们对学生们的人生有足够的影响力，可以把学生们送进一条不一样的学业轨道，为学生的人生打开更多的机会之门。

> ▶ **寻找通用的教学框架**
>
> 　　为了满足学生及学校的需求，我们设置了一项奖金，征求适用于任何年级、任何科目的教学方法。我们的研究指出，只要是出现惊人成绩的地方，就会出现这六条原则，不论是在幼儿园的教室，还是在残障学生的五年级教室，抑或是在中学化学实验室。这些发现，并没有削弱具体科目知识的重要意义，而是更加反映了我们追求适用于所有年级和科目的普适性教学法的努力。

"像领袖一样教学"的目的

　　作为新老师必须掌握的知识和技能框架，"像领袖一样教学"的六个原则为老师们提供了一条途径，可以让低收入社区的学生取得优异的成绩。通过在美国最棘手的环境中，对高效能教师那些可复制的行动进行收集和交流，我们渴望加速成绩落后学生的学习进度。

　　我们并非第一个要向杰出老师学习的人。为了传播那些带领学生克服困难环境取得好成绩的老师的经验，很多研究人员和学者已经做出了很多贡献。不过，本书中的大部分内容，还是从我们与全美低收入社区老师共事的经历中提炼出来的，同时也得益于提出同样问题并分享他们研究成果的前辈们打下的基础。在研究我们的最高效老师时，我们发现了一些大家熟知的著名教学法理论的因素，本书只是参加了这场至关重要的讨论，而不是发起了这场讨论。

　　一个痛苦的现实是，只有很少的老师——不论是"为美国而教"的老师，还是更广阔范围中的贫困地区老师，是在采取恰当的教学方式，通过优异的成绩，改变学生们的人生前景。我们的目的就是要分享这些研究发现，加速我们的整体前进步伐，早日让每一个儿童，不论他的种族、民族、社会经济地位如何，都有机会得到良好的教育。

本书的组织结构

本书用六章的篇幅解答了这样一个问题："高效能教师有何独特之处？"在每一章中，我们都通过有趣的故事和研究，讨论了一条高效能教师用来带领学生取得优异成绩的领导原则。每一章的开头，都提出了一个高效能教师使用的普适性领导原则，然后讨论老师们如何在特定的教学过程中运用这条原则（在书中，学生们的名字为化名。在书的末尾，我们列出了本书介绍的高效能教师名单，以及他们的学生所取得的成绩）。

本书的概括内容在一个框架中得到了体现，该框架可以参见附录或者相关网站。本书的框架，既提供了老师将本书原则加以运用的具体行动，同时也像一个坐标，告诉我们老师们如何成长为高效能的课堂领导。

本书的焦点落在令低收入社区学生取得优异成绩的出色教学上，那些地区是成绩分化最为严重的地方。让新老师成长为让学生取得优异成绩的杰出老师，还有更多其他方法，但它们不在本书的探讨范围之内（我们也不完全都知道）。对于想要知道具体"怎样做"细节的读者，可以参考本书的相关网站，上边有我们很多关于这些老师教学方法的研究，你可以学习并改进它们，运用到自己的课堂中去。这个网站提供了一些详细的指导，有一些新老师在尝试这些方法时经常遇到的常见错误，以及由杰出老师示范的带有讲解的视频。

网站上还有"劳拉的故事"——讲述基于奥若拉·劳拉的真实故事，她是我们在休斯顿第五区的老师，力求将本书中的原则运用到她的课堂中去。这些故事从本质上覆盖了各章的内容，不过是以叙事的方式。本书的每一章结尾，都是一个扩展案例研究的摘要。

这些丰富的结构——由故事驱动的文字、框架、网络资源、案例研究，都是为了将我们从那些低收入社区高效能教师身上学到的独特之处，转化为新老师为实现教育公平而奋斗的可操作指南。

这本书献给为战胜教育不平等而走进教室的你们。全美各地已经有些老师改变了他们学生的学业轨迹，他们已经证明所谓成绩分化不可避免的说法都是谎言，通过学习他们的成功经验，你可以最大程度地改变学生们的人生。通过聚焦你的辛勤工作和领导力，致力于终结教育不平等的不公正现象，你也可以为这场争论做出贡献。我们坚信，终将有一天，所有孩子都将拥有获得良好教育的机会。

劳拉的故事：现在已经无路可退

劳拉女士回到走廊，手里拿着教室钥匙。

按照学校秘书的提醒，她从右边的食堂门口走上二楼。这已经是她第二次走进走廊了，但她还是吃了一惊，这些不同年代的大楼这么快就从非常混乱的状态变得非常安静了。没有了孩子们，学校虽然依然显得凌乱不堪，给人感觉却是可以控制的、舒适惬意的。

在劳拉女士走上教学楼明亮的黄色楼梯时，她每走一步，手拎的书箱都会在她的大腿旁边摆动一次，她试着想象这所学校充满师生时的喧闹场面。

到了顶楼，只能向右拐，劳拉女士走了过去。她一边走在走廊里，一边数着房间号，脚步声在储物柜和磨光的黑色地板之间回荡，她觉得自己又开始本能地紧张起来了。看到210教室的牌子从右侧映入眼帘，她默默地对自己说："现在已经无路可退。"

就在几个月前，她决定来休斯顿教书，不过她会在心里为自己设定一个个无法后退的目标，并从中体验成就感和乐趣。她接受了工作分配，然后阅读教学指导书，然后观摩其他老师上课，然后参加暑期培训，然后第一天来这里上课——每一步都是一个里程碑，每一步都是帮助她安抚、控制自己的恐慌的坚实一步。

就在踏入教室的时候，劳拉女士知道，第一次走进210教室，也是这些里程碑事件中的一个。她特意环望四周，希望能记住这个时刻，这又是一个无路可退的节点。

在春夏两季紧张的准备过程中，她曾有好几次从心底萌生出一闪而过的信心，在过去几周时间里，她努力想要抓住这些信心，却都没有成功。随着开学的临近，她开始疏远"为美国而教"的工作人员们，这些人试图向她保证，她在大学时候的"学业成就和领导才能"将会转化为她的学生们的成功。她相信，没有哪个大四学生不会在意她的成就，她获得了学校多项奖学金、国家拉美裔奖学金，还领导了好几个学生社团。事实上，在过去的四年里，她每天早上5：30起床学习，直到晚上1点钟才能睡觉，只有这样才能在保持优异成绩的同时赚取薪水，这种生活毫无乐趣可言。她的确为自己丰富的大学经历感到骄傲，不过她还是不敢相信，在毕业几个月之后，她就要对"真实"的学生负责。

让劳拉女士突破这道障碍的信心，不是来自她过去所取得的成绩，而是源于她想要实现目标的内心动力。她知道，无论如何都要做好这份工作。她的骄傲让她无法退却，所以她要尽一切努力去取得成功。因此，她在210教室门外的不安，部分是因为害怕失败，但更多的是因为将要开始她人生中最具挑战的冒险——经验丰富的老师们告诉她，前方要么是充满快乐幸福的成功，要么就是毁灭性的失败。

跨过210教室的门槛时，她用力咽了一口气，再次低声对自己说："现在已经无路可退。"这比她预想的声音要大，但听到自己的声音，她还是微微地笑了。

令她感到惊讶并宽慰的是，在第一次实地调查教室环境时，她竟然感到十分冷静。她想象了课堂上的许多细节，她的思维有条不紊地填充了这个空荡荡的教室。她放下她的书箱和钥匙，双手抱在胸前，尽情享受着这间教室。

教室里最醒目的就是黑板，占据了四面墙中的两面。她望着教室门口对面的那面墙，上边全是窗户，窗户尽头处的下方，是地板上的空调。从窗口俯瞰，可以看到教职工的停车场，她还看到了自己停在街上的车。

奇怪的是，有几把剪刀卡在窗户的金属框里。劳拉女士走过去，用力将一把剪刀从金属窗框的槽里抽了出来。

那扇窗户一下子弹开，吓了劳拉一跳。她用更大的力气，才把这扇弹簧撑开的窗户关上，并把那把剪刀塞了回去，卡住关着的窗户。

窗下的街道很安静，给人一种错觉，好像它会一直这样安静下去。在街道旁边的停车场里，一个男人站在一辆闪亮的汽车旁，来回走动，像是在用手机打电话。

210教室的另一面墙上，是一排高高的柜子，上端顶着房顶，靠在一堵画着壁画的墙上。劳拉想象，可以把自己的桌子靠着柜子，在教室里放一圈桌椅让学生们分组讨论。她想象自己站在黑板前，教室里坐满了学生的情形。

她突然又有点紧张了。

设定大目标 第 **1** 章
Set Big Goals

TEACHING AS LEADERSHIP

> 通过思考学生在学年之初的表现，保持对他们真正潜力的高预期，高效能教师为他们的学生描绘了一幅富有挑战性的壮丽前景，鼓励他们取得更好的成绩。他们用这幅美好蓝图为学生制订了大目标——一旦这些目标得以实现，将对学生们的学业和未来产生重大影响。

1 设定大目标 Set Big Goals

2 多管齐下 Invest Students and Their Families

3 周密筹划 Plan Purposefully

4 高效执行 Execute Effectively

5 持续增效 Continuously Increase Effectiveness

6 永不放弃 Work Relentlessly

"到学年结束的时候，我的一年级学生将能够和其他三年级学生一样阅读、写作、做算术。"

克里斯托·琼斯 佐治亚州一年级老师

和其他很多缺乏资源的学校老师一样，克里斯托·琼斯一开始感到很气馁，她班里的一年级学生的能力太差了。其中有很多学生没有上过幼儿园，只有少部分人知道字母表里的所有字母，有的甚至都不知道该怎么拿书。在开学的第一天，他们就已经落后了。

琼斯女士决心把他们带到学业成功的轨道上来，她去了解学生们想尽快成为大孩子的苦恼。她把学生们集合起来并告诉他们，在这一年里，不但可以完成一年级的学习，还能学完二年级功课。

在复活节假期前一天，琼斯女士教的一年级学生们在教室里举办隆重庆典，"激动地"升入二年级。在之前一次二年级水平的测验中，她的所有学生都顺利通过考试。于是，在之后的时间里，她的一年级学生骄傲地称自己为"二年级学生"。

到学年结束的时候，琼斯的学生，百分之百达到或超过了一年级的标准阅读水平。尽管在入学之初，他们大幅落后于那些来自高收入社区的学生，但现在对照州标准，他们当中有90%的人学习进度超前了一年甚至更多，能够达到三年级以上的阅读水平，其他学生至少也能达到二年级的标准水平。

"按照我们提出的定义，我的学生会像一个世界公民一样思考、讲话、写作，他们会百分百地通过纽约高中世界历史会考，全班平均分将达到80分以上。"

泰勒·德尔哈根 纽约州中学世界历史老师

德尔哈根先生曾看到成绩分化对学生人生发展的影响数据，那简直是骇人听闻的。他的大部分学生都是有色人种，他们的家庭从加勒比海国家移民到美国，很多都生活在贫困线的边缘，他们的成绩大幅落后于正常进度，为了应付家人的殷切期望，他们不得不谎报成绩。德尔哈根先生知道，他的班级危机重重：通过会考是纽约州的统一毕业要求，如果他的学生不能正常地从中学毕业，他们的人生机遇就会大受限制。

会考是一个看上去很恐怖的挑战，不光这些十一年级学生们缺乏很多基本技能（有的阅读水平只相当于五年级），而且德尔哈根先生需要在一年时间里教完两年的课程。他向学生和自己承诺，要完成这个冒险的目标。

在学年结束的时候，德尔哈根先生的学生们完成了成为"世界公民"的美好愿景，达到了他在最初几周提出的目标，具备了缜密的思维、雄辩的口才，以及流利的写作能力。在会考中，他的学生们成绩超过了全市平均水平，而其他学生花了两年时间学习同样的课程。在自己学校里，他们的成绩超过了其他任何参加会考的班级。他的57名学生有51人首次考试就通过了会考，其中还有人取得了接近满分的好成绩。

"根据阅读发展测验的标准，我的所有学生都将完成1.5年的阅读进度，并完成95%以上的个人教育项目目标，这些目标是精心为他们设计的远大而严谨的目标，旨在推动他们实现独立生活的最终长期目标。"

卡蒂·希尔 北卡来罗纳州中学特殊教育老师

卡蒂·希尔的很多六、七、八年级学生，都被诊断为患有中度到重度认知障碍，智商测试只有三四十分。她首次和他们见面的时候，他们的平均阅读水平低于一年级，有的甚至还不熟悉字母表中的所有字母。多数学生说不清自己的个人信息，比如他们的家长或监护人姓名、家里的电话号码、家庭住址，或者他们的午餐身份号码。

除了自身在学习上面临的挑战之外，还有很多人认为希尔女士的学生们学不会基本的知识和技能，甚至无法独立生活。然而，希尔女士决心确保让她的学生们在知识、技能方面都取得重大收获，让他们感受自己的力量，获得成功独立生活所必须的自信心。

希尔女士承诺带领学生们完成这个大目标，她和学生家长们一起努力，重新为这些学生设计个人教育项目目标，其中包括学习和技能方面的目标，这些个性化的大目标驱动了她的每一个决定。到学年结束的时候，她的学生平均完成了相当于1.6年的阅读进度，以及相当于3年的数学进度。从整体上看，他们有83%的人达到了本年级的标准水平，达到了预期的目标。在她的领导下，学生在短短一年时间里，在学业上取得了比他们之前6年到8年总和还要多的成就。

如果老师能够在学年之初，为学生制订一个清晰、宏大的成功愿景，学生们就会取得惊人的学习进步。高效能教师清楚地知道，他们希望学生在学年结束时成为什么样子。像琼斯女士、希尔女士、德尔哈根先生这样的老师，意识到了这个勇敢的（有的或许可以说是疯狂的）成功愿景，实际上能够促进学生的学习。

几乎所有背景下的成功领导者，都会用同样的方式解决一堆问题。首先要在想象中描绘出一幅新的、更美好的画面，例如，美国是第一个登上月球的国家，这源于肯尼迪总统勇敢的（也有人说是疯狂的）登月宣言。虽然我们很多人（包括琼斯女士、希尔女士、德尔哈根先生）或许不想拿自己和肯尼迪总统相比，但这些老师在设想并交流他们对不同现实的愿景，并由此创造惊人的改变时，他们实际运用了领导技巧。詹姆斯·库泽斯和巴里·波斯纳在全世界领导特性的调查研究中发现，成功的领导能够**"预见未来"**，穿越时间的跨度，看到或想象到即将到来的重大机会。他们预见了某些情况，尽管它还显得朦胧不清，但他们能够想象到，某些壮举是可以做到的，届时平凡也将化为雄伟。他们能够为将来想象出独一无二的理想画面。

如果你是一个努力消除成绩分化的老师，如果你想最大化自己对学生人生机会的影响，那么，为学生们设定一个宏伟的学习目标就是一个起点，它将使你和你的学生一心一意，在整个学年里都朝着这个目标不懈奋斗。

如何设定有效目标

强大的目标有三个要素。第一，和其他所有强大的领导者一样，高效能教师坚持定义并衡量学生的成绩，这样他们的学习进度和成功与否才是清晰的。在我们的语境中，采取高标准的原则——正确并可以量化的目标，是指帮助学生们看到他们的进步，并感受他们的勤奋努力所带来的好处。

第二，我们调查的高效能教师希望能够做到最好。在我们的语境中，这意味着，要求并鼓励学生们发挥他们的全部潜力，保持高预期实际上能够提升学生的表现。根据我们的经验，最好的老师拒绝接受这样的"传说"——说低收入社区的的学生注定学习不好，注定只能得到比高收入社区学生更少的机会，他们必会着手证明它是错误的。

第三，和其他伟大的领导者一样，强大的老师能够敏锐感觉到下属（这里指他们的学生）的需求和欲望。这些老师不但试图满足学生那些本能的兴趣和动力，还会设法将自己想象出来的成功愿景灌输给学生，以此来更好得激励学生。

我们将分两个步骤讲解这三条领导原则。首先，我们会深入探讨大目标的目的和作用。然后，为了让这些观点更加稳固，我们将学习高效能教师为他们班级设计大目标的过程，参考他们的看法，重温这些原则。

用量化指标激发好成绩

本章提出的大目标应该是可量化的。琼斯女士、希尔女士、德尔哈根先生都意识到，定义成功的方式必须能够明确地看出这个努力的过程是否正在进行、成功的目标是否已经达到。强大高效的老师们，看到了这方面的重大好处，要在心里有一个清晰且客观的终点：

● **通过明确终点，大目标有助于把很多人的努力聚焦到一起。**我们曾问那些成功的老师，他们为什么要投入这么多精力去制订、实施一个大目标，他们常常会有类似的答案："为了让我们保持同一节奏"、"为了让每一个人知道我们努力的方向"、"这样我们就能像一个团队一样共同努力"，或者最常见的"这个大目标是所有事情的检验标准"。许多老师，比如新墨西哥州祖尼地区的五年级老师艾瑞·沃勒，她说，与学生的每一次交流，只要是关于改变学习状态的，开头几乎都是问一系列问题，问这个学生的行为是否为实现他的大目标做出了贡献。最后，学生们不需要激励就开始这样做，他们会扪心自问："我现在做的事情能够帮助我们实现目标吗？"这些老师告诉我们，通常管理者或领导专家会说："在产生有用变化的过程中，愿景扮演着一个关键角色，它可以帮助引导、支持、鼓励一大群人的行动。如果缺乏恰当的愿景，寻求转变的努力很容易终结，化为一堆莫名其妙的、不协调的、浪费时间的工作，最终通往错误的方向，或者不知所终。"

● **设定量化指标，可以很自然地体现出时间轴和最后期限，让你和你的团队感到紧迫感。**杰西·比阿雷茨基对我们说，当意识到她的一年级学生进度不够快时，大目标对她的感受产生的影响。如果她计算学生们的进度，发现他们的进度没有跟上实现大目标的节奏，她就会有种被压垮的感觉。她决定，必须改变方向，更加努力，她说："过渡要更加紧凑，休息时间也可以开发为学习的机会，识字需要更有针对性，甚至连吃点心的时间都要进行识字游戏。"比阿雷茨基女士说，最开始，学生们对于改变自己习惯的学习模式畏缩不前，但当他们看到自己的进步落后于时间表，他们的态度就发生了转变，对大目标的投入程度一下子提高了很多。比阿雷茨基女士解释说："我很快发现角色颠倒过来了，我的学生开始督促我，要保持紧张的节奏。排队吃午饭的时候，如果我忘带识字卡片，他们就会提醒我，有时候还会抱怨他们的同学在过渡的时候耽误太长时间了。"

● **可量化的目标提供了一个基准，老师可以用它来评估自己的效能。**过程监督并不只对学生有好处。高效能教师的一个突出特点就是能够持续不断地提高自己的效能。大目标提供了一个坚实的基准，可以用来衡量学生们的学习情况，从而了解老师的优点与不足（参见第5章）。

因此，如果一个老师提出一个无法量化的目标，比如"我们要尽可能地好好学习"，这种主观想法提供不了任何紧迫感、专注、效能或集体努力，如果老师清楚而客观地说"我们班上的所有学生，在大学预修考试课程中至少都要得到3分"，或者"我的学生都应该达到五年级的阅读水平"，那效果就完全不一样了。

▶ **可量化与不可量化的学习目标示例**

可量化的目标	不可量化的目标
在全州四年级数学考试中，所有同学都应该高于85分。	所有同学都应该提高自己的数学水平。
我的每个学生都应该能够撰写一篇五个段落的议论文，达到全州六年级写作考试4~5分的水平。	到学年结束的时候，我的学生都应该会写很好的议论文。
我的所有学生都应该在大学预修考试中取得3分以上的成绩。	每一位同学都应该努力在大学预修考试中取得最好成绩。

▶ **其他方面的量化成绩**

很难想象，一个成功的政治家、教练或者商业领袖，对成功没有一个可量化的定义，他们对成功的定义可能是选票、获胜次数或者美元。社会各个部门的很多伟大成就都是从对一个可量化成绩的清晰明确开始的。

不妨考虑下始于1955年的蒙哥马利公交车罢工事件。在罗萨·帕克被捕之后，社区领导并不只是简单地呼吁公交系统进行罢工，他们呼吁公交系统坚持罢工，直至三个目标条件达成为止，这三个条件是：非裔乘客不需要把他们的座位让给白人乘客；他们不必在公交车前边投币，然后下车，再从后门上车；公交车在非裔社区停车的频率应该和相邻白人社区相等。这种明确的目标，坚定了他们敢于牺牲、不达目的决不罢休的信念，这场罢工持续了381天，直至所有这些条件都得到了满足才结束。

商界提供了很多这样的例子，可以说明清晰可量化的成功目标的强大力量。吉姆·柯林斯和杰瑞·波拉斯以波音727飞机为例，当时波音公司打算成为商业飞机领域的主导力量，但他们并没有对员工说"让我们做到最好"，相反，他们提出"制造一款喷气飞机，可以降落在拉瓜迪亚机场4-22跑道（该跑道只有4860英尺长，对于当时任何现有喷气飞机来说都太短了），可以不间断地从纽约飞到迈阿密，机身宽度可以并排6个座位，可以搭载131名乘客，同时还要满足波音公司各项不可动摇的高标准"。当时有很多评论人士认为这是不可能实现的目标，但这个大胆的目标激励并推动了波音的工程师们，公司把他们召集起来，明确传达了这个目标。他们实现了史上最伟大的工程成就之一，他们创造的这款飞机最终成为航空工业界的标准。

还有一个例子。当史蒂文·凯斯的默默无闻的美国在线服务公司（AOL）成为新生的互联网业界标准制造者时，他解释说，自己成功的关键是制订了大胆的目标，要签约一百万个用户。凯斯还记得，心里有了这个可量化的目标之后，大家的工作态度焕然一新，更加专注，更有紧迫感，怀着实现这个大目标的信念，大家积极更新观念，用户数量开始以创纪录的速度攀升。凯斯回忆说："和'把一个人送到月球上去'相提并论，是有点不太恰当，但对于我们来说，达到一百万用户是一笔大生意……如果有了一百万用户，我们就将成为一家有话语权的大公司，所以我们开始向一百万用户努力，并最终实现了这个目标。"

用严谨的学习标准定义学业成绩

低收入社区的高效能教师决心给他们的学生与高收入社区孩子一样的人生机会，他们知道这意味着要确保学生得到优质教育，要努力拓宽思想境界，迎接更多的挑战，要在大学和人生中学会所有必要的技能，不断充实自己，塑造良好品质。

对于致力于消除低收入社区成绩差距的老师来说，确定成功的量，意味着定义并衡量我们的学生学了多少知识。高效能教师认识到，学业成绩既是衡量学生学习进度的指标，也是贫穷的孩子开启更高层教育、更广阔职业前景、更多人生机会大门的钥匙。所以，对于决心改变学生人生轨道的老师而言，成功的最终衡量标准就是严谨的学习标准，看学生可量化的学习成绩如何。

在我们的语境里，成绩是由学习标准定义的——这将引导学生想要掌握或表现出哪些知识和技能，各个年级、各门功课都会有所不同，这些标准是由地区、州乃至全国的群体研究出来的，可以帮助老师判定学生在学年之初进度如何，经过一年之后又取得了多少进步。

例如，根据州教育部门的标准，一个学习十年级几何的学生，应该能够"使用逻辑推理证明一个陈述是正确的，或者找出反例，证明它是错误的"。加州的二年级学生在学年结束时，应该能够"为一个故事情节续写不同的结尾，并推理不同故事结尾的不同影响"。南达科他州学习七年级地理的学生，应该能够"描述自然环境对居住模式的影响"。

尽管不是所有学习标准都像老师想要的那么严谨，它们（以及它们衍生出来的各类考试）还是为了学生们提供了一个标准尺度，在教育公平方面发挥了很大作用——缺乏这样的标准和数据是过去成绩分化愈演愈烈的部分原因。

关键点在于，学习标准可以定义学习成绩，我们希望学生们努力取得好成绩，并将其作为设定大目标的核心内容。新泽西州纽瓦克市五年级阅读老师玛利亚·埃尔格罗，和她的同事一起为学生制订目标，想要让她的每个学生完成两年的阅读进度，根据新泽西的学习标准，这个目标是具有独特意义的。通过参考这些标准，埃尔格罗女士发现了一个切入点，想要让学生们完成该项技能的两年学习进度，就必须完成这些学习内容。她认真分析这些标准，提炼出了十几种相关的基本技能和方法，如果学生在阅读中不能很好地理解文章，他们就可以运用这些方法独立解决那些误解。对学习标准的这种认识是埃尔格罗女士大目标的基础，也为她的全年计划提供了一个有用的框架。

极个别时候，你或许会发现，所在的地区或学校没有对你的课程给出官方学习标准。在这种情况下，你必须尽全力借鉴其他课程，制订一个学习标准。例如，田纳西州英语老师艾丽安·克尔，发现她所在的地区没有考虑到把英语作为第二语言（ESL）的学生，没有给他们制订英语学习标准。她回忆到："作为一个老师，我无法确定自己的教学进度。于是，我开始利用网络进行研究，联系不同的学区，寻找专业组织和会议，等等。"她全力投入，研究其他州或地区的相关标准，从中提取了一系列目标清单，并用它们来设计大目标、规划课程安排。克尔女士设计的学习标准，不仅成了她的大目标的支柱，还为她在学校赢得了一个职位：英语作为第二语言（ESL）协调员。

▶ 用标准考试量化学习

老师取得成功的决心与学生的学业进步相一致，并不等于只看重考试技巧，重视死记硬背胜过批判性思维技巧。事实上，我们对学习成绩的关注，只不过是为了增加我们的责任感，确保我们衡量学生进步的方式能够见证有意义的学习。我们甚至需要设计更加严谨可信的考试，它们可以有效提供学生所掌握的知识、技能信息，我们必须充分利用这些信息的全部价值。根据我们的经验，学生获得更多机会、走向成功的道路需要这些能够衡量学生成绩的标准，而不是拒绝它们。

▶ 有关学习标准的争议

一直以来，教育中的标准化运动都是毁誉参半。有些老师担心，大量的学习标准和考试会限制老师的判断力和创造力。有些老师则赞扬说，这些标准是有好处的，它们提供的学习指南值得感激。在我们追求教育公平的过程中，学习标准能够发挥关键作用，确保低收入社区学生的学习能与高收入地区的学生媲美。

不论你如何看待学习标准，如今美国所有州和地区都用它们指导教育，作为这种现实环境中的老师，你必须想好自己所承担的角色。

当然，在大多数情况下，你会有现成的学习标准，可以根据它们来确定你的学生需要理解什么、需要具备哪些能力。应该把精心设计的学习预期，当作建立最高效的大目标的基础，而不是凭老师的直觉、兴趣或者假设学生应该学习什么。

因此，严谨的学习标准（以及相应的考试）在设计大目标中具有核心作用。它们告诉我们学生至少应该学习什么，还给我们提供了一个客观标准，衡量学生的学习情况。通过对大量老师的调查研究我们发现，不使用学习标准的老师制订的大目标往往会逃避量化，因此无法改善师生的行为，也就无法加速提升他们的学习成绩。

▶ 使用学习标准的老师的常见错误

根据我们的经验，低效能教师在根据学习标准设计大目标的时候，容易犯以下两种错误。

1. 先入为主的观念。低效能教师在设计大目标的过程中，可能带着先入为主的观念，不是根据学习标准决定学生应该学什么，而是自以为应该教什么（或许因为他们还记得，自己当年在这个年级学了些什么，或者他们偏爱某些学习内容或技能）。这些老师误以为学习标准是用来唤起他们先入为主观念的，却忘了它们是用来重新定义学生的学习内容的。简而言之，老师可以讲授超过学习标准之外的内容，但必须根据它们设计大目标。

2. 复杂性。低效能教师可能使用这些标准，却被标准的复杂性吓倒了，在全面使用它们提供的指南之前就放弃了。学习标准并不总是简单易用的，但高效能教师已经证实，理解运用这些标准是有好处的。

培养学生热爱学习、坚持不懈、尊重自己，以及其他良好的品质、技能和思维模式

很多老师都在努力向学生灌输某些价值观、品质以及生活技能，以便

帮助他们在长期生活中能够刻苦努力，取得成功。比如，适应环境、热爱学习、尊重他人、自我鼓励、独立等等。虽然有时候这些概念也会被确定为单独的大目标，但高效能教师强调，学习成绩只是成功目标的一个重要部分，并不能与这些概念完全分离。一个老师不能只是简单地告诉学生要有自尊、要坚持不懈、要热爱学习；这些重要品质更多的是在克服困难、追求目标的过程中实现的，比如追求好的学习成绩。一位高效能教师克伦·菲尔斯特解释说：

我发现，一个孩子的自我意识和自我激励，与学习成绩是相互纠缠在一起的，几乎无法单独解决其中的一个问题。对于一个成绩优异的学生来说，他们必定会有成长的欲望，并发展出了敢于为学业冒险的信息。不过，为了让学生培养出这样的内在动力和自信心，他们必须经历一些学习上的成功。

高效能教师对学生良好品质的关注，源于他们坚信这些品质会对学生的人生产生长期重大影响。这些老师会问自己："哪些方面的成功能够为学生们打开更多的机会之门？"带着这样的问题，德尔哈根将他对有效思考、写作和交流的设想与严谨的学习目标（通过世界历史会考）结合起来，帮助他的学生成长为世界公民。琼斯女士怀着让学生"能够和其他三年级学生一样阅读、写作、做算术"的目标，为其学生设计了一套类似的行为指标，很多都涉及合作、协调、尊重，她希望学生能在学习知识的同时学会这些。

我们在观察这些老师的做法时，发现虽然这些长期培养的品质、思维模式和技能不是特别明确，但这并不意味着它们不能被追踪，不能被衡量。事实上，如果要在大目标中融入这些内容，你就必须想办法了解自己在这些方面取得的进展。

梅基亚·拉芙是华盛顿一名全国闻名的阅读老师，她为每一名学生制订个性化的量化阅读目标，同时也将他们纳入更广义的"创造终身读者"计划。她相信，养成这个习惯至关重要，将为她的学生创造更多的机会和成就。为了让自己和学生们能够时时追踪他们成为终身读者的进程，拉芙女士专门设计了一套系统和客观指标（比如学生们主动要求看书的次数，学生们对其阅读兴趣的自我解释，学生们读完一本书需要的时间等）。通过为每项指标设定一定的量化目标，她能够说清学生的进度以及成功与否。如果不这样做，她就只能凭主观判断。

透明化的追踪进度可以增强师生们的专注和紧迫感。强大的老师知道这一点，他们想办法把尊重自己、增强写作技能、"热爱阅读"或者"考入好中学"这样的目标具体化、客观化。这些老师——比如拉芙女士、德尔哈根先生、琼斯女士会思考，到学年结束的时候，他们想要学生实现什么样的具体指标，才能体现适应环境、独立、"热爱阅读"这样的目标，并把它们纳入他们的大目标。

根据我们的经验，低效能教师有时候会觉得，某个量化系统并不完善或者太难，所以它肯定是有问题的，或者无法实现的。正如吉姆·柯林斯提醒我们的一样，他在对高效能盈利或非营利组织的研究中说：

坦白说，"我们不能用衡量你业务成绩的方法来衡量你在社交方面的表现"，这是一种缺乏原则的表现。不论是定量还是定性，所有指标都是有缺陷的。考试成绩有缺陷，乳房X射线照片有缺陷，犯罪数据有缺陷，客户服务数据有缺陷，患者病历也有缺陷。重要的不是寻找完美的指标，而是坚持用聪明的方法评估你的数据，然后紧密追踪你的指标发展轨迹。你所说的表现很好意味着什么？你有没有设定底线？你们有没有取得进步？如果没有的话，为什么？你将怎样加速实现你们的大胆目标？

为了更好得说明这一点，柯林斯提供了克利夫兰管弦乐队的例子，该乐队将自己的成功定义为"艺术出众"。但很显然，追踪艺术出众的过程是非常困难的，任何评判"艺术出众"的主观决定都忽视了事先设定目标的真正意义。事后的主观看法，无法提供可以追踪过程的目标，也就无法成功造就那种专注和紧迫感。

鉴于"艺术出众"的主观性，乐队领导设计了一系列指标，来代表这个理想愿景。他们记录并追踪观众欢迎掌声的持续时间、他们能够完美演奏的曲目数量、被最顶级音乐会邀请的次数、门票需求、其他管弦乐队对他们风格的模仿程度，以及作曲家找克利夫兰交响乐队首次演奏新曲的次数。柯林斯提醒我们，这些指标并不完美，但它们是衡量成功与否的好指标。有了这些辅助指标，乐队领导就能够获得与其他领域采取量化措施一样的好处。

很多老师在设计大目标的时候，也面临着类似克利夫兰交响乐队的问题。我们的目标，有的很容易衡量（例如，"在北卡罗来纳州化学标准考试中，每个学生都应该达到80分以上"），而有的则需要一些辅助指标（例如，"把学生们的写作能力提升×××"，或者"学生们应该具备更强大的批判性思维"）、说明，或者其他能够确保实现明确的过程追踪的手段。

用高预期激发好表现

领导们希望自己周围都是最出色的人物。

——沃伦·贝尼斯

出乎意料的是，我们遇到的最卓越的老师们，都领悟了人类心理的一个惊人现象：对高预期的自我实现预言。这些老师意识到，我们希望学生成为什么样，他们就会成为什么样。高预期会带来高成就的见解，驱动着这些老师的每一个行动。

▶ 有关对高预期的自我实现预言的研究

有人称之为"皮格马利翁效应"（皮格马利翁是古希腊神话中的塞浦路斯王，爱上了自己雕刻的少女像，最终让她获得了生命），"对高预期的自我实现预言"已经被研究人员所证实。在一项标志性研究中，研究人员告诉老师们，他们班里的某些学生在预测智力发育的测验中得分很高。实际上，这些被称为很出色的学生都是研究人员为了做实验随机挑选的。这些学生之所以出色，仅仅是因为老师们的殷切希望。8个月之后，老师们说，这些随机挑选的学生表现非常好，在智商测试中明显高于同龄人，他们的智商平均增长了12分（其他学生平均增长了8分）。这些老师坚持说，这些"发育更好"的学生，行为表现更好，学习兴趣更浓，更可能会成功，而且比班里的其他同学更加友善。研究者罗伯特·马扎诺这样总结这段研究：

"老师对一个学生将来成功机会的看法，会影响老师对这个学生的行为，反过来会影响学生的成绩。如果老师认为他的学生能够成功，他就会倾向于帮助他们成功。如果老师认为他的学生不会成功，他就会采取错误的倾向，妨碍学生的成功，起码不会帮助学生们的成功。这或许是教学中最强大的一个隐藏因素，因为它是一种典型的无意识行为。"

凤凰城一位一年级老师曾经说过："每一次我提高对学生们的期望，他们都会相应提升自己的表现。"另一位老师总结这种观点说："我的学生成功的最大障碍实际上是低预期。有太多人没有指望他们能成功，所以他们没有成功。也有太多的学生没有预料到自己会成功，所以他们没有成功。当所有人都希望我的学生表现出更好水平时，他们就一定会表现出更好水平。"

对高预期的自我实现预言，是建立在充分研究的基础之上的。根据我们的经验，这种看法最有力的证据，来自很多老师寄给我们的感谢信。例如，执教第一年的新老师克里斯托·布瑞克，她是北卡罗来纳州亨德森市的八年级老师，她带领学生们从州阅读测验70%不及格，达到了80%以上及格的好成绩。布瑞克女士分享说，他的高预期帮助改变了一个特别棘手的学生的学业轨迹：

"一个自称"威尔逊先生"的年轻人，真名叫斯科特，曾是亨德森中学的一个传奇人物。他已经快16岁了，进入该中学已有3年。走廊里的人看到他，会自动让出一条路来。他统治着这所学校，而且他也知道这一点。他还知道，或许是非常实际的，不论他在学校做什么，他都能升入高中——因为我们实在不想留他在这个学校多待一年。我们第二阶段的课堂完全成了他的游戏场……我也意识到，如果不抓紧行动，他和其他二十个学生都将迎来失败的一年……斯科特还没准备好进入高中，他实际上只有五年级的学习水平。"

"所以我和团队的其他老师一起协商，他们同样对斯科特感到头疼，我们在斯科特的奶奶（他的监护人）和哥哥的支持下，制订了一份计划，他很崇拜他的哥哥理查德。我们让他来参加组会，然后他就满不在乎地来了，准备接受我们的处罚——停课，或者推迟放学，他以前见多了。然而，我们只是告诉他，他的课程表换了：他从今以后只需要参加我第一阶段的课程，并和班里"最聪明"的学生在一组学习。说实话，你当时可以看出他的脸上瞬间失色。我向他解释说，我找到了问题所在——错误在我，不在他。我在过去没有教给他需要的知识，没有按照他的水平教他，对他没有抱有与其能力相符的预期。这时候，他的第一反应就是说我疯了。

但第二天，斯科特参加了我第一阶段的课程。他坐下来，在90分钟的课程里没有说一句话。这时候，我知道我们找对窍门了。可以说，这个过程来得很慢，非常缓慢。有几天，我不得不要求他把头抬起来听讲。但紧接着有一天，他带着一支钢笔、一支铅笔来上学。我差点哭出来，我太激动了。另外一天，他举手想要回答问题。他开始参与课堂学习，"威尔逊先生"的行为问题终于结束了。

到1月的时候，他已经完全融入全班的学习，他对《罗密欧与朱丽叶》的见解令我大吃一惊。我印象最深刻的一次，一位七年级老师在教师会后找到我，问道："你是怎么教斯科特·威尔逊的？"原来，"威尔逊先生"到七年级的教室里和他原来的老师聊天，告诉他们，我们终于发现了他是个天才。"

另一个高效能教师布伦特·马丁，在他路易斯安那南部的自然课上，感受到了对学生表现建立并保持高预期的威力。有时候，马丁先生采取的高预期形式，是给学生打他们一般不会得到的低分（参见下表）。

马丁先生的想法	学生的想法
当约翰上交他的科学项目时，他做的真好。但当我认真看的时候，它还是不够好。他注意到了一些细节，但没有花多少心思。尽管他知道我对他的预期很高，但也没见他有多用功学习。我们的项目评估规则，更多的是看重其科学性，而不是美感，尽管它看起来非常漂亮，但我知道他可以做得更好。	我的科学项目只得了D，以前从未得过D，我一直都是得A，我的科学项目总是取得成功。我感到很愤怒，但是当我坐下来，和马丁先生聊过之后，他告诉我，我其实还能做得更多、更好。他告诉我，真正的成功是什么样的，以及我的实力有多少。他对我不努力学习感到很失望，我自己也感到很失望。
当时我就知道，我将受到很多人的批评，而且也确实受到了很多批评。约翰和他妈妈都过来说："你不能这样做，这个项目在其他任何班里都可以得A，这个项目比其他任何学生的项目都要好。"	这只是个科学项目，但它转化成了启迪我人生、合作与所有事情的一课。这个D使我意识到，可能还有不同的标准。我也看到，马丁先生有时候也很为难。别人给学生A，他却给学生F，这让有些人非常恼火，但一旦孩子们明白了马丁先生的良苦用心，这些怒火就会烟消云散。

续表

马丁先生的想法	学生的想法
约翰的项目放到其他班里，可能确实算做得不错，但我们的标准更高，也很明确。事实上，很多学生都达到了我对他们的高预期，哪怕他们的项目不如约翰的好。 总有一天，约翰会突然明白他为什么得D。他会知道，他可以做得更好。他会知道，我只接受他做到最好。我想，这是一个真正的转折点。他会知道，他能够达到我设定的高标准，而且也将下决心去做到。	马丁先生需要拿出勇气、坚定和顽强，才能顶住学生和同事们对他设定标准的质疑。如果中学时代没有他的鼓励，我肯定不会走到今天。 约翰后来考入了耶鲁大学，如今在外交部门工作。

几乎我们见到的每一个高效能教师都有类似的故事，他们在最开始为所有学生制订有挑战性的学业目标，体现对他们的高预期。与此同时，大部分这些老师也有过反面的例子，他们因为种种原因，没有坚持对学生的高预期，结果影响了学生的学习进度。

穿过低预期的"雾霾"

事实上，很多卓越的老师在描述他们努力建立并保持对学生的高预期时，都提醒我们，要想激发学生的真正潜力，需要采取非常投入、积极的工作，并始终警惕周围的一切其他影响因素。我们的生活充斥了大量的负面信息，贬低学生们的能力，如果我们不能克服它们的负面影响，它们就将渐渐侵蚀我们对学生潜力的信心。

> ### ▶ 民众如何看待成绩分化及其原因
>
> 民众批评我们的学生及其家庭，是导致美国成绩分化的根源。在美国大学优等生联谊会与盖洛普联合进行的一项调查中，民众指出，缺乏父母投资、家庭生活及成长经历、学生个人没有学习兴趣，是导致成绩分化最重要的三条原因。
>
> 但是，我们用一模一样的问题，询问那些每天致力于消除成绩分化的老师，却得到了不一样的答案。那些老师认为，导致成绩分化的首要原因是对学生的低预期。他们认为，所有人——包括老师、学生的家人、学生自己，都没有对低收入社区学生抱有足够的期望。
>
> "我想民众最大的误解之一就是认为我们所教的学生能力不足，无法和那些来自富裕社区的学生在学习上并驾齐驱。"费城一位中学老师如是说。

斯贝尔曼大学校长、心理学家贝弗莉·泰特姆，在她的论文《为什么加州的黑人小孩总是坐在一起》中，使用"雾霾"来比喻我们周围的种族偏见。可以借用同样的比喻，恰当地比喻一种与此相关的普遍现象，我们作为一个社会整体，对低收入社区的孩子预期不高。她在文中写道："有时候，它微妙得甚至看不到，有时候它不是那么明显，但每时每刻，我们都在呼吸这种雾霾。我们谁都不会说自己是'呼吸雾霾的人'……但如果我们生活在一个雾霾弥漫的地方，我们就无法避免呼吸它。"

"雾霾"这个关键概念，我们每天都能从媒体上看到它。通常，我们可能都会意识到，流行媒体将穷人和有色人种描述得恶习重重。在那些新闻中，在电视节目中，在电影中，非裔和拉美裔的年轻人（特别是男孩），常常都被描述为暴力、犯罪、懒惰、不爱学习的人。很多研究都说，在新闻中，非裔和拉美裔人更多的被报道为犯罪者，很少被报道为受害者。

电视和电影节目描述了类似的误导学生的人种特征。我们的研究发现，在电影中，非裔更容易被塑造为"参与简单粗暴的肢体冲突，而不是依靠与主角之间复杂、戏剧性的冲突来获得观众认同"的角色，另一项研究发现，拉美裔通常都被塑造为负面的讽刺人物，很少在电视或电影中出现的印第安人则被刻画为"激进分子或者酒鬼"。在商业领域，有色人种比白人使用计算机少，而在需要专业技能的岗位上，白人几乎处于垄断地位。

这些媒体塑造的人物模式，产生了争议性的效果，使大众怀疑、恐惧我们的学生。不论出于何种原因，产生何种效果，每一次我们都尝到了低预期雾霾的苦头。

有时候我们会在私人交流中呼吸雾霾，比如克里斯托·布瑞克在沃尔玛超市为学校采购时，遇到了一个陌生人，她表示为布瑞克不得不与"学校的那些孩子们"打交道而感到遗憾。或者一个愤世嫉俗的校长建议二年级老师阿莱娜·穆恩维斯，要坚持和她的残障学生"用手指头画画，玩木偶"。或者有老师建议哥伦比亚学区领导米歇尔·瑞放慢改革步伐，因为"你不可能教猪飞翔"。

有时候，这种雾霾甚至成了我们工作系统中的一部分，比如在学校组织的天才测试中，英语作为第二语言（ESL），老师史蒂芬·瑞迪的学生就没有被测试。再比如，学生们在10分满分的考试中得到了3分，凯特·索贝尔在低收入社区的学校就得到了"认可"和庆祝，而在富裕社区，学生们在同样考试中要拿10分才能得到类似的庆祝。再比如，丽萨·巴雷特接手了一个学生，他的个人教育项目的目标是"证明自己是一个有用的人，是一个开朗的学生"。再比如，一个学生被迫把父母带到学校，好让顾问相信他的请求，把他从普通班级调换到说西班牙语的班级。

　　有时候，关于学生的有害信息来自对老师们的善意表扬，其结果却是有危害的。每当我们受人夸奖，赞誉我们"处理"这些困难或贫困的学生，赞扬我们的耐心、勇气或宽容的时候，这些夸奖对我们的学生意味着什么？当然，低收入社区老师的工作很艰苦，很多学生生活环境很贫穷，但有时候，这种感激的初衷不是因为外部困难的负担沉重，而是源于对学生潜力的消极猜想。

　　作为老师，我们至少会从两方面受到这些评论、安排或表扬的影响，不论是有意还是无意的。首先，我们可能相信，只要超过了这些低预期的目标就是成功。但是，从学生们的立场来看，仅仅比去年好一点是不够的。因为我们知道并相信学生能够达到富裕地区高水平学校的成绩，他们已经落后于他人太多了，我们必须对他们使用与高收入社区学生同样的学习标准。

　　其次，弥漫在我们周围的低预期雾霾，可能让我们把注意力从关心学生的学习潜力，转移到关心他们面临的困难上。我们面对的消极社会现实是，暴力、毒品、失业、营养不良，以及其他贫困综合征，对低收入社区的影响远远大于对高收入社区的影响。低收入社区的孩子们大部分都是有色人种，从统计数据来看，他们比高收入社区的孩子们更有可能失败、失业，甚至坐牢。然而，高效能教师们意识到，这些现实并不能改变他们成功的潜力。他们或许需要更艰苦的努力才能实现跨越，但困难并不能削弱他们获得成功的能力。

　　想想这种"雾霾"吧，当布瑞克女士在亨德森中学执教第二年的时候，她努力思考如何处理"威尔逊先生"的问题。作为一个"年轻黑小伙"——《时代》和《新闻周刊》在一项研究中把这个词当作"罪犯"的同义词，斯科特·威尔逊的行为符合人们的常规看法，符合他和布瑞克女士每天都会遇到的常规模式。作为一个学生，他已经连续失败多年，斯科特在众多老师那里"赢得"了无法战胜的"名声"。斯科特用恃强凌弱等不当行为，印证了他人对他的很多负面猜测。但是，从这些低预期的雾霾中，布瑞克女士依然和其他高效能教师一样，努力保持她对斯科特的高预期：

有时候，我确实很失望，除了斯科特之外，还有很多人说把他纳入最聪明的一组学生，简直是疯了。他之前的老师、同学，甚至朋友都告诉我，这样做没用。他们说，斯科特根本跟不上正常的学习水平，更不要说成为优秀的学生了。这时候，我只是坚持心中的一个信念：我不相信他们的这些话，没有任何理由可以让我对他的预期有别于其他学生。我们必须实现所有学生达到80分识字标准的目标，包括斯科特。如果我把他扔到旁边不管，我就是失职。

学者索尼亚·涅托提到我们课堂中的隐藏课程时说："这些微妙的以及不太微妙的信息，尽管不是刻意安排的课程，却不可避免地会对学生产生影响。"涅托指出，研究和实验证明，我们对学生们的期望是一门关键的、强大的隐藏课程。与我们合作的高效能教师们，比如布瑞克女士，领悟了涅托的精髓："很多时候，善意的老师也会做出无意的歧视。"他们勤奋工作，检查并坚持对他们学生的高预期，以免坠入周围负面信息的雾霾之中。

因此，保持我们的高预期，需要坚定的努力与诺言。当我们穿透低预期的雾霾，大目标就在坚定承诺与努力工作的中间。对于强大的老师们来说，设定大目标是一次公共宣言——向他们的学生宣告，向他们自己宣告，向其他所有人宣告，宣告他们充分挖掘学生潜能的诺言。成功的老师把这次公开承诺当成一种疫苗，预防他人对学生可能发出的疑问，削弱这些疑问的负面影响。

把高预期转化为有挑战性的大目标

高预期可以驱动大目标的设计，哪怕老师想要掌握有根据的现实情况，了解学生在有限时间内能够学会什么。高效能教师们综合考虑各个方面的因素，确定他们的学生通过刻苦努力，能够完成什么样的目标，然后，他们把这些理解融入他们的大目标。因此，这样看重可行性并不是对宏伟目标的一般性检查，而是完美雄心的必然要求。

在与我们的交谈中，强大的老师们提出了四种重要的资源，来准确定位学生大目标的宏伟与可行性之间的边界。

相关的学习标准	有时候，你或许会发现自己的工作有不止一套标准。经验丰富的教育界同事会看出来，哪种学习标准更严谨，哪种学习标准比较宽松。学习这些标准和考试方法有助于你开拓视野，调整你给学生们设定的学习目标。
你的学生之前学习成绩的记录	有时候，你在学年开始之前，有机会接触学生之前的成绩记录。很多老师常常会设法寻找记录或进行摸底测验，在学年之初就切实掌握学生们知道什么、能做什么。
高收入社区学生达到的成绩水平	"拜访优秀的学校"，了解其他学生的成绩水平，常常会激发设定大目标的雄心壮志。
之前最卓越的老师和前辈们达到的成绩水平	对于那些之前成绩落后于其他同学的学生，他们提高成绩的目标是什么？想要得到这些数据，你最好的资源就是高水平学校的卓越老师们。咨询与你教同一个年级、同一门课的那些老师，请教他们的目标是什么，讨论他们的学生现在的成绩，以及实现目标面临的挑战。寻找之前带领学生取得过杰出成绩的老师，请他们讲述这些成功的故事。

把这些需要考虑的问题综合起来，就可以帮助老师做出明智的决定，制订出既远大又可行的目标。

▶ 目标是否鼓舞了你们的勇气

有效大目标的一个共同特点是，他们对师生双方来说都是激动人心的。琼斯女士的目标不仅让她和他的学生有了实现目标的紧迫性，还调动了学生们的积极性，因为他们的学习会赶上楼上的大孩子们。正如柯林斯和波拉斯在研究中发现的一样，在最成功的组织中，最好的大目标总会包含"伸出墙外，勾起他们勇气"的成分。

大目标被认为是战胜巨大困难的关键动力。一项对领导力的深入研究发现，对于面对严峻挑战的领导人和组织来说，明确的大目标尤为重要。

在教学中，当我们努力将学生引向新的学业轨道上时，也会面临很多挑战，大目标鼓舞人们坚持不懈。严酷的现实是，某些（并非全部）成绩分化最为严重的学校，其教学环境功能已经严重失灵。我们或许会遇到意想不到的惊奇（也许是在学期中间，会有5个学生被分配到你的班上）、疲劳（也许是你和你的学生前一天晚上都没有睡好）、扰乱课堂的管理命令（也许是要在上课时上交上课人数记录），或者看似不可能战胜的挑战（也许是你的八年级学生阅读能力只相当于三年级水平）。努力改变低收入社区儿童人生轨迹的老师们，一路上都会遇到各种潜在的挫折障碍。高效能教师们报告说，怀抱一个明确的成功愿景，有助于他们时刻关注这些日常挑战，并坚持努力工作。

要想让你的教学目标对每一个学生来讲都是远大目标且又可行，就意味着你要为他们每个人制订个性化的目标。在学年开始之际，学生们的既有知识、技能水平都有所不同，兴趣爱好和学习动力也不尽相同，学习经验与学习方法也不一样，优秀老师设计的大目标应该能够反映这些差异。

以五年级老师玛利亚·埃尔格罗为例，她的大目标是要将学生们的阅读水平提升两年，这要求她在开学之际，就必须了解每个学生的识字水平，这样才能设计出更有意义的成长目标来。她要求自己的所有五年级学生都必须阅读《哈利·波特》这样的长篇故事书，她会借此判断，有的学生读《神奇树屋》这样的书会感到吃力，有的学生读苏斯博士的高阶儿童读物会感到吃力。通过确定学生的起点，埃尔格罗女士就能根据两年的进度为每个学生制订有效的个性化目标。

其他一些追求绝对终点的目标与学生的起点没有关系，例如，德尔哈根先生决定，他的每个学生都应该通过世界历史会考；琼斯女士认为，她的所有学生都应该"能够和其他三年级学生一样阅读、写作、做算术"，这些通过性目标和学生的起点没有关系。当然，通过性目标也有风险，它可能导致那些起点较好的学生不好好学习，或许需要给他们设定个性化目标。不论是增长性目标还是通过性目标，都可以有力地带动学生成绩提升。根据我们的经验，关键在于老师是否推敲"这个目标能否最大程度挖掘全班每名同学的潜能"。

不论是增长性目标还是通过性目标，有时候个性化都是设定大目标的一个有效子策略。就像凤凰城老师萨拉·艾格丽解释的一样：

每个月，我都会更新每个学生课桌上的个性化大目标。简2月的目标是在一分钟内阅读92个单词，并能把3的倍数数到99。乔治的目标是每分钟阅读18个单词，并能从1数到50，他们都实现了自己的目标。看到简和乔治站在教室前面，接受全班人的喝彩，我感到充满了力量。在同学祝贺他们的时候，这两个学生脸上露出了骄傲的笑容……在某些情况下，全班平均水平很重要，但我知道，是每个人的个性化大目标让这些学生保持动力、不断努力。

不论你是否为学生们制订了个性化的目标，寻找远大目标若有缺陷，风险也是沉重的。如果低估了学生们掌握复杂知识的潜能，我们就率先贡献了导致教育不平等的低预期。如果设定了尽管学生刻苦努力也不可能达到的目标，则可能动摇学生脆弱的自信心，强化他们努力未必能带来成功的感觉，或者让他们感觉自己"不够聪明"，所以无法在学校取得成功。

与我们合作的大多数高效能教师都能认识到这些风险和不同紧张程度的负担，与此同时，他们在制订目标愿景的时候表现出了强大的力量与灵感，并尽其所能带领学生实现目标。

▶ 即使未能实现目标，也要坚信我们的目标

马丁·温彻斯特是得克萨斯州格兰德谷一名荣誉资深老师，他为他的学生们设定了一些大目标。其中一个目标——所有学生100%通过州考试，几乎是无法实现的，但他毫不后悔设定这个目标：

在十一年的教学生涯中，我曾连续四年让99%的学生通过州考试，在最近六年里，我的学生每年考试通过率是95%，但从未达到让每一个学生都通过考试。你知道，我为这些数据感到骄傲，同时也为每年那些没通过考试的学生感到伤心。但你知道吗？在每个学年开始的时候，我都坚定地相信，在这一年，我们将能够第一次让每一个学生都一次性通过考试。严格地说，我总是用绝对的口气向学生们传达这个目标，完全相信我们会实现这个目标。我怎么可能满足于90%或者95%的通过率目标呢？……是的，在这些年里，我也曾怀疑过，但当结果是一次次失败的时候，我狠狠地拷问自己的内心，依然坚信我们终将实现这个目标……我必须看着每一个学生的眼睛，坚定地告诉他们我们能做到这一点。如果我自己都不相信，哪怕是在一瞬间，他们也会立即看穿我的犹豫和动摇。

温彻斯特先生相信，"大目标90%的意义在于高预期所带来的动

力"。根据他的经验，价值来自设定高预期，以及实现它们的行动过程，哪怕最终并未实现你们的目标，也远胜过没有目标带来的危害——特别是当老师一路追踪、祝贺学生追逐目标的过程时。"优秀的学习过程的关键，是让学生们相信他们自己的能力，"温彻斯特先生说，"他们的能力是他们相信的关键，是我对他们能力的信任。我将继续设定有挑战性的目标，在我心中，我们能够而且必将实现它们。"

以学生的需求和兴趣为引导

一个老师对未来的展望，必须兼顾学生对未来的愿景。最有效的大目标，是建立在学生喜好和动力的基础之上的。有效的大目标对学生的人生非常有意义，哪怕老师需要做工作确保让学生重视这种意义（参见第2章）。正如梅基亚·拉芙告诉我们的一样，"你必须真正思考，为什么学习目标对你和学生们如此重要，对于这个问题的回答，有助于更好地表达你的大目标"。

在他们对各领域大量领导的研究中，库泽斯和波斯纳提出同样的观点："人们真正想听到的不是领导的愿景，他们希望听到的是自己愿望的心声，自己的梦想如何才能实现，希望如何才能满足。他们希望看到，在领导描绘的美好蓝图中，也有自己的一个位置。最好的领导人明白，他们的关键任务就是激发这种人人都能拥有的理想愿景，而不是兜售自己对世界的独特看法。"

卡蒂·皮尔斯是纽约市的一名成功老师，她与我们分享了自己与学生家长的一次交流，让她体会到了寻找大目标背后意义的重要性。当时，一位学生的父亲向她诉说，儿子学习对他和他的家庭有何价值。皮尔斯女士意识到，如果能和学生内心深处的志向紧密结合起来，大目标的所有好处都将被放大：

在我执教第一年结束时，我为我们的"奖学金获得者"举办了一次颁奖典礼。我想要表扬那些把英语作为第二语言的社会课学生，因为他们实现了我们的大目标，所有人在州标准考试中都取得了80分以上的成绩。我还向西班牙语班（为说西班牙语的学生开设）的学生表示祝贺，他们在全部十项写作项目中都取得了80分以上的成绩。

我和同事们邀请学生的家人参加，在颁奖典礼之前共同享受了一顿非常美好的晚餐。我们的"装饰组"学生用彩带装扮了整个学校餐厅，餐桌上铺了桌布，点缀着五彩纸片，还有一条横幅上写着"热烈欢迎学生家人"。学生家长们带来了烤鸡、多米尼加大米、蚕豆，还有墨西哥肉汤、沙拉和甜点。学生们穿着漂亮的衣服，一个个看起来精神抖擞：艾登穿了三件套的正装，索纳里穿了儿童版的晚礼服，肩上光滑的皮肤闪耀着金色的光芒。我们听音乐，共享晚餐，还拍了很多照片。然后，一同前往礼堂参加颁奖典礼，由学生们进行诗歌朗诵表演。

在颁奖典礼的过程中，一位学生的父亲请求发言。他站起来用西班牙语说："在过去，我总感觉好像有很多人都在看着我们，心里想：他们不会说英语，他们只能在大街上卖水果。直到今年，我还认为我儿子只能像我一样，靠卖水果为生。但从今以后，我和我儿子都不再相信这样的命运。我相信儿子，以及这里的每一个孩子，都将考入他们理想的大学，都将成为他们理想的人物。谢谢你们，老师，谢谢你们提醒我们，孩子们的教育才是我们的希望。"

对于我来说，从那时候开始，我不再单纯地把大目标看作数字指标，而是看作实现这些数字指标的意义所在。我决心，下一年我要让所有家长都体验这位父亲的感受。坐下来重新设计我的大目标，以便到年底的时候，我的学生能深刻理解他们的教育与梦想之间的联系。

当皮尔斯女士和拉芙女士这样的老师问自己"为什么这些成就很重要"的时候,她们揭示了真正塑造他们目标的背景和意义,让最终的大目标对她们的学生更有力量。用库泽斯和波斯纳描述成功领导人的话来说,"他们说出了人们心中的美好愿望。他们唤醒了人们的梦想,向它们注入活力,并在人们心中树起坚定的信念:我们有能力实现一些宏伟的目标"。

如何实现高效大目标

如果老师把可量化目标的紧迫性与聚焦特点,和与学生兴趣需求直接相关的高预期融合起来,就创建了一个能够带来非凡效果的大目标。本章的剩余部分,将重温那些来自高效能教师大目标的观点,他们正在为了学生的利益实现这些目标。

基勒特·埃克勒是纽约市布鲁克林区的一位高效能四年级老师,为了分解、挖掘这些特点在设计大目标中的作用,我们首先来分享她设定大目标的过程及方法。

▶ 一个有效目标制订者的思维过程

当基勒特·埃克勒第一天见到她在布鲁克林的四年级学生时,他们的平均阅读能力,只相当于二年级的水平。数学能力则更为落后,甚至都不会两位数加减法。根据州标准,他们本应该已经学会多种方法计算两位数乘法了。

这种情况令埃克勒女士大吃一惊,她花时间思考学生们的潜能以及他们面临的挑战。她在头脑中

> 埃克勒女士组织摸底测验,确定她的学生们在学习上的初始需求和能力。

设想，如果这些孩子的学业道路照这样继续下去，会导致怎样的结果。没有大胆的外力介入，她的学生就只会增加那些丑恶的统计数据，而她正是为了改变这些情况才当老师的。

她想要对学生人生产生重大影响的愿望，驱动了她的大目标。

埃克勒女士决心，必须让她的学生们掌握阅读、写作和数学技能，这将为他们今后的发展创造机会。于是，她开始全面思考她的学生需要哪些学习技能、缺乏哪些学习技能。她研究了所在地区的学习标准，以及学生们的摸底测验成绩和以前的成绩记录，她还去拜访了学校里成功教学生识字的资深老师们。

埃克勒也意识到，尽管大幅提升学习成绩，是学生们以后拓展人生机会的关键因素，但如果她想要把学生带到更加宽广的机会面前，光凭这些是不够的。她看到，

她参阅学习标准、请教资深老师，了解她的学生需要有哪些雄心壮志。

学生及学生的父母不知道也没有关注过招生流程复杂、吸引力强的高水平私立学校。她为这种现实感到困惑，她的学生没有上过一些专业辅导班，比如视觉艺术、戏剧、音乐、舞蹈、科技、数学、科学，以及其他邻近学校学生参加过的辅导班。她知道这些学生不仅需要学习技能，还需要克服官僚主义和政治障碍，才能有更多的机会学习更多技能。用埃克勒女士的话来说：

埃克勒女士思考她的学生走向机会的特殊道路。

"我的学生应该得到最好的教育机会……我希望他们能够学会选择以后的求学生涯。那些学校提供给我的学生们的是充满挑战、刻苦努力、秩序井然的环境，他们可以在那里追求感兴趣的某一天赋，或者找到陪伴他们一生的才能和兴趣。它们提供很多课外活动，比如戏剧社、唱诗班、管弦乐队、跑步或橄榄球等体育运动、机器人技术、电影制作，等等，关注学生的全面发展，提供全方位的教育。我的学生

应该知道有这样的学校，他们应该有机会进入这样的学校，这样的道路值得他们去跋涉。"

她对学生成功潜能的信心，驱动了她对大目标的思考。

这种改变学生未来的愿望，成了埃克勒的大目标。她决心创造新的现实，让学生们获得他们需要的学习技能和知识，建立自信心，坚持不懈地努力进入那些著名中学。她设定了明确的、可量化的目标，要求学生达到州数学标准。她决定，按照学校采用的标准系统，她班里每个学生的阅读水平都要提高九级（相当于两年多的阅读水平提高）。她发誓，要让她的学生们有机会进入全市最好的中学。

她确保学生们朝向目标的成长进步是可衡量的、透明的。

带着这样的愿望，埃克勒女士给她的课堂注入了活力、专注和紧迫感。她把这幅美好愿景展示给她的学生们，告诉他们实现了那些目标就可以得到这样的机会。埃克勒女士回忆道，当时她的学生完全被这种想法打动了：为进入一所顶级中学而努力。她很细心，也有很多方法，她耐心帮助每个学生实现"提高九级"的阅读目标。在第一周，她逐个测验每个学生的学习基础，并给学生制订提升阅读水平的短期目标。

埃克勒女士利用了学生已有的愿望，他们想要进入顶级中学。

当学生们明白这个模式如何运转，明白他们提升一级阅读水平需要付出多少努力时，她再将提升九级阅读水平的大目标告诉学生们。最终，她的学生们及时开始了奔向大目标的征程。

不出所料，埃克勒女士对学生们成功的清晰愿景，驱动了她的课堂中的每一个决定和方法。她和她的学生们创建了一套追踪系统，庆祝他们取得的阶段性成功。她将学生的家庭吸纳进来，为实现那些目标而共同努力，一股明显的紧迫感占据了她的课堂。

她意识到，学生的家庭必须为实现这个大目标投入力量。

在这个目标驱动的领域中，埃克勒的学生们超过了所有预期。

> 到该学年结束的时候，她的四年级学生们，在一年中提高了超过两年进度的阅读水平，每一个人都通过了纽约市的英语考试，在州数学考试中取得了90.08分的平均分；随后，埃克勒女士向校长申请继续教他们五年级，使他们这种势头继续延续下去，当她不再教他们时，很多学生的成绩已经超出了全校平均水平。与此同时，为了达到她的目标，埃克勒女士成了中学入学考试专家，带领她的每一个学生留意各个截止时间，准备文书材料（有些学校的某个关键截止日期进行了改变，但没有及时通知她的学生家长，她甚至设法为学生们争取到了宽限时间）。
>
> 因为埃克勒女士建立了明确的成功愿景，她的学生们就能够努力去实现它。他们奋力拼搏，参与竞争了纽约一些最著名、门槛最高的中学，包括艺术文学学院、菲利普·斯凯勒中学、老鹰男子学院，以及其他一些非常出色的科技学校。

老师必须合理地建立一个对学生人生有重要影响的大目标。所有高效能教师在为建立学生成功愿景时，都认为埃克勒所采取的这些做法是关键之举。强大的大目标应该符合三个条件：可量化、有雄心、有意义，同时要考虑四个问题（图1.1）：

1. 我的学生应该实现怎样的量化学习过程？

2. 什么样的优良品质、思维模式和技能最适合我的学生？

3. 学生通向机会的路，有哪些应该纳入大目标？

4. 学生的兴趣和动力会怎样影响大目标的塑造？

每个与我们合作的高效能教师，其大目标中都包含重要的学习目标（毕竟，学习进步是我们对"高效能"的定义），另外三个问题，不同老师在不同情况下则各有侧重。高效能教师设定大目标（可量化、高预期、感

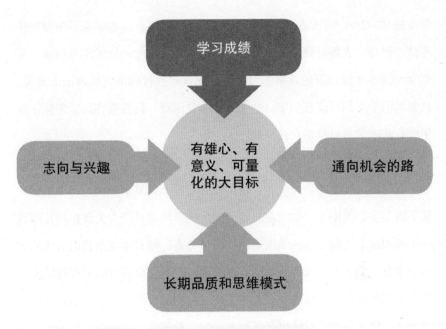

图 1.1 对学生的人生有重要影响的大目标

兴趣）的基本原则，就体现在对这几个问题的探求上。

学生应该实现怎样的量化学习过程

根据我们的经验，这个关于量化学习过程的问题，可以帮助老师在学年之初了解学生的学习潜力，深入运用学习标准，理解成绩不理想的学生的表现是什么样的，并为学年结束时设计出有挑战性的、可量化的学习目标。

例如，北卡罗来纳州老师卡蒂·希尔，她教的中学生有认知障碍，但她还是让他们的识字能力有了惊人的提高。其实，在学年开始之前，为这些学生制订什么样的成功标准都是个问题。最开始，她研究了针对特殊教育学生的州替代学习标准。这些标准只针对很少一部分学生，大约占全体学生的1%~2%，或者占全体残障学生的10%~20%，这些学生不用参加州考试，但是，大部分残障学生依然要使用和正常学生一样的学习标准。希尔女士用三年级以下的正常学习标准补充这些替代标准，从理论上来说，她要教的学生们可能在识字、数学方面非常困难，她需要理解，怎样才能把所有基本学习目标结合到一起。

希尔女士投入了很多时间，了解学生们掌握的知识和技能。鉴于残障学生有时候成绩波动会比较大，她将所有测验都重复了三次，确保能够准确了解学生们的潜力。她发现，她的学生的平均阅读能力大致在幼儿园到一年级的水平之间；有的学生虽然认识字母表，却只能读出其中七成的字母；没有一个学生会找押韵单词，也没有一个学生会看时间；有些学生能分辨不同的硬币，但没有一个人能够比较它们的价值大小；大部分学生不懂减法的概念。为了设计出严谨的大目标，希尔女士和她的学生家长们进行交流，咨询他们对孩子能力、需求的感觉，了解他们对孩子学习目标的愿望。

但是，对于希尔女士来说，这些准备工作还不是成功的关键，"我想，我所做的最重要的事情是，当我走进校园的时候，我希望且相信我的学生能够好好学习，"她说，"当时我很快就发现，我的学生们的学习热情很高，他们对学习和成功有很强的欲望。我不能把目标设得太低，打击他们这种热情。我研究了他们的档案，并与其家长进行充分交流，了解了他们之前学习的内容、速度，以及有用的学习方法。"

▶ 三种衡量学习过程的方法：

学习技能的提升　从学年之初到学年结束，学生某项能力的进步程度。当学习标准要求提升某种技能的时候，这种衡量方法最为适用，比如阅读、写作、数学等不断提升增长的能力。

学习目标的达成　达到一定水平的期望（符合一定的标准）。对于某些科目来说，特别是零散知识较多而连续性较弱的课，可以将掌握百分之X的内容作为一个有用的学习目标（对于有特殊需求的学生来说，有时候可以把个人教育项目的目标当作这种目标）。

成绩差距的缩小　减小你的学生与其他高水平学校学生之间的成绩差距（或者与好学生之间的差距），这方面的数据本身就是一种比较，你或许能够用你们的成绩与高收入社区资源更好的学校的成绩进行比较。

怀着这种想法，希尔女士得以在众多学习标准中，确定适合自己学生的目标。抱着特殊教育的精神（很多高效能教师在普通教育中也使用这种方法），围绕1.5倍的进度水平，她为每个学生制订个性化的数学和写作目标。她修订学生们的个人教育计划，以确保它们既不失雄心，又适合每个学生，"为了这样做，我使用低年级的标准和北卡罗来纳州选修内容标准，为学生制订整体课程计划，这样我的学生们就可以在数学和识字上投入更多的精力，达到更高的标准，为他们将来独立生活和工作的长期发展目标打基础"。

希尔女士在这个目标制订过程中，大幅提高了所有学生的个人教育项目目标，那个学年过完一半的时候，所有学生都实现了他们的目标。在希尔女士的带领下，在第一学期，她的学生们的识字和数学成绩增长超过了以往所有学生的成绩。正如希尔女士所言，这个过程意味着"必须更新我的大目标，确保它依然与我们的学生紧密相关，同时保持其雄心。我必须改变学生们的个人教育项目目标，推动他们更深入地学习课程，包括更多的抽象数学概念，以及命题作文"。希尔女士的做法提醒我们，作为驱动紧迫性和专注力的大目标，如果现实情况发生了变化（比如学生的进展出乎意料），削弱了大目标这两方面的效果，就要对大目标进行调整。

类似于希尔女士，在中学历史课上，德尔哈根先生同样问自己："应该用什么样的学习成绩来定义学生们的成功？"世界历史通常是两年的课程，但这次只给他安排了一年时间，面对这种棘手的现实情况，德尔哈根先生开始全面思考会考覆盖的所有学习目标。在研究了一次考试试卷之后，他当时惊呼："哇！这几乎覆盖了从新石器时代到9·11事件的每一件事，这简直就是巡回整个历史！"为了方便学习大量的历史内容，德尔哈根先生着手分析了之前15次会考试卷，制作了一个电子表格，分析其中出现的关键知识点和主题。

德尔哈根先生向他的所有学生公开了他的研究。根据以往的教学经验，在与学生们磋商之后，他判定取得80分平均分、100%通过考试是一个有挑战但不失实际的目标。他和他的学生们称这个目标为"量化目标"，他和学生们探讨这个目标的好处，是可以"更容易看到我们是否走上了正轨"。

德尔哈根先生同时将这个成绩作为学生们通向机会的必经之路，因为每一个学生都想从中学毕业，而毕业的前提就是要通过会考，所以他们对通过会考这个目标有股天然的动力。

▶ 大目标需要避免的常见错误

设定目标之后，忘记了目标	只有把大目标置于课堂教学的核心位置，它才会对学生的成绩产生影响。特别要注意的是，你需要建立一套系统，让学生们能够清晰看到他们实现大目标的进度（参见第2章）。
事后又采纳了别人的目标	尽管你不需要"重新发明轮子"，但从大目标的各方面特点来看，不论从别人那里借鉴了什么样的大目标模板，你都需要加入自己的想法。
"X%的学生将……"	大目标必须应用于所有学生。如果你的大目标让你放弃了一部分学生，那就是一个差劲的大目标。

学生应该具备的品质和思维模式

和本章提到的其他老师一样，德尔哈根先生相信，他的学生缺乏的（也是需要的）不仅仅是学习成绩。在他的案例中，与学生的交流启发他，决定在让全体学生通过世界历史会考的大目标中，加入一些其他的品质和思维模式目标。

当他研究学习标准和考试时，德尔哈根先生注意到在人际交往和管理中，有一个公民价值的主题。他认为，这个主题与他在学校中看到的一些年轻人的行为和问题是并存的。一个学生与德尔哈根先生讨论某些男生极不尊重女生的行为，那个学生说"那不是一个好公民应有的行为"，这对德尔哈根先生产生了很大的影响。

受学生和眼前事实的启发，德尔哈根先生决定，他的学生也应该学着像世界公民一样思考、写作和说话。德尔哈根先生面对一个类似克利夫兰交响乐队的问题，但他想要改变学生行为和思维模式的目标太空泛了。德尔哈根先生在脑子里有一些想让学生养成的行为和思维模式，并开始发动学生去客观地定义它们。他和学生们共同设计了一个"负责任说话"规则，勾画了世界公民的品质特点，为学生们提供了一些行为指南，教他们怎样在学习交流中负责任、怎样对知识负责任、怎样养成严谨的思维模式。

▶ **负责任说话：我们应该怎样与彼此对话**

对学习交流负责任	对知识负责任	对严谨的思维模式负责任
学生	学生	学生
参与一场对话	使用准确的专业知识	使用理性的方法提出观点，得出结论
专心听对方讲话	为你的声明和观点提供证据	就自己对概念的理解进行解释和测试
确定观点，同时说明每一个人的贡献	找到解决问题需要哪种知识或概念体系	相互挑战彼此的推理过程
相互提问，澄清或拓展一个命题		

通过评估、追踪学生在这些指标上的表现，德尔哈根先生将这些价值观灌输到了课堂中，有学生不爱学习的时候，其他学生会根据"负责任说话"规则向他们提问，有效促进了课堂管理秩序。

怎样将大目标与学生机会联结起来

有时候学生在未来学业上的某个里程碑会影响大目标的设计。想象你的学生们将参加一场考试，考试内容是你所教的课程，考试成绩会影响学生们的教育机会。大多数高效能教师都会在设计大目标时考虑怎样让学生在这场考试中取得成功，例如，或许某场考试的成绩会让学生申请高水平中学时更有竞争力（如埃克勒的学生们），或许英语水平达到某个目标，可以让把英语作为第二语言的学生离开英语补习班（如洛杉矶英语老师费利西亚·奎斯塔的学生们），或许高中二年级学生的写作技能还不足以撰写优秀的大学论文（如巴尔的摩高二英语老师艾瑞克·托马斯遇到的情况）。这些特殊情况，让老师把大目标与学生通向未来机会的路联系起来。

纽约布朗克斯区南部老师艾瑞克·斯克罗金斯，领导他的八年级学生取得了好成绩，让学生得到了高学分，这对于某些学生来说，意味着优秀高中的奖学金。他认为，影响学生学习的未来机会，应该在大目标中有所体现：

在我执教的第一年，我和斯卡斯德尔（纽约的一个富人区）学区公立学校科学课主管一起吃饭，得知在他们学校，希望科学课快班的八年级学生在学年结束时参加地理会考。我知道，如果学生在这项考试中取得好成绩，他们就有机会选择不一样的高中，最终将他们送进不一样的大学。我想："最好学校的学生，按部就班地在八年级参加地理会考，那么我们的学生也要做到。"我很明白，参加这项考试、取得高学分的机会，对我的这些布朗克斯的学生来说是平等的。

尽管这些里程碑似的节点在小学比较少，但同样的思路也是适用的。例如，某些小学老师发现他们的学生会在六年级开始时，被分为快慢班，或者发现他们的学生有残障，或者学生把英语作为第二语言，如果能有一定程度的成绩表现，这些学生就能进入不一样的学习轨道。因此，这些老师会认真寻找，要想让学生进入某条学习轨道，需要什么水平的成绩表现，并努力去实现它。

学生的兴趣和动力怎样影响大目标的实现

另一个让大目标对学生更有意义的想法，是考虑怎样点燃学生的学习热情。有没有办法,把我们有挑战性的理想成绩与学生的愿望联系在一起？

这样我们就能让学生始终对这个大目标充满激情（如果有的话，这个大目标会使你的学生异常努力地去实现它，详见第2章）。

有的小学老师调动了小学生固有的迫切想成为"大孩子"的愿望，对于琼斯女士来说，是一次与学生们的谈话启发了她这种方法。

琼斯女士提醒自己，要设定一个"听起来有点疯狂"的大目标。她想让学生及其家长大吃一惊，激发他们取得有意义的大进步。她的直接想法是让每个学生都完成一年半的学习进度，但当她和学生谈起这个目标时，只有她自己很兴奋，学生们对她所说的目标毫无兴趣。于是，她想要一个属于学生自己的目标，他们能够理解这个目标，而这个目标也会让他们感到兴奋。

开学几周之后，她主持了一场和学生们的"小议会"。

"我们来讨论今年要学习的所有疯狂内容，不过首先，我想听听你们的想法。请告诉我，你们今年想要变得多么聪明？"琼斯问她的一年级学生们。

一个女孩站起来，把手背在身后大声说："我想和三年级学生一样聪明！"

其他学生爆发出一阵啧啧的惊叹声，每一个人都使劲地点头表示赞同。

"为什么呢？"琼斯女士问道，"为什么你想和三年级学生一样呢？"

全班同学马上开始发言。原来，她的很多学生都有哥哥姐姐，所有学生都很崇拜羡慕大孩子们。有一个学生的姐姐在三年级，他说："他们在楼上（三年级教室在楼上）读书，他们还会做数学题。"

教室里再次爆发出兴奋的肯定声，这些学生非常渴望变得和大孩子一样。

回味这次交流，琼斯女士意识到，她的"疯狂"目标可以把她的一年级学生变成三年级学生。但是，她首先要回答很多问题。三年级学生在一开始，必须有能力做什么？什么样的阅读、写作、数学指标才能说明学生们是"三年级学生"呢？琼斯女士研究了佐治亚州一年级和二年级学生的学习标准。她请教学校一位优秀的三年级老师，对方答应给她出主意，告诉她怎样修改教学材料，为让学生达到三年级标准而努力，她还对一年级和二年级的州考试题进行了研究。

最终，琼斯女士知道了，要让学生达到三年级的水平——而不是仅仅是二年级的水平，就意味着对一大串技能的强化，而不仅仅是教一些新技能。这意味着，她原来只需要教两位数的概念，现在得教四位数。原来只需要教学生写句子，现在得教他们写一串句子构成段落。对于一年级课程中的每一个概念，她都参照二年级和三年级的版本，糅合到一起。

通过这些工作，琼斯女士开始相信，她心里逐渐形成了一个大目标，对于这些大部分成绩在一年级水平之下的学生来说，达到三年级水平确实有点"疯狂"。但是，她也开始坚信，这个目标是有可能达到的，需要非常艰苦的努力。她发现这种想法对自己来说非常振奋，但还不知道学生们怎么想。当她把新的大目标透露给学生们时，他们一片欢呼雀跃。只要能让自己成为三年级学生，琼斯老师让他们做什么都愿意。

我们在其他各个年级优秀老师的课上也看到了类似的场景。有些中学老师利用学生的好胜心理，让他们在学习中既团队合作，又相互竞争（比如和一个资源丰富的对手学校竞争），以此来鼓励他们好好学习。克里斯·奥特是一位中学老师，他让学生们与英国的"八年级学生"比成绩。某些特殊教育老师抓住学生的兴趣，将其纳入课堂的主要设置，把学习成绩和自由或负责的机会联系起来。很多老师都利用学生自己的内在动力来塑造他们的大目标。

> 本书的框架（参见附录）描述了老师的具体行为，表明该老师正在设计大目标。

总结：核心思想与后续问题

核心思想

根据我们的经验，高效能教师相信，这些关键思想是领导学生克服重重困难、创造优异成绩的基础。

● 高效大目标来自三条强大的领导原则：对可量化结果的坚持，对你的学生抱最高期望，把你有挑战性的愿望告诉你的学生。

● 大目标可以聚焦老师、学生及其家庭的努力，给他们带来学习的紧迫感和专注，从而最大化学生的学习效果，精心设计的大目标能够对师生产生启发鼓舞作用。

● 高效大目标是可量化、有雄心，对学生的人生有重要意义的。

● 任何大目标的核心元素都必须与严谨的学习标准相一致。

● 高效能教师通过思考几个问题来设计他们的大目标：

❏ 我的学生应该实现怎样的量化学习过程？

❏ 什么样的优良品质、思维模式和技能最适合我的学生？

❏ 学生通向机会的路有哪些应该纳入大目标？

❏ 学生的兴趣和动力怎样影响大目标的塑造？

📶 Teachingasleadership.org

　　本书的框架，说明了设定有效目标的指标，更多关于设定大目标的指南请参阅网站，其中包括：

● 更多强大大目标的特定指标。

● 来自各个年级和学科的有效大目标例子，并带有注解。

● 新老师在设计大目标时容易犯的常见错误。

后续问题

有了这些想法，你就准备好为了学生们的利益，去思考一整套关键性的重要问题。

- 我怎样才能接触并透彻了解适用于我的学生的学习标准，那些标准将怎样塑造我对学生成功的愿望？

- 我的学生的学习成绩与更广阔的机会之间有何必然联系，这些联系对我设定目标有什么启发？

- 我应该怎样评估或设计一项测验，确保我的学生实现了大目标？或者我怎样才能确定，我的测验是严谨的，全面反映了学生们取得的成绩呢？（参见第3章）

- 与我教同年级同一门课的老师成功使用了什么样的大目标，它们对我的学生适用还是不适用呢？

- 我怎样才能保证，让全班每个学生都感受到大目标的好处（比如，紧迫感、专注、启发、清晰）呢？

劳拉的故事：人们为什么需要设定大目标

劳拉女士故事选录，案例研究。

"劳德斯，你介意与大家分享早上写的日记吗？"

劳德斯经常这样做，尽管刚刚被提问过，她还是举手了。然后，她放下手，平静地读道："我的理想是成为一名医生或者舞蹈演员，我姐姐的理想是成为一名警察，但我并不认同。"

"谢谢你，劳德斯。克里斯，你愿意和我们分享你的日记吗？"

　　劳拉试着让写作好的与写作差的学生交替发言。

　　"我的理想是成为一名拳击手。我已经有目标了，想成为一名真正的拳击手。我会大量练习，还将在今年夏天和我叔叔一起练习拳击。"

　　劳拉女士又引导了其他几个同学的发言。贝托的理想是"打橄榄球挣钱"。坦雅靠着她的桌子，用非常大的声音，说她的理想是成为一名兽医。

　　几分钟以后，劳拉女士恪守承诺，向他们讲述自己的故事。学生们都全神贯注地听着，他们渴望知道老师的兴趣爱好。

　　"我的理想是重新成为学生，"劳拉女士看着自己破旧的笔记本说，"我想重新回到学校学习，向维尔纳博士学习怎样做一名校长，或者向佩芝老师学习怎样做一名督学。校长是老师们的老板，而督学是校长们的老板。我想我最大的目标是成为哈佛大学的学生，哈佛是马萨诸塞州的一所大学。在高中的时候，我常常梦想考入哈佛，但信心不足，始终没有申请哈佛大学。现在我感到很遗憾，当时没有申请。哪怕它不录取我，起码我应该尝试。当了几年老师之后，我或许应该申请哈佛或者其他大学，学习如何当一名校长或督学。"

　　劳拉女士简要回答了学生几个关于哈佛大学的问题（它远不远？它有足球队吗？那里的人吃什么），然后开始她心目中每个学年最重要的谈话。在学年之初的几周时间里，她和学生们交流设定目标以及为实现目标而奋斗的重要性。她发现，这样的交流对于灌输那些理念非常重要，收获也很丰厚——就和讲其他难懂的知识一样。

　　"有没有人能告诉我，为什么人需要制订目标？"她提问道，几个学生举手了，"好的，茉莉，你怎么理解，为什么人们要制订目标？"

在接下来的15分钟里，以及之后的几周，每天早上劳拉女士都会先给学生们灌输目标导向的思维模式。她循循善诱，经常在一个例子上停下来，但始终让学生们思考一些问题，比如追踪实现目标的过程、衡量进度、每天努力去实现目标。她借用学生们自己的例子，强调要想成为一个医生、舞蹈演员、拳击手、律师、橄榄球运动员、消防员或者老师，都必须投入努力和专注。她让学生们画"困难图"，想清楚在实现理想的路上，他们会遇到哪些困难。他们将"雄心壮志、正视现实、坚持不懈"的字样挂在教室的墙上。希拉里奥提供了布莱尔小学的规则，每人每天设定并实现一个目标。在每天设定并实现目标的过程中，学生们对设定目标倍感兴奋，加上劳拉女士事先的铺垫，他们最终共同设定了这一年的学习目标。

这一天早上，劳拉女士的计划是继续铺垫，告诉学生设定目标的意义。她想让学生们明白，没有明确的目标，他们就会迷失方向。

"这个想法非常好，茉莉，"她说，"你是对的。有的人设定了目标，这样他们就能知道自己何时达到了目标。让我们来看一些这方面的例子，有没有谁能告诉我一个例子，人们有明确的目标，所以他们知道勤奋的工作何时完成？"

多管齐下 第**2**章

Invest Students and Their Families

TEACHING AS LEADERSHIP

> 高效能教师让学生全身心投入到学习之中，以取得优异的成绩。在学生家长和其他人的影响下，老师们相信学生只要足够努力，一定能实现他们的大目标，并给人生带来实质性的改变。

"没有事物能阻止她去实现目标——甚至连我也不能。"

布莱恩·华莱士，纽约州四年级特殊教育自主生活课四年级老师

我永远不会忘记，梅里亚请我重新评估她阅读水平的场景，虽然按计划，下一次测验应该在两个月以后。每一次她更快地读完一段文章，或者成功理解一个生词之后，她都会说："华莱士先生，你看，我已经准备好进入更高水平了。拿出卷子来，现在给我测验吧。"梅里亚努力去成为一个强大的读者，她是如此全身心地投入，绝对没有任何事物能阻止她去实现目标——甚至连我也不能。但是，这不是凭空发生的。这需要反复强化她的努力，在她前进的路上，打下一个个虽然小却可以实现的里程碑，让她感受成功的喜悦，给她目标，让她得到有意义的夸奖，哪怕朝着实现目标迈出了一小步，也真诚地与她共同庆祝。

"课堂上的进度和紧迫感达到了火热程度。"

克瓦姆·格里菲斯，得克萨斯州四年级、五年级老师

尽我所能，让我的学生们投入到学习之中。我和他们的家庭建立紧密联系，他们可以在夜里给我打电话，交流作业中的问题，或者分享他们的生活故事。我们讨论刻苦学习的价值，告诉他们成绩分化的有关情况。有一种想法把我们团结起来：我们会证明成绩分化是可以消除的。我以身作则，希望他们能够效仿我的努力：我常常是第一个到学校，最后一个离开。我在周六也坚持教学生。我带他们去参加科学展览以及州组织的阅读、写作和数学竞赛，课堂上的进度和紧迫感都达到了火热程度。我看见所教的四年级学生和五年级学生相互指导，他们不仅正在取得巨大进步，而且需要获得更多。

州考试的成绩反馈回来那一天，每一个孩子都看着我打开信封。这群学生在一年前，学习水平还只相当于二年级、一年级甚至幼儿园，当我告诉他们，他们的识字水平达到了年级标准，数学能力超过年级标准半年时，整个教室都陷入了狂欢，这是我生命中最精彩的事情之一。

然后，一个学生让大家安静下来，他要指出一个残酷的现实。达奈尔说："但是，格里菲斯先生，这不就是我们预料之中的事情吗？我们如此刻苦学习，我们做的每一件事都是为了迎头赶上。我们还没有领先，不明白为什么我们要庆祝。我们和其他所有竞争者都同样聪明，我们以前只是不知道而已。"听到这个真相，我知道他们已经明白了这个道理，他们还会继续努力学习。

"在接下来一个月里，我修订了全班的激励系统，并为乔安娜实施了一项个性化激励系统，结果非常好。"

詹妮弗·罗森巴厄姆，华盛顿幼儿园老师

乔安娜……在所有课上都非常捣乱，欺负其他同学，对成年人也一副挑衅的样子。我意识到，为了让乔安娜进步，实现我们的大目标，她需要……理解她在学什么，为什么要学习这些。在接下来一个月里，我修订了全班的激励系统，并为乔安娜实施了一项个性化激励系统。结果非常好，乔安娜通过努力学习取得了大幅进步，不仅根据全班激励系统赢得了气球，还因她的个性化激励系统赢得了"hello kitty"贴画，为此兴奋不已，她还真正理解了努力学习的意义。很快，她再捣乱的时候，我只需要说："乔安娜，你需要努力学习，这样你才能学会知识。"她很快就会收敛。有一天在地毯上，她对一个捣乱的同学说："来吧，曼特！坐下学习！"曼特立刻就停止了捣乱，我知道她已经完全领会了这句话的意思。

"我的学生走过了好长的一段路。"

艾瑞·沃勒，新墨西哥州五年级老师

当我转过去在黑板上写当天的数学课目标时，我发现一个学生的座位是空的。我知道今天没人请假，所以就环顾教室，看到詹罗德正在走向教室里的成绩榜。

"沃勒女士"，他说，"我找不到我这周的问题。"他一边说，一边将期望表上代表自己的指针从"准备好学习了"挪到了"需要找准问题"，完全是自发行为！他解释说，"我知道自己还没有准备好，但我会借鉴奥兰多的表格，直到找到自己的问题所在。"

最开始，每当他们违反规则，就需要老师加以惩罚，我的学生走过了好长的一段路。现在，我终于看到学生们开始监督自己的行为，对自己的错误负责任，想办法解决问题，用不懈的努力去实现他们的目标。

纽约州五年级老师约瑟夫·阿尔梅达　看到统计数据后说，他的学生只有十分之一有望从大学毕业，约瑟夫·阿尔梅达义愤填膺，他坚持认为，他的五年级学生将和附近富裕社区的孩子们一样，取得优异成绩，并在今后进入理想大学。开学第一天，他就给学生们分发了一份仿制的大学录取通知书，用来装饰教室。很快，他又让学生们给全国顶级大学的招生部门写信，收到哈佛、耶鲁、斯坦福、普林斯顿这样的名校回信之后，他的学生们欣喜若狂。为了将他的成功愿景强化给学生们，阿尔梅达先生带他的五年级学生到华盛顿市乔治敦大学，他们在那里走访教室，拜访教授，还参观了大学生宿舍。

回到学校以后，阿尔梅达先生成立了一个每月家长夜校，以英语和西班牙语为主，让学生家长预习学习内容。他每周给学生家长打20个电话，庆祝他们孩子取得的进步和成绩，从而打造一个支持学生学习的有力网络。随着学生们将阿尔梅达先生的愿望化为自身的愿望，他们开始努力学习，取得了比以往任何时候都好的成绩。为了表示庆祝，他带学生们去打保龄球，去麦迪逊公园打篮球，去阿波罗剧院参加爵士音乐会。

到学年结束的时候，阿尔梅达先生的学生在州数学考试中取得了全校史上最高平均分，在英语/语言艺术考试中取得了全校史上第二高平均分。一个学生家长写信给他说：

现在有些时候，儿子会和我谈起上大学的事。他想要进入乔治敦大学，因为我想让他离家近一点……去过乔治敦，看到我儿子面前的各种机会，使我努力做一个更好的家长。我承诺，我将更加努力帮助他在学业上取得成功……如果每个老师都像你一样，学生们得到的机会将是永无止境的。

"激励我们的学生"意味着培养他们对学业成功的愿望，以及相信自己能够实现成功的信心。在类似阿尔梅达先生这样的高效能教师的课堂里，我看到学生们怀着具有挑战性的目标，努力学习，争分夺秒，全神贯注争取在学校取得成功。我们看到，他们和老师们一样，带着一种使命感，要赶上富裕社区的那些学生，抓住那些经常在他们实现范围之外的机会。我们看到，老师们在使学生们投入到努力学习中。领导们认识到他们要想成功，不但要让下属分享他们的愿望，还要让下属分享达到远大目标的动力。

阿尔梅达先生和类似他的领导们，不仅描述了全力激励学生向远大目标奋斗的力量，同时也讲述了驱动学生学习动力的各种激励方法。根据我们的经验，最成功的老师会在信任和高预期的基础上宣扬强大的个人努力，示范推广实现大目标所必须的努力，特意建立一种氛围，支持、鼓励学生的个人努力。

激励的核心要素

我们曾研究过一些老师的行为，他们的学生能够实现自我监督、自我管理，为学习上的失利感到不满，并自发地帮助同学学习。根据我们的经验，这些老师都有两种同样的激励学生的思维模式。

首先，这些老师让学生相信，他们能学习、想学习。这些老师认识到，如果学生认识不到学习进步的好处，不去努力学习的话，他们的大目标就不可能实现。其次，这些的老师，和其他所有卓越的老师一样，调动了学生家长、体育教练、其他老师，以及其他所有对学生有影响的人激励学生努力学习，极大拓展了对学生的影响力。高效能教师认识到，实现大目标是一项很大的任务，不能只靠一个老师单枪匹马，如果在生活中总是从其他方面听到不一样的声音，学生们很容易改变他们的信念和行为。

学生思维模式的塑造

> 如果你想要造一艘船，不要把人们聚在一起砍木头，也不必给他们分配具体任务，只需要把对无垠大海的向往与渴望告诉给他们就好。
>
> ——安托万·德·圣艾克-苏佩里，飞行员，作家

很多非常成功的老师（以及教育专家）都认为学生对学习的投入可以分解为两个部分：学生相信自己能取得好成绩的信念，和他们想要取得好成绩的愿望。可以这样来描述：

学生的投入 = "我能" × "我想"

在很多尝试中，学生们都会有意无意地问自己："我能做到吗"以及"我想要这么做吗"，你的责任就是告诉每个学生答案都是肯定的。如果你的学生理解了那些愿望，并开始投入努力实现远大目标，他们就不再只是一个被动接受教育的人，而是渴望老师指导的人。有了学生的全心投入，你就可以充分发挥对他们施加影响的潜力。如果学生不投入，你的努力就只能得到很少的效果。

让学生们意识到他们想要而且能够取得好成绩，并不是件容易事。那些全力承担并赢得学生心中这场战斗的老师会把它当作一项重要任务，与授课准备和课堂管理同等重要，而且值得认真筹划，投入相当多的精力。

为什么学生不愿投入

在低收入社区当老师，意味着学生以前在学校中很少取得成功。你的学生虽然年纪很小，却已经意识到自己的学习是落后的。你的学生生活在

低预期的雾霾中——同样的雾霾还在侵蚀我们的信念，一定要相信我们的学生能够取得成功的信念。

我们的学生经常听到或看到其他人对他们身份特征的消极评价：种族、社会经济地位、文化、语言等等，他们得不到我们所知能够驱动好表现的高预期，却"一生都在被灌输他是个失败者，甚至说他没有发展能力"。这些现实情况可能导致学生们不愿投入学习，或者不考虑优秀成绩所必需的刻苦努力。斯蒂芬妮·克里门特是加州帕罗奥图的一名阅读专家，说出了很多新老师的感受："在进入教室之前，我早就知道我的学生中存在低预期和消极模式，但这些东西在他们心中根深蒂固的程度还是令我感到吃惊。"

> 研究人员克劳德·斯蒂尔在一系列研究中发现，如果告诉学生要进行智力测验，非裔学生得分会较低。他称这种现象为"思维定式威胁"，同时建议，如果学生受到了额外的困扰，不自觉想要证实他人的消极预期时，他们的表现水平就会下降。同样的"思维定式威胁"还会在男性白人身上发生——他们有一种思维定式，认为亚裔人成绩更好，这导致他们在坐满亚裔学生的教室里，成绩会出现下降。

几乎每一个和我们合作的老师都经历过类似杰西卡·汉考克斯的故事，她是北卡罗来纳州的一名三年级老师，她有一个名叫保罗的学生，曾被别人认为是"不可教"的。保罗因为错误行为被两个学校开除，不仅成绩落后，年龄还比其他同学大。在保罗心里，凭他的经历，任何努力都不可能让自己在学校取得成功，汉考克斯女士认为他产生这种观念是环境造成的。

汉考克斯女士决心改变保罗的思维模式，让他相信努力学习是改变他被动局面的根本，可以让他取得成功。汉考克斯女士使用了本章中很多不同的激励方法（比如，画进步图、把学习和人生联系起来、强调有关努力和成功的关键信息），努力改变保罗对学校的看法。她利用每一次机会，让他看到自己的努力得到了回报。

"我还能记得，当他第一次测验中考100分时，脸上那不好意思的微笑。"她继续说：

他终于认识到，他付出的努力越多，在班里得到的成功就越多。他是一个非常聪明的学生，在认识到自己的学习潜能之后，完成了很多学习内容，他最终在州考试中取得了全年级最高分……所有这一切是因为他已经学会相信自己。

汉考克斯女士的这个学生，之前在学校不成功，所以就做出了很多出格行为，并认为优秀的成绩超出了他的能力范围，其他学生，比如路易斯安那州的安妮·莱内斯老师有一名非常内向的女生，对同样的经历却有不同的反应。最初，这个学生的表现与保罗不同，但当我们靠近观察时，发现两个学生的消极思维模式是一样的。莱内斯女士回忆说：

我记得在开学第一天，汉娜的妈妈就来找我。她解释说，汉娜已经上了两次一年级了，还是不能阅读，她妈妈甚至考虑要不要把她送去特殊教育学校……汉娜是一个害羞、胆怯的小女孩——她想要学习的愿望被失败打击了很多次。她再也不愿意参与学习。她很少请教问题，并对自己所做的任何事都没有安全感。她妈妈说的没错，她进入二年级时，阅读水平只相当于一年级开始的水平。

在最初的几周时间里，我花了很多时间了解汉娜。我通过评测，可以明确她需要学习什么，这样我就可以教她，让她取得一些成功。我会在阅读课或者数学课上问她问题，让她建立自信心。慢慢地，随着成功感受的增加，汉娜开始变得更加自信，相信自己能够做到。我曾让她把几本比较难的书放在一边，她后来开始想要拿回这些书，因为她能读懂它们了。开始只有被提问的时候，她才会参与课堂互动，后来她总是举手，答错了也不再害羞。

几个月之后，她妈妈又来学校找我，说发现她女儿发生了多么大的变化，在家里做每一件事都是那么的自信，她非常为女儿感到骄傲。几周以后，我要请她来学校分享经验，如何让汉娜在六个月时间里，完成了1.45年的阅读进度，赶上了二年级水平，发言时，她激动得哭了。

归结起来，汉考克斯女士和莱内斯女士的故事都体现了高预期的力量：老师对学生的期望越高，他们的成绩就会越好。

这两个故事反映了一个悲哀的普遍现实，我们经常看到没有发挥出潜能的学生遭遇类似情况。很多时候，学生的学习受到了低预期或努力失败的影响，在学业挣扎的时候得不到支持，有时候这些现实会将他们赶回到一种自我保护的心理状态。他们不觉得自己应该为学习不好负责，而是换了一种看法，认为自己只是没有学习能力。这样的学生总是有意无意地对自己说："世界上的孩子有的擅长学习，有的不擅长学习。我就是那种不擅长学习的孩子。我对此无能为力。"有时候，我们的学生会在这种消极想法中找到安全感。

▶ **学生们认为智力是……**

固定的	可塑的
不要相信努力学习和成绩有关	相信聪明来自勤奋
挑更容易的作业做	更可能去想办法解决难题
失败的时候选择放弃	从失误中学习经验教训

教育心理学家和研究人员详细记录了这种趋势，当学生成绩不佳的时候，他们就很容易认为自己是"天生不会学习的"，我们在教学工作中，

也在成绩分化中成绩较差的学生身上发现了这一点。努力学习取得好成绩的学生，更倾向于认为智力是可塑的。这就是说，他们将智力看作你努力赢取的事物，而不是与生俱来的特性。因此，这些学生更愿意去接受挑战，尝试风险，加倍努力来挽回失败。与此相反，成绩较差的学生常常认为他们的能力是固定的，因此他们会倾向于选择简单的作业，承受失败的韧性也比较差。

卡罗尔·德维克是一名学生动机理论专家，他描述了两种对立的智力理论。一种理论认为智力是固定的，它会让学生们更关心怎样让自己看起来比较聪明，而不是脚踏实地去学习：

努力、困难、挫折，或者成绩好的同学说他们智力有问题——甚至那些对自己智力很有自信的学生也会遇到这样的情况。事实上，如果一些学习机会可能揭露出不足或产生错误，相信智力是固定的学生往往会错过这些有价值的学习机会——他们还可能在遇到困难的时候放弃任务，即使前不久他们还在追求成功。

与此同时，其他同学对智力持有相反的看法：他们认为智力是可塑的。从这个角度来看，"智力并不仅仅是他们所具有的一种特性，而是一种可以通过学习加以培养的东西"，如果你能够变得更聪明，为什么要浪费时间操心自己看起来是否聪明呢？德维克解释说："事实上，持有这种观点的学生，会放弃那些让自己看起来很聪明的机会，而去抓住学习新事物的机会。"对于这些学生来说，变得更聪明意味着"全心投入新任务，努力掌握新知识，拓展自己的技能，并充分利用自己的知识"。

在一项实验中，德维克用课堂表现的方式把这两种截然对立的世界观带入了现实。给五年级学生一套可以解答的题目，然后给另一套对他们这个年龄来说很难的题目。学生们对第二套题的感觉可以分为两类，正好对应了那两种智力理论。一组学生，心理测验显示他们相信智力是固定的，他们开始闷闷不乐、沮丧并怀疑自己的能力，甚至说出这样的话："我的记忆力向来都不太好"——尽管就在前一段时间，他们刚刚经历了一系列成功。第二组学生，相信智力是可塑的，他们的言谈充满活力，调整自己的答题节奏（"慢一点，你会做出来的"），尝试运用之前题目的解答方法，并说出一些激励自己的话，比如"我喜欢挑战"、"错误是我们的朋友"。当所有学生面对新的、可以解决的难题时，第一组学生感到不舒服，受到了伤害，与其他同学相比，很少会去尝试解决难题。

▶ 灌输智力可塑的信念

你需要改变一些（或许是很多）学生的思维模式，让他们放弃智力是固定的想法，相信智力是可塑的——每天都通过大大小小的途径进行灌输。

● 不要表扬学生"天生擅长"做某件事，成功的老师会表扬学生的"学习"，表扬他们的努力，然后庆祝努力的成果。

● 不要说类似"你的记忆力很好"这样的话，而是强调学生们"听讲很认真"。

● 不要只是说努力，这些老师会量化学生的努力（有时候甚至是用图画描述学生的努力），在课堂中营造一种氛围，让学生们相信努力才能成功。

事实上，我们研究的很多非常成功的老师，都会以适合年龄特点的方式与学生直接讨论智力的可塑性。例如，他们会把大脑比作一种工具，必须不断练习，不断培养使用它的技巧。专家建议采取类似的方法："教学生们学习动力的动态性，以及这种动态性对他们的影响。"

很明显，如果一个老师的学生之前没有经历过多少成功，这种观点会对他产生暗示效应。一个研究人员把这些暗示进行总结：

如果学生相信他们的失败是因为缺乏尝试，他们对未来的成功就会更加乐观积极。另外，努力尝试可以增加成功的自豪感，抵消失败的愧疚感。而且，或许是最重要的，强调努力在成绩中的作用也是合理的，因为人们大都相信，通过老师的行为，学生的努力程度是可以调节的。

与学生家人合作

高效能教师还意识到，要想改变学生们对学习的看法，需要得到其他对学生有影响的人的帮助，这些人包括体育教练、牧师、朋友以及其他老师。为了让学生全心投入学习，这些老师调动他们的家人或能够影响学生的人，共同帮助学生瞄准大目标努力。与这些人合作，这些老师建立了一个信息协调网络，强调努力学习的好处和实现大目标的价值。

亚特兰大老师坦雅·摩根·迪克森在得知很多九年级学生考试失利之后，联合学生家长们给学生们打气。以下的看法，最初发表在一份教师简报上，介绍了一些联合学生家长促进学生学习的老师们的方法和观点：

在本学年第一学期结束的时候，我的九年级学生有一多半人至少三门核心课程不及格。全部24个人，有22人科学课不及格。想想中学的成绩标准，几乎所有学生都垂头丧气。

星期二，我的九年级团队的四个老师聚到一起进行例行的文书工作，并召开后勤会议。尽管星期二的会成果颇丰，但我们的工作还没有回到正轨。所有四名老师，包括我自己在内，都怀着破碎的雄心强露笑容。我们一个个都很阳光，看起来却像是受到了践踏，学生的考试成绩很明显影响了我们。会议按部就班进行了15分钟之后，我靠在椅背上叹气说："我们失败了。"

大家抱怨了几分钟，抱怨考试"系统"、抱怨八年级老师，甚至抱怨整个社会。然后，在对学生的担忧与职业责任的推动下，我们开始了一场头脑风暴——我们决定召开一次紧急家长会。这个想法很冒险，因为上一次开家长会的时候，120个家长只来了两个人。尽管我们要面对挫折沮丧，面对死板的工作表，我们还是决心尝试，开始谋求改变。

首先，我们列出了一张有失败危险的学生名单，然后给他们的家长发邮件，并让学生给家里捎信说："你的孩子这次考试失败了。"然后，我们邀请每一位家长来参加家长会，并让他们选择白天开会还是晚上开会。我们的努力得到了回报，最后开了两场家长会，会场挤满了社区里关心孩子教育的人们。

家长会开得和市政会一样，来参会的有母亲、父亲、叔叔、阿姨、祖父、社会工作者、老师和学生，大家畅所欲言，讨论我们作为一个团体，怎样才能取得成功。我们制订了一个"C团队提升计划"。

C团队提升计划，是一个集体努力、集体负责的提升方法，在这个计划中，我们开设了课外家长读书班，在家里给学生指定做作业的地方，监督学习时间，每周汇报进度（包括学习成绩、到课率和行为信息），每个家长每学期至少来学校一次，学生签订进步承诺书，开设课后辅导班，最重要的是，建立了固定的老师—学生—家长交流机制。

尽管这只是保证学生成功的第一步，这也是朝着正确方向迈出的一大步……亚特兰大南部中学勇敢地面对绝望：家长们没有放弃他们的孩子，老师们依然相信他们的学生，学生们也开始相信自己。最重要的是，这个社区没有放弃未来。

虽然科学课老师轮换得很快，其中包括三位长期代课老师。摩根·迪克森女士的九年级学生到课率和成绩还是有了显著提升，比学校其他任何团队进步都大。

摩根·迪克森女士的故事生动描述了调动学生家人共同努力，帮助学生成功的几种益处。首先，她鼓励学生家人提供额外的人力物力做一些必要的事情，比如辅导一小群学生，为教室新开的图书角制作一个书架，到学校董事会那里为科学实验室争取更多资源，或者陪护学生去听一个作家的演讲。与此同时，摩根·迪克森女士调动学生家人和影响者，为她提供了一个有利条件，可以去了解学生的兴趣和背景，可以为她提供参考，改进教学方法。通过调动学生家人的合作，你或许会发现他的祖父母还在海地生活，他的母亲上夜班工作，而他的哥哥正在读大学。所有这些情况都可能有助于调整作业和教学方法，更好地唤起学生的学习兴趣。

最重要的或许是，摩根·迪克森女士通过与学生的家人合作，使学生从生活中很多重要人物那里得到同样的信息，促使他们更加努力学习。从媒体、同学和其他方面，学生们会接触到很多消极信息。好的老师会团结对学生有影响的人，共同击退消极信息的影响。

当我们看老师怎样利用学生家长配合的优势时，我们看到了清晰的模式。像摩根·迪克森女士这样的高效能教师，他们为学生家人的投入承担责任，意识到家人和影响者可以做出宝贵贡献，形成合力，共同追寻学生的成功之路。与我们合作的最成功老师们，在与学生家人进行有效沟通的基础上，确立了其家人对孩子的投入。

更大范围定义"家人和影响者"

强大的老师会与任何能够影响学生学习思维模式的人合作，这个名单的开头是学生的家人，但后边还有很多。

当洛杉矶五年级老师凯特·索贝尔意识到，她的一名后进生一天到晚听到的全是对他的负面评价（包括从她自己那里听到的），她开始了解他每天都和哪些人接触，从他的母亲到他的表弟，再到他的体育老师。她调动所有这些人来推动他的学习成功，告诉他们，每当遇到他有不良行为时，就评论或提问他有关努力学习的事情。她的工作是如此细致，甚至给周围这些人发送一份小简报，提供这个学生的学习进步情况。例如，当他上体育课的时候，教练会赞扬他最近在一个写作项目上的成功。索贝尔女士自己则主要瞄准这个学生的不当行为，每当他做出不当行为时，就会评论这样做对他学习的影响。短短几周时间，整个影响者团队欣喜地看到，这个学生的行为、态度和学习成绩发生了彻底改变。

我们的很多老师，比如索贝尔女士，发现有些人虽然不是学生的家人，比如教练、朋友和牧师，让他们参与到学生的成长进步中来，和学生的家人同样重要。塔拉·里滕豪斯是费城的一名中学数学老师，她说："我发现每一个学生的生活中，都有一个对他影响很大的人。我只需要去了解每个学生，找到这个人。"里滕豪斯女士发现一个非常棘手的学生非常崇拜他的篮球教练，她每天向这位教练通报情况，这位教练每天与这位学生讨论他的学习表现。"我知道这样有用"，里滕豪斯女士说，"杰拉尔德以前三天两头逃学，现在已经得到了一份大学奖学金。"

为学生家人的投入承担责任

在摩根·迪克森故事中有一个清晰主题，就是她和同事们调动了学生家人的积极参与。我们在所有高效能教师的课堂里都看到了这样的模式：一个老师的影响范围，最终影响着能够影响学生的人的投入。研究发现证实了这种观点："当学校和家庭/社区都重视学习的时候，对学生的激励效果最好……这些形式的投入不是偶然发生的，甚至不是鼓动出来的。只有设法直接干涉，才能达到这样的效果。"

有效教学有很多其他因素，我们看到那些老师们在调动学生家人时，表现出了强大的核心控制力，并承诺能够而且一定会让学生家人参与学生的学习（这种想法，在前言中曾提到，并将在第6章深入探讨，它已经被证明是在种族、社会经济情况复杂环境中的好老师的一种关键做法）。

对比以下的两个采访故事，两个老师都讲述了他们接触学生家人的经验。第一段话，来自一个没有核心控制力的老师，第二个老师则恰好相反。这个对比，不仅在于第二个老师看到了学生家庭的优点，他还意识到，缺乏与学生家庭的交流是很麻烦的，所以她采取了所有必要的方法克服这个困难。

可量化的目标	不可量化的目标
到处都是孩子，我都忙不过来了。我今晚回家会给他们的家长打电话，但我打电话的时候，有的号码不对。于是我问那个孩子："你有没有比这个更新的电话号码？"	我的学生家长总是在忙工作，我的大多数学生，在回家的时候，他们的父母不在家，因为他们是轮班上班的。这把事情搞困难了，你知道，电话打不通，我甚至联系不上学生家长……我想我发现些什么了，我们团队的其他老师也发现了，于是我们决定……我们将孩子送回家，并在家里等他们的父母回来，我们会一直进行这样的家访。如果我们需要和学生家长见面，就总有办法去实现。
他们就会这样说："哦，现在没有，我的电话停机了。"我敢说……大约有一半学生……他们的电话号码一直都在变。他们没有固定的电话号码，因为他们的电话坏了，或者搬家了……我定期联系的学生家长，大约占全部学生家长的10%。	我知道，如果这样能帮助我们的学生，我就会去这样做。我会将他们带回家，在家等他的父母，或者在任何他母亲方便的时候见面。或者与任何必要的人交谈，或者做其他需要做的事……

高效能教师在与学生家人和影响者交流的过程中，为这些关系承担责任，带来了创造性的有益干预。一个老师或许会举办夜校，学生的家人可以前来享受生动的迷你课程，了解学生的学习目标。一个学生的祖母可能定期参加阅读小组，和一组学生一起阅读，强化他们的理解方法。一个老师或许会和当地教堂的主教讨论，如何解决学生认为智力固定的问题，他们一起进行头脑风暴，想办法改变学生这种思维模式。尽管高效能教师会使用很多不同的方法，但所有方法的目的都是调动学生的家人和影响者，共同激励学生努力学习，实现远大的学习目标。

认识到学生家庭的贡献

长期以来，人们对不同种族、阶层、文化和语言的思维模式，让人们误以为低收入社区家庭不关心教育，老师的经验戳穿了这种歧视。加州圣马提奥的一名七年级英语和社会学老师，在一份匿名调查报告中写道：

我总是能听到有人抱怨学生家长"毫不在乎"，我发现这完全是无稽之谈。曾有一天开家长会，在没有事先通知的情况下，就有学生家长在教室门外排队等着9点开会。家长们经常到家里拜访我，或者去学校检查孩子的学习情况。那些看起来"不那么投入"的家长，往往都情有可原（例如残障、工作时间紧等）。

> ### ▶ 关于观察学生家庭优点的研究
>
> 老师去家访，不仅仅是去传播知识的，亚利桑那州的一项研究表明，老师到学生家里，更是一名学习者。在家访过程中，他们会提一系列问题，更多的了解学生家庭所共有的技能、话题和兴趣。因为家人的能力或许与他们现在的工作有关，老师不但可以邀请他们分享他们的工作，还可以分享他们的兴趣、之前的工作或者必要的工作技能。参与这种学习的老师，可以从学生家庭成员身上发现一系列特长，从有关土壤和灌溉系统的农艺，到跨界贸易和民族植物学知识。例如，一个老师或许会在学生家里进入一个"知识库"，当他为社会、数学、科学、语言艺术或其他课目备课时将用得着。这种多看学生家庭优点的视角，认可学生家人的经验和技能的价值，让学生家人参加老师的汇报会，能让他们在与学校联系的过程中倍感舒心。

另一个老师也承认，他上课前总是假设学生家长和其他人不在乎学习，但他很快就看到了不一样的现实：

开始我有一种印象，社区成员、家长和老师并不关心孩子们的学习进步，但我很快就发现……他们的希望、梦想和抱负都非常远大，并没有受到身边贫困环境的影响。我邀请学生家长参加了一次"汇报晚餐"，很快意识到我们作为一个有着密切关联的团体，完全是紧密团结在一起的。

要澄清的是，与我们合作的最高效老师，意识到学生家庭希望参与学生学习之后，并没有就此止步。这些老师还将学生的家庭视为"知识库"，拥有很多经验、见解、技能和观点，可以用来促进所有学生的学习。与那些盯着学生及其家庭缺点的老师相比，这样的思维模式有一系列积极作用。我们已经看到，多看学生家庭优点的老师，常常会邀请学生家长到教室来，要么是解读一封家信，要么来观摩一次科学实验，要么向学生讲述坚持不懈的重要性。我们看到，这些老师能够快速与学生家长建立联系，这样家长就能有效支持老师进行课堂管理。最重要的是，他们能够在学生周围打造一个团队，共同努力，促进学生学业成功。

迈亚·黑克默林，是路易斯安那州一个贫困社区的四年级老师，她有很多非裔学生。她坚持做一种思维练习，确保自己多看学生家庭的优点，防止自己在交流中出现个人偏见，她说：

我记得，有时候学生家长没有参加家长会，或者迟到了，我很难不去揣测其原因。但我意识到，如果对方是来自高收入社区的家长，我就会更加宽容地"理解"他们，这种想法令我感到很吃惊。为了打消这种想法，我现在开始使用一种想象练习，想象所有的学生家长都是大公司的首席执行官，他们非常忙碌，每天要开好多会。我让自己想象在这样的情况下，会如何对待他们的缺席或迟到情况，又会如何揣测这些富裕家长迟到的原因？这让我保持了对学生家长的高预期，同时也理解到，他们有很多事情要做——不论他们是施乐公司的总裁，还是游轮上的清洁工，还是在本地的一家房地产公司工作，在他们的心目中，对自己孩子都有最浓厚的期许。这种做法很有效，适度的坚持，让参加我家长会的人数达到了高峰。如果他们很忙，需要调整时间，或者我不得不去进行家访，又或者提前去学校，那也没有关系，每一个好老师都会这么做。

如果老师从最好的角度揣测学生父母，就能运用那个世界的知识和经验，更好地教育学生。像黑克默林那样的老师总是在问："学生家长的经验、智慧、知识和技能，可以怎样推动我们的目标前进？"

或许并非巧合，我们的老师和教育研究人员都发现，学生家长最有力的贡献之一，就是能够让学生更加相信健康的智力理论。研究人员亚尼内·班浦彻特注意到："几项对来自少数族裔的成功人士的研究表明，来自父母的鼓励——强调努力或者学习的重要性，对贫困学生或者少数族裔学生的帮助，或许胜过帮助他们做作业。"

尽管他们能对学生的学习做出很多贡献，但有研究认为低收入社区的学生家庭对学生学习的投入更少。不过，社会学家安妮特·拉里奥反驳说，这种认为低收入社区家长较少关心孩子教育的假设是错误的。她的研究表明，几乎所有的家长——不论他们住在低收入社区还是高收入社区，也不论他们是否积极参加学校活动，都相信获得高中毕业证是有价值的，也都会因为孩子的学业失败而心烦意乱。不过她也发现，低收入社区的家长较少参与孩子的学习，是因为他们的上学经验少、资源少、和学校的关系少，他们上学的时候，或许也没有多少成功或者积极经验——这些因素或许会抑制他们对孩子学习的参与。她说："相比工人阶级的父母，中上层阶层的父母对一般教育过程的了解更多，对孩子上学的学校也更加熟悉。"

这些现实情况——文化距离、缺乏学习经验，令我们的学生家长羞愧于进入我们的学校、我们的课堂，羞愧于参与我们的学习——更加强调了面对不同的文化、社会经济阶层和种族背景，老师好好工作的重要意义。有关种族、阶层和文化的有意无意的偏见，都有可能使我们不公正地判断学生家长的能力、他们对孩子学业成功的投入或者他们做事的方式。但是，有些老师用行动说明，他们能够克服这些偏见，为了学生的学习与其家长建立稳固的、富有成效的关系。在采访和调查中，我们发现那些老师非常有自知之明，总是在考虑别人怎样看待自己，在他们不公正判断学生或学生家长时，这种能力帮助他们能及时发现错误。每当这时候，他们就停下来，检查自己的观点，重新观察眼前的现实。哪怕一个老师与学生家人有一些共同特点，其他方面的差异（例如种族、民族、语言、社会经济地位、文化、性取向、教育背景、社区关系、年龄、影响地位等）依然可能影响交流。

▶ 在学习上调动学生的家人和影响者参与

亚特兰大老师戴安娜·埃尔斯沃斯发现，通过告诉学生家长孩子们的学习内容和考核方式，她促成了学生与家长之间的具有激励作用的对话，这将她的学生的学业成绩推向了新高。

很多家长都知道，他们的孩子必须参加一次大型五年级写作考试，但很少有家长知道这次考试分数意味着什么……知道得到4、5、6分别有什么特殊意义的家长就更少了。于是，我们召开了一次家长会，给学生们一个机会告诉父母，他们不但知道考试的意义，还知道自己的强项与弱项，不仅他们在乎这次考试，它还是他们长期努力的奋斗目标之一。我很想亲自去做，不过，我的学生们已经邀请他们的家长来参观考试，欣赏他们实现写作目标的努力过程。我们学校的学生取得最高两级成绩的比例，在亚特兰大市区公立学校中是最高的，他们的家长知道后，高兴地与我们共同庆祝胜利。

有时候，高效能教师甚至会带学生家长和影响者了解学生的学习内容。五年级老师约瑟·阿尔梅达听说，学生家长希望能够更多的帮助孩子学习，但他们自己已经不记得这些学习内容了，他就开办了一个家长夜校。现在，他每月组织一次夜校，让学生的影响者预习下个月要讲的数学课。

我向他们解释我的教学方法，还有多种解题方法。因为很多家长都说西班牙语，我就制作了英语和西班牙语两个版本的课件。这个做法好的部分是，学生和他们的家长一同来上夜校，这样学生就能在课前提前了解教学内容，家长也可以和孩子一起学习。大约每个月都有15名家长来参加夜校，这对学生优秀的数学成绩做出了贡献。

纽约老师莫妮卡·奎托波茨，每两周至少到学生家里拜访一次，她认为所有老师与学生家庭的关系都受一条简单真理的控制："我们对孩子们有同样的期望……希望他们拥有更多的人生机会。"

和学生的家人交流

老师与学生家人强大合作的媒介是全面、频繁的交流。正如研究人员发现的一样，"必须建立专门渠道，方便进出学校的信息流"。根据我们的经验，最能让学生家人和影响者投入的老师，会建立一个系统，告诉对方课堂上发生的事情及其原因，以及他们怎样才能推动学生的成长进步。用一个老师的话来说，"与家长始终如一的反馈交流，让学生们感觉他们是一个强大网络的一部分，而这整个网络都是为了他们好"。

强大老师使用的交流方式非常多样化，而且富有创造性。例如，如果你曾和我们一起造访梅丽莎·西蒙的教室，就会看到每个学生都有一个内容详细的活页夹，学生们把自己最好的作业和需要改进的作业放在里面，给他们的家人看。你会看到，学生们忙碌地准备并练习如何向家人解释自己的学习过程。每年你还能看到几次，由学生主持的家长会。你会注意到，西蒙女士在阅读日志上列出了每个家长或监护人的名字，记录他们是否检查学生的英语作业，是否每晚和孩子一起阅读。你还会看到，不光是西蒙女士经常给学生家长打电话，她也经常接到他们的电话。

维克多·韦克菲尔德是另一个重视家庭投入的老师，执教六年级和七年级语言艺术课的他，设计了一个交流方法菜单，用来"一直保持家庭与课堂之间的交流"。我们在大多数成功的课堂里看到了很多他的这些方法：

- **每周简报** 他每周制作一份新闻简报，内容包括该周的主要学习内容、道理和文化事件。他鼓励学生把简报带回家，并让家长看后签字。

- **作业安排表** 新闻简报中包括一周的作业安排表，概括了教学团队所有四位老师下周将要安排的作业。

- **网络交流** 他定期给学生家长发送电子邮件，邀请他们进行更多的交流（对于没有电脑的家庭，则用书面通知）。例如，他发送了一份全班学生家长的联系表。

- **考试追踪文件夹** 学生们管理一个文件夹，里边有他们的所有考试试卷，以及一份成绩走势图。在开家长会的时候，与学生家长分享这个文件夹。

- **两周进度报告** 作为一个团队，四位老师每两周向学生家长反馈一次学生的学习进度，并让学生的家人签名。

- **公开邀请来课堂** 他们邀请并鼓励学生家长随时来课堂，检查学生学习，或者观察学生们的学习方式。

- **点名表扬** 他在新闻简报中点名表扬那些在周测验中取得"A"的学生，以及在标准考试中成绩优秀或进步较大的学生。

- **祝贺电话** 学生每在周测验中得到一个"A"，就可以指定一个人拨打祝贺电话。得到"A"的学生只需要提供那个人的姓名和电话号码，然后由老师打电话。

这里的关键思想不是说某一种方法是最好的，必须使用，而是说，高效能教师意识到，如果他们多与学生家人和影响者交流合作，他们就更有可能实现目标。没错，并非所有老师都能采用泰勒·德尔哈根的方法，骑着自行车上班，有时候到学生家看一看，确保他们不会迟到，同时和他们的家长进行面对面交流（或者他的另一种方法，在周六打包一箱烙饼，送给那些参加他周六课堂的人）。不是所有老师都想要采用凯文·罗荷拉的做法，他将自己的手机号码和电子邮箱印在每一份进度报告的页脚（在他的课堂上，公开交流是一种常态，他百分之百出席全年的家长会）。也不是所有老师都想采用贾斯汀·敏克尔的做法，他花一个晚上时间，在学校带领学生家长们学习指导阅读的方法，好让他们在家辅导孩子。

不过，所有的高效能教师都会建立一个适合自己和学生需求的交流方法工具箱。总结这些观点，维罗尼卡·鲁埃拉斯指出了调动学生家长和影响者的重要性和动力所在：

我相信，每一个家长/监护人都在投入孩子的学习中，我努力让自己相信这一点。我发现，如果相信这一点，我会更加努力地去接触所有的家长/监护人。他们希望与我的交流，也期待与所有的老师进行更多的交流。我在学年之初开家长会，告诉他们有哪些高中可以选择，同时应该鼓励支持孩子。我给学生家长发送了一份联系表，上边有所有家长/监护人的联系方式，让他们确认我手上的联系方式是否正确。每两周，我还向他们发送一份进度报告，并在上边列出学生的成绩。我还给他们发送电子邮件，打电话，每月制作新闻简报，利用早晚的时间和他们见面，给他们写感谢信，所有这些都是为了得到他们的帮助。

学生的父母/监护人是对学生影响最大的人，他们是孩子的第一任老师，我也将他们当作教育他们孩子的合作伙伴。是的，有几次虽然我尽一切办法去和家长交流，却依然无济于事。但是，每当我想要放弃的时候，我就会停下来，去找一位可以与我合作学生的阿姨、叔叔、兄弟、姐妹。我需要用这种方式让学生的影响者投入，因为当学生开始进步之后，我希望他们已经培养出了鼓励自己的能力和方法，希望他们知道应该对自己的教育和将来抱有怎样的期望。

让学生投入的方法

引导学生们认识到他们能够而且想要实现远大的学业目标，是一件艰难的工作，特别是当他们怀疑努力与成功之间是否有关系的时候。我们已经发现，对于努力为学生创造更多机会的老师来说，这些艰苦的工作会带来巨大的回报。

在最高效老师的课堂上，我们看到了很多创造性的投入技巧。在此，我们列出几种最有力的方法：

鼓励学生投入的环境	崇尚成绩的氛围	指导和学习
与学生建立密切关系	激发驱动学生投入的价值观	建立相关联系
在教室里创造社区的感觉	让过程透明化，并庆祝成功	在学生能力的边缘教学
	有针对性的利用榜样力量	把学习的自主选择权交给学生

营造鼓励学生积极投入的环境

贾斯汀·梅是新奥尔良城的一年级老师，在卡特里娜飓风之前，来自周围的三个住房区正计划建造大型社区。他想起曾有一个报告指出，在这些社区的孩子们，有很多曾在社区里目击暴力犯罪，导致了创伤后应激障碍。来上学时，有的学生没有穿鞋或者袜子，有的学生没吃早饭，有的学生前一天没吃晚饭。虽然刚刚上一年级，所有这些学生就已经落后于其他学校的同年级学生。

很容易得到这样的结论，我们无法教好这样的学生，他们要么饥肠辘辘，要么身体有病，要么疲惫不堪，要么恐慌不安。像梅先生这样的高效能教师却向人们证明，即使是在这样困难重重的环境中，我们也有能力在教室创建一个温暖积极的环境，让学生们暂时忘记贫穷的负担，让他们在这里一心想着学习，并且能够学习。

梅先生首先解决了学生们的必要需求，他给学生家长打电话，进行家访，邀请学生家人到学校，从而与学生家庭建立联系——这不但让他了解了学生的需求，也让学生们看到他的关心。梅先生发现，他的某些学生非常害怕学校和老师，他尽己所能去改善学生们的这种感受：从创建一个看得见的温馨环境，到在晨会上讨论学生内心感受，再到蹲下来与学生进行眼神的交流（梅先生意识到，他6.4英尺高的体型可能吓到了学生）。他花时间去了解学生，并让他们看到自己在乎他们。只要能做到，他就关心学生的基本需求，让他们感觉舒服些，他发动当地教堂和其他组织，为学生们提供了制服、鞋和点心。他让学生们看到自己犯的错误，然后和他们一起参加道歉活动，他教学生如何解决纠纷。梅先生这样做的时候，他只是单纯地喜爱这些孩子，不论他们在学校之外面临怎样的困难，梅先生创造了一个空间，在这里他和学生们都想或都能够做自己。

尽管他的学生在一开始都是落后的，一年之后，梅先生的24名学生中，有8人阅读能力达到了三年级水平，还有13人达到了进入二年级的水平，另外3个依然落后的学生也取得了大幅进步，他们将和梅先生一起努力，迎头赶上。

在众多可能干扰学生学习信念的诸多压力中，贫穷的负担只是其中一部分。有时候，也有来自其他同学（通过嘲笑或施压）或老师（通过有意无意的行为或者不作为的压力）。甚至最好的老师在自己的教室里也曾发现，有学生出现不舒服的感觉，或许一个学生曾被同学起难听的外号，或者一个学生非常在意自己的衣服比其他同学的都要破，或者一个学生的某些特征（拉美裔、同性恋、女性或其他）使他感到孤立，或者一个学生感受到了老师对某个特殊群体的偏爱。

在以上每一种情况中，在情感和社交上被孤立的担心都分散了学生的精力。高效能教师不仅要创造一个温暖的环境，减少这样分散学生精力的机会，还要创造一个积极的环境，不断强化学生的自信心和自尊心。这样，学生就有能力避开那些打击他们自信心的侮辱，专心努力奋斗、好好学习。就像新墨西哥州一年级老师克里斯汀·普罗巴斯克说的一样，"当教室对于学生的情感、身体都是安全场所时，真正的学习才会开始"。

专家也认为，友好、温馨的环境和学生学习是直接相关的。例如，根据他对数千名老师的观察，研究人员罗伯特·皮安塔发现，课堂中的情感支持，与消除成绩分化、强化学生能力、提升阅读和数学成绩有一定的相关性。

根据我们的经验，创建对学生的情感、身体安全的场所，关键在于建立密切的师生关系和同学关系。

与学生建立密切关系

一些流行的管理概念，强调领导者与下属之间在情感上保持距离的重要性，但我们对课堂领导者的研究，和最近其他的一些研究的结果对这条传统智慧提出了挑战。

盖洛普对各个领域的高效能组织和个人进行了大量研究，他们发现，领导（或者服务提供者）与下属之间关系过度密切，往往会伴随较差的表现；但他们同时也发现，与下属之间有针对性的情感交流，是很多最高效人士与中等效率人士的一个显著区别。例如，在护士的案例中：

最好的护士，与流行观点相反，会与他们的患者之间建立强大的情感联系。最好的护士与最差的护士之间的区别，就在于最好的护士会尽量利用他们的情感，控制、舒缓患者的世界，而最差的护士却完全被自己的情感所左右。中等水平的护士呢？中等护士会与患者保持适当距离，从而保护自己，他们会在情感上与患者保持距离。

我们在杰出老师和一般老师的教室里也看到了类似的模式。那些让学生取得惊人成绩的老师，同时也与学生建立了强大的、紧密的、有针对性的关系。他们了解学生的为人、学生的信念、学生的家乡，老师利用这种情感投入及其带来的相关信息，驱动学生投入学习，从而提高学生的学习成绩。

北卡罗来纳州两位农村老师的工作，帮助我们形成了这个观点。塔米·萨顿和坎勒伯·多兰帮助他们的中学学生取得了惊人的成绩进步，校长称赞他们说："把这个全州最低水平的中学，带入了全州最好的四分之一学校的行列。"他们班在州考试中的成绩之高，令全校的平均分都被大幅提高。按他们校长的话来说，他们的例子激励其他老师去做得更好。

我们与萨顿女士和多兰先生交谈的时候，他们明确表示，竭尽所能与学生建立密切关系，尽可能多地了解学生，是取得成功的关键因素。他们利用所能找到的一切机会，了解学生的动机何在，因为萨顿女士说："我不仅仅是一名语言艺术或者社会学老师，记住这一点至关重要。在之前很长一段时间里，我教小说和语法，我需要教学生。为了让我们成为最成功的班级，我不得不去了解学生和他们的家庭，了解他们在教室之外，甚至学校之外的情况。我们和学生们一起度过了很多时光，这在我们之间打造了一条纽带，在最艰难的日子，这条纽带都在课堂内外以无数方式帮助着我们。"萨顿女士和多兰先生和学生们一起出席教堂的晚宴，一起野餐，甚至被邀请参加学生的家庭旅游。

学生会将老师的关心在意当作影响他们学习的首要因素。那些感受到老师关心自己的学生，会更加自由地追求其他目标，比如成就感和成功。此外，建立密切关系意味着建立信任——信任你将会支持而不是鄙视学生的努力，信任你会在艰难的时刻依然热爱学生，信任你会投入到学生的学业中去。你与学生之间的这种相互信任，是学生愿意承担学业风险、尝试新技能、从错误中学习的根本基础之一。用两位校园关系专家的话来说，"师生之间的相互信任，是学习必不可少的因素"。

在学生家庭的投入帮助下，高效能教师会采取很多方法，构建与学生之间的密切关系和相互信任。洛杉矶中学科学老师尼莎·瓦德瓦尼告诉我们："与学生建立密切关系并没有什么诀窍，它需要花费老师大量的时间。"瓦德瓦尼女士自己经常改变方法，包括经常给学生写评语，在篮球或足球比赛中为学生加油，以及用学生的照片装饰墙壁。我们在下面提供了一些其他例子，你可以设计自己的关系构建系统，作为调动学生投入学习的基础。

● **信息收集、总结和共享**　我们研究的很多高效能教师，会在学年之初进行非正式谈话、调查，或以其他方式让学生分享自己的信息（有的老师还会给学生家庭发送调查问卷）。这些做法很快就获得了理想成果，有关学生生活和学习兴趣的信息很有用，同时也有助于构建师生之间的信任关系。纽约市中学世界历史老师简·温菲尔德告诉我们："了解学生的个人情况非常重要，这不仅仅是指他们过去的考试成绩。我对他们的了解越多，他们同时对我的了解也越多，他们就更加信任我。在学年开始的时候，我让学生写出三个对他们来说最重要的人，以及他们生活中最重要的三件事。从而，我知道了安德里亚家有一个一岁的小孩，史蒂芬刚刚从监狱里出来，而考瑞以前在学校的时候，因为公开的同性恋倾向而饱受折磨。他们的这些回答，帮助我从人性的角度去理解他们，这甚至比我后来直接提问得到的信息还多。这在我们之间建立了信任，帮助我指出，我们现在做的事情与他们最看重的事情之间有何联系。"

● **个性化评语和电子邮件交流** 那加拉杰是夏威夷的一名中学社会学老师，他使用前期对学生调查的结果，开始与每名学生交流共同爱好，"有时候这种联系是肤浅的（例如，我们喜欢同样的电视节目），有时候则可能是比较深层次的（例如，我们和各自的兄弟姐妹有类似的关系），"那加拉杰先生说，"我发现这些通信提升了学生的努力程度，因为它们证实了我对学生生活的兴趣，说明我的家庭背景并没有他们开始想的那么特殊，其实和他们差不多；告诉他们，在希望他们与我分享之前，我希望先与他们分享我的生活。"

● **在校园内外共度时光** 凤凰城的艾米丽·克朗梅耶老师，与她教的小学生从"共进午餐"开始交流。她每次邀请两三名学生，在教室和自己一起吃午饭。在这段时间里，他们听音乐、玩游戏、聊兴趣。克朗梅耶女士还很重视经常到食堂与学生一起吃饭，在课间到操场和学生们一起玩，有时候还陪学生一起回家（她说，这也是一个和学生家长交流的好机会）。"花时间了解我的学生，了解他们在校园之外的生活，表明我对他们的兴趣和投入，不仅仅把他们当作学生，同时也将他们当作'平等的大人'，"她微笑着说，"我发现，当他们知道我关心他们的时候，我就能把他们向前推进一步，因为他们知道，我相信他们能做到。"

● **举办学生活动** 老师可以通过参与学生活动（体育运动、学生会、俱乐部或其他）来与学生建立密切关系，包括校内和校外活动。一位名叫莱斯利·比克弗德的老师，组建了一支篮球队并担任教练，这样她就能增加与热爱篮球的学生在一起的时间。与此类似，高中生物老师亚历克西斯·汉森在了解了培训学生马拉松的长跑俱乐部之后，在她的学校成立了一个训练小组，投入了大量时间和她的一些学生在一起。随着很多同事大量的无私奉献，她与训练小组的学生建立了密切关系，并对这些学生产生了非常积极的影响。例如，其中一名学生，在学年开始的时候性格内向、成绩落后，还沾染毒品，后来却在班上表现出了惊人的勤奋程度（同时成了一个更加健康的人）。另一个学生在参加汉森女士的训练项目之后，上高中以来第一次通过了考试。

● **参与学生的校外生活** 对很多老师来说，在和学生建立密切关系时，为了找到学生聚集的地方，他们经常深入社区，这可能意味着到学生打工的餐馆吃饭，或者去学生喜欢去的集市赶集。"你的学校是大社会里的一个小社会，"迈阿密老师克里斯托夫·拉斯科维斯基说，"孩子们会参加体育运动、去教堂、去购物，我会参加学校附近的很多游戏、音乐会和家庭郊游等活动。生活在你的学生的社区里是一个非常棒的机会——我经常会在超市遇到我的学生和他们的家长。生活在同一个社区，在我与学生之间建立了非常强大的纽带。"

● **让学生随时都能找到你** 很多成功的老师邀请学生在节假日联系自己。例如，我们就曾看到，有老师发给学生印有自己联系方式的磁贴，或者把自己的电话号码印在作业上，或者在当地的麦当劳店里给学生们讲解作业。

在教室里创造社区的感觉

对于学生学习来说，在师生关系之外，同学之间的关系也很重要。新奥尔良老师杰西·比阿雷茨基看到，很多学生要与分神和贫困的负担作斗争，这给她灵感，努力把教室变成一个温暖、积极、安全的空间，促进学生学习。

我们的学校，几乎全是临时组合房屋，在卡特里娜飓风之后，那块地方已经被荒废了三年之久。不必说，这并不是最适合学习成长的环境。因此，一个当务之急就是要在学年开始时，创造一个好的环境，让我的学生们体验自身价值，感受安全的环境。在一开始，不论是教室房间设计还是氛围营造，都需要大量的投入。我想给学生们建立一个丰富的班级图书馆，里边有舒适惬意的空间，有躺椅，也有沙发，他们可以独立阅读自己最喜欢的书，也可以和同学一起阅读。为了做到这些，我运用私人关系，号召我的家人朋友捐赠书籍，之后的结果令我喜出望外，人们慷慨奉献，捐赠了数百本高质量的图书。

我知道，让学生们培养出强大而积极的自我认同感很重要，所以我将每个孩子的彩色照片都挂在教室墙上，与他们心目中那些"最好"的榜样挂在一起。我希望我的学生能和高收入社区的学生一样，达到高水平的学习成绩，所以我从外部筹集了2000美元赞助资金，为数学和阅读学习中心添置可持续使用的物资，不过，我没有在教室装饰上花钱；我还投入了大量的时间精力，把教室变成学生们的一个温馨的安全空间。这些工作大部分在开学前六周就完成了，在此期间，我使用了大量时间组织各种"开始了解你"活动和氛围营造活动，这些活动一直贯穿了整个学年的始终。在每天点心时间结束的时候，我给每个学生机会评价班里的其他任何学生。"竖大拇指"意味着对某件事的积极评价——事情可大可小——只要是其他同学或老师当天做的事，"竖食指"意味着希望对方在某些方面做出改进。

很明显，我的付出得到了回报。不久之后，我的学生开始期盼每天上学，还经常谈论节假日错过了多少来教室的机会。只要有机会，他们就会向朋友、家人和其他学校教职工宣传我们的教室与众不同。而且，我们的教室氛围变得非常团结。我的学生会一起庆祝同学的成功，或者在其他人遇到困难的时候提供帮助。

和其他所有成功的老师一样，比阿雷茨基女士找到了一条路径，通过有针对性的规划，在教室里创造社区的感觉，让学生们相互尊重，相互支持。对她来说，成功构建友好的同学关系的最终表现就是学生们彼此之间的相互关心，以及对彼此学习的相互鼓励。她说：

在我第一年执教的时候，我的班里有两个中度或严重残障的学生，还有一个有孤独症的学生，他几乎不接受我们学校忙碌的特殊教育部门的服务。这位学生名叫丹尼尔，开学时候的大部分时间，要么是在地上爬，要么就是扯着嗓子唱歌。这令我感到非常棘手，我知道我必须向学生们发出一个信息，告诉他们丹尼尔是我们班级的成员之一，他能够也将为我们共同成长做出贡献。我抓住每一次机会表扬丹尼尔的积极行为——不论是多么小的行为，并尽我所能帮助他融入学习环境。学生注意到了我对丹尼尔能力的极度尊重……和丹尼尔一起做作业，成了我们最有价值的工作，学生们会争论谁在排队时拉着丹尼尔的手，或者在课间给丹尼尔推秋千。在独立学习的时候，当学生们面带喜色过来告诉我，他们又看到丹尼尔的积极表现时，我就知道，我已经成功营造了一种相互支持的课堂文化。

像比阿雷茨基女士一样，高效能教师会使用一整套方法，在他们的教室里构建和谐互助的良好氛围。这种社区般的环境，可以保证学生们不会感到孤独或不合群，他们会找到一种归属感，让他们敢于忘我地大胆尝试，哪怕有可能失败，也能从中掌握较难的概念和技能。

以下是我们在高效能课堂中看到的，构建社区感觉的最常用、最重要方法。

● **培育包容性的积极氛围**　创建一种社区般的友好感觉，始于老师对学生的积极、包容的语气。不论是在幼儿园还是在高中课堂，我们常常看到强大的老师站在门口，用个性化的方式欢迎每一个学生的到来："布伦达！欢迎回来！你昨晚的游戏打得怎样了？"或者"约舒亚，你好！今天来击个掌？击掌！欢迎来到班里。今天要做的功课写在黑板上"。或者"罗伯特——我好喜欢你的笑容！我今天需要它。等一等，等一等——笑了！欢迎回来，罗伯特。很高兴你今天来上学"！我们的意思，并不是说每个老师都应该到门口迎接学生（尽管这是一种了不起的做法），而是这种仪式中所蕴涵的友好、温暖的精神，需要始终弥漫在我们的课堂中。高效能教师使用一系列技巧，培育这种积极的氛围。在观察这些老师的课堂时，我们看到了以下这些做法：

❏ 强调每天都对每个学生说一些针对他的积极话语。

❏ 使用成熟、尊重的口吻与学生说话。

❏ 引导强大、健康人际关系中的交流方式——从坚持说"请"、"谢谢"，到明确的、不偏不倚地告诉他们哪些具体行为是好的，哪些需要改变。

❏ 避免挖苦讽刺，对学生的感受保持高度敏感——特别是对年龄较小的孩子们、正在学英语的学生，或者其他容易产生误解的群体。

❏ 不做作、不伪装，用自己的方式讲话、教学，从而保持学生对自己的信任。

❏ 把讨论课堂文化和氛围，作为与学生交流的一部分。

● **建立良好的同学关系** 如果学生相互非常了解，他们就更有可能尊重他人，同时感受到他人的尊重，从而减少社交和情感焦虑的负担，更加专注于学习。因此，高效能教师不会对班里的同学关系放任不管，他们会为学生们创造多种密切相互关系的机会，这样每个人都会感到自己与他人的联系，感受到班级对自己的包容。在观察这些老师的时候，我们看到了以下这些常用做法：

❏ 帮助学生分享、庆祝其他同学的努力和进步。

❏ 为不熟悉的学生了解彼此创造便利条件。

❏ 在课堂上谈论建立共同社区的美好愿景。

❏ 减少单纯的活跃气氛之举，增加瞄准学习目标的共同努力，协作解决难题。

❏ 举办社区会议。

❏ 给学生们过生日。

❏ 规范合作用语。

❏ 强化社区中所有想法都值得尊重的观念。

❏ 有计划的迎接新同学——例如，为每位新同学指定一位朋友，为他们提供支持、指导和领导。

● **教育、引导并期望宽容与融入**　所有教室里都有各种各样的学生，除了明显的民族、种族、性别之外，学生们还会具备不同的技巧和能力、知识、背景经历、理想兴趣、信心与敏感度。和我们所有人一样，学生也需要有人指引他们正确面对这些多样性的现象。

高效能教师在进入教室时，会假设学生对其同学们的不同特点感兴趣。在孩子们养成自己的个性特点时，他们对其他人的特点也会非常热心。就像两位老师所说的一样，"我们在学校的工作就是尊重个性的工作"。心里有了这个前提（以及从各种渠道得知的学生年龄、兴趣、想法等），成功的老师会去教学生社交技能，教他们尊重欣赏同学之间的多样性。

一个不幸的现实是，学生们常常反映，他们在周围世界中感到紧张。有时候，这些紧张情绪会在教室中被放大，使我们每个人都感到不舒服，感到失望。事实上，在调查中，老师们告诉我们，针对个人的冒犯——无论是发生在师生之间，还是发生在同学之间，是教室中最令他们吃惊的情况之一，也是最难处理的情况之一。

我们研究的最高效老师们，教学生尊重与宽容的价值，他们还会让学生迅速养成这些价值观，明确对不顾他人感受的言行的处罚。我们捕捉到了高效能课堂里的一些模式：

教人宽容

● 在选择识字文章、回顾历史事件、写作课的时候，抓住机会教学生宽容的原则。

● 借助新闻事件或学生的身边事，抓住机会教学生宽容的原则。

● 通过角色扮演和日复一日的交流，给学生灌输正确的接人待物方式。

怎样对待不顾他人感受的言行

● 所有不顾他人感受的话，包括那些开玩笑的话，都有可能威胁学生对自己学习能力的感觉。

● 很多不顾他人感受的话都是教育的好机会，值得进行班级讨论。

● 如果有人不顾他人感受，破坏班级或学校规则，要提前明确固定的处罚措施。

● 教学生解决冲突的技能和系统。高效率的课堂有一些解决同学纠纷的系统，所以冲突可以很快得到有效解决，而不会长期拖延，分散学生精力，干扰学生学习。例如，有些老师制订了一些规则，两个学生可以按规则坐下来化解矛盾，地点或许是在某个课桌或者教室的某个指定区域（有时候需要老师的疏导和监督）。在其他一些案例中，老师会把问题交给全班同学，把解决问题作为教育学生如何约束自身行为的机会。安妮·路易斯是巴尔的摩市一个非常成功的老师，这样描述她想在教室里制造的社区感觉：

当班里出现冲突的时候，我会问全班同学："我们应该怎样解决这个问题？"有时候全班同学都参与了冲突，就让大家坐成一圈讨论问题。其他时候，就让参与冲突的学生到后面把事情讲清楚。我的学生变得非常擅长解决冲突，我通常只需要去监督，看他们如何解决问题，关键是要让孩子们认同全班同学对我们班级的共同愿景，然后一起去思考怎样把这个愿景变为现实。我们谈了很多，想要让我们的教室里人人都是好朋友，大家都友好相处，同学之间相互帮助，等等，他们真的想要这样。正是这个共同愿景，帮助我们解决了学生之间的各种冲突，而不是将矛盾变得更复杂难解。

一个高效能教师，不论使用什么样的方法构建社区，都要将像对待学习技能一样对待这些社交技能——作为一个需要判别、介绍、练习、考核的目标，让学生们掌握。用路易斯安那州南部特殊教育老师梅丽莎·斯托姆的话来说，"必须像教其他知识一样教学生社交技能。我们不能假设学生入学时就会解决冲突、避免打架、尊重他人，我们必须带领他们讨论这些技能，将它们直接教给学生们，并为学生们提供示范和练习机会"。强大的老师认识到，他们要像对待学生的学习成绩一样，给学生的交际方式定调，并设定预期。

一个身体有缺陷的老师，克里斯蒂·马歇尔提出了这样的观点，我们作为老师的身份、班级作为一个小社会的概念，最终决定了学生怎样看待差异和冲突，她说：

我有先天性波伦综合征，我的右手在母亲的子宫里没有完全发育。小时候，我并没有觉得自己有什么特别，直到我来到一个世界，那里的人不懂如何对待身体心理不合常规的人。我选择做老师的理由之一，就是想要告诉孩子们，无论有什么样的特点，每一个孩子都应该得到同样的机会。

我教一年级英语，我的学生把英语作为第二语言。我至今还能生动回忆当时备课的情形，担心学生们会怎样看待我的手。上帝啊，我已经21岁了，却依然抵挡不了世俗所定义的美丽和形象的压力。现在回头看，我无法相信自己竟然担心一群六岁小孩怎么想、怎么说，或者对此做出怎么样的举动。

第一天，我带着我的教学工具走进了教室。我先做了自我介绍，给他们机会表达相互欢迎，然后向他们介绍并示范安静、看书、听讲的信号。我鼓了两下掌，并让他们重复这个动作。这时候，我环顾全班，他们每个人都模仿我萎缩的右手，用一个拳头和一个巴掌鼓掌。我就在此刻进行了教育（不过，是给我自己上了一课，而不是给他们上了一课）。

自从我长大之后，我把每个孩子的一言一行都看作针对我，就像这些孩子所做的一样。我让这些孩子们定义，其他孩子或大人会怎样看待我的特殊。作为一个成年人，我意识到我的学生们只是在模仿老师的动作。就在那一刻，我认识到了孩子们的无辜，事实上，那是一种人性。我明白了，每一个嘲笑我、戏弄我的孩子，其实都不知道发生了什么。他们从来没有见过这样的手，更重要的是，没有人告诉他们，应该怎样对待和他们不一样的人，怎样接近和他们不一样的人。这些学生看到的就是我：一个老师，不论双手健全或者不健全。

校园里到处都是暴力和恃强凌弱，在它们暴发的时候，我总是首当其冲。即使在我的班级里，没有恃强凌弱、没有暴力、没有憎恶，甚至没有人会说"我不能"，因为在17号教室，差异都是正常的。老师们需要教他们的学生，差异、多元和独特都应该受到欢迎和鼓励。这些话题需要公开讨论，学生们为了提高自己，请教与自己不一样的人时，应该感到舒服。作为一个白人老师——甚至还是一个白人女性，我永远无法理解少数族裔儿童在我们社会中成长的感受，但是我有责任通过提问问题、发起有关种族的会话，站在黑人的视角教育我自己。从某种意义上说，在我的教室里，我是少数族裔，如果我的学生对某个人、某个事物感兴趣，他们就可以提问。在我们的学校里，只有让学生们快乐地相互提问，开心地彼此分享个人感受，才能预防暴力、恃强凌弱和憎恶。

▶ 处理不宽容的案例学习

所有方面的不宽容，包括种族、性别、年龄、宗教和背景，都有可能影响课堂交流。还有些老师认为或曾遇到过的紧张关系，源于学生之间不同的性取向（真实的或想象的）。根据我们与老师们的交谈，以及他们反馈回来的调查问卷，对于在班里发表不顾他人感受言论所导致的不愉快和危机，同性恋老师提供了更有个性、更加有益的观点。

一个白人男老师，他自认为是男同性恋，向我们回忆说，当他的学生使用"基佬"这个词的时候，他感觉很不舒服，感到自己受到了伤害，同时担心学生们的这种不敬言论可能对那些同性恋学生或者有同性恋亲戚朋友的学生造成伤害。他说，一开始他没有勇气和信心去回应这些话。回想起来，他可能削弱了学生的潜力，他们本来有潜力改善自己的行为，或者理解为什么自己的言论是令人讨厌的。当然，他的犹豫和社会环境不认同同性恋取向有关，"我不敢因为学生说这些话把他们叫出来批评，因为我怕……这会产生怎样的暗示……他们会怎么想我。"他说，"我没有去管学生的这些做法，我也不想处理这样的事情，因为同性恋，我已经有很多麻烦了。"

另一个老师，自认为是女同性恋，她描述了在学年之初，她班里类似的紧张场景，以及她学着去解决这个问题的曲折过程。最开始，她让学生们停止讨论有关同性恋的话题，但效果并不好。她禁止学生们使用"同性恋"这个词，因为他们总是以贬义的方式用它。问题在于，她的学生解释不清"除了可能被老师骂以外，为什么说这个词不好"。

随着时间推移，这个老师认为自己已经能够改变学生使用"同性恋"这个词的方式，同时她决心搞明白，为什么她的学生不论处于什么目的，都喜欢说这个词。然后，我们在成功处理多样化的老师身上看到的两种技能，核心控制和人际意识，她都用上了。她开始相信，学生已经可以成熟地讨论比较难的主题（多看优点的思维），利用这些技能，她与全班学生集体讨论，或者一对一交流，告诉学生"同性恋"的意思，以及为什么滥用这个词会伤害某些人的感情。

这种公开直接的方式，使她能够在有学生不考虑他人感受的时候，教育他们宽容，在她的教室里构建包容的环境。她创建的这种安全友好的环境，给了所有学生——甚至包括那些怀疑自己性取向或者担心因为其他原因被他人嘲笑的学生——一种感觉，他们不必担心被嘲笑，只需专心学习。

总结来说，创造一个友好的环境，是让学生投入学习的一个主要因素。必须让学生们感到安全、确定，他们才敢冒着失败的风险去尝试，去学习。我们看到，高效能教师在营造友好环境时，使用了两种方法。第一，他们通过一系列方式，花大量的时间和学生们在一起，了解学生，并构建相互信任的师生关系。第二，这些老师在教室里营造了一种社区的感觉，强化包容、积极的氛围，构建良好的同学关系，教学生宽容与包容的原则与价值，并以学生为主体的方式，有效解决冲突。

再来看一个关于友好环境的故事，这个故事来自凤凰城一年级老师萨拉·艾格丽：

每天放学的时候，我们班的学生都会参加一个"社区圈"活动。在参加活动时，学生们可以对当天发生在学校的某件事表示欣赏或担忧。今年早些时候，有一次我们准备下午放假，时间有点晚了。我宣布说，当天没有时间组织社区圈了，要跳过这项活动，然后我就看到梅勒妮脸上露出了难过的表情。我问她身体还好吧，她点点头，但又问我，她可不可以离开座位去和尼克讲话，我答应了她。她走到尼克跟前，邀请尼克去教室的"和平桌"那里，那是学生们交流想法、解决冲突的地方。尼克平常是个非常冷漠、专心学习的学生，他很少卷入冲突，所以我看到梅勒妮把他带到那里去，感到很惊讶。我几乎听不到他们在那里的对话，所以我就走近一点，听他们说些什么。梅勒妮开始说："尼克，虽然今天的社区圈活动取消了，不过我还是想跟你说句话。"尼克看起来很惊慌。梅勒妮继续说："我今天很感激你，当我在食堂摔倒的时候，你帮我捡起了餐盘。"尼克松了一口气，说："你太客气了。"他们握握手，回到了各自的座位。这只是一件相互帮助的小事，但我为他们感到骄傲。我意识到，如果我的学生们都能够这样相互帮助，我的工作就会容易多了。当学校变成一个安全友好的环境时，我的学生们就可以心无旁骛地去学习。

培育追求优异成绩的氛围

> 我有个和太阳一样大的脑子，
>
> 希望你能给它灌满知识，我想要学习，
>
> 制止愚昧，让它博学多才有知识。
>
> 硬汉们，你们的书本在哪里？
>
> 我们还有很长路要走。
>
> 我们知道怎样读书，我们知道怎样写作，
>
> 我们回到家，脑子里依然充满知识。
>
> ——尼莎·瓦德瓦尼的高中提高班学生的信念

高效能教师认识到，为了让学生投入到学习中去，我们面对低预期、思维定式、精力分散等顽强阻击，所有这些因素都会影响学生的思维模式、

CHAPTER 2：Invest Students and Their Families

选择和行动。"学生们希望让自己变得重要，希望成为某个比自己更伟大的事物的一部分，"洛杉矶高中生物老师泰森·凯恩说，"有很多分神的事物都可以给学生提供这两种感觉，但很多是不健康的。作为一名教育者，如果我能创造一种崇尚成绩的文化，比其他分神因素更能体现学生的价值，这场追求教育公平的战斗就有80%的成功可能。"

在高效能课堂中，这场学生心中和头脑中的战争正在以多种方式进行。例如，我们看到，成功的老师像是一个斤斤计较的商贩，找到高效的想法和价值观。我们看到老师们费尽心思，确保让学生们能够看到自己学习的证据，这对学生的学习动力和投入有巨大影响。这些老师使用榜样的力量，强化努力学习会走向成功的观念。总而言之，这些方法创造了一种崇尚成绩的氛围，学生与老师共享他们对学习的热爱、对成功的渴望。

激发驱动学生投入的价值观

老师用来强化学生努力学习的信息有很多种，但这些信息一般都与三个关键观点有关。

▶ 学习成绩非常有价值

一个老师必须明确强调"我想要"学生们的投入，把这种想法灌输给学生们，就为后续讨论学习成功的能力打下了基础，然后才能产生老师想要或需要的机会。

示例信息：

- "学习成绩 = 机会。"
- "读写能力是打开成功大门的钥匙。"
- "好好学习是实现梦想的必由之路。"

▶ 努力学习会带来好成绩

这是智力固定和智力可塑两种观点交锋的核心，一个老师应该利用每一次机会，告诉学生努力学习与成功之间的关系。

示例信息：

- "我觉得我行……我觉得我行……我觉得我行。"
- "聪明在于勤奋。"
- "我们从错误中汲取经验教训。"

▶ 成功需要团队合作

大家同属一个集体的感觉，常常是学生努力学习的关键动力。当学生有团队感受的时候，他们就更容易与同学们相互促进、相互保护、相互协作。

示例信息：

- "我们共同取得成功。"
- "为了每一个人而努力"和"每个人都要努力。"
- "团结一心，争取更大成功。"

很多因素——包括学生的年龄、老师的个人风格、学校的氛围，都会影响到这些信息的具体形式，关键是要选择适合环境的推销方法。老师说出来的信息，其力量不在于一字一句，而在于它对学生思维模式的影响。

- **班级或团队的名称或主题**　有的老师，特别是低年级老师，会给他们的班级或学生起一个统一的团队名称，例如，"冠军班"（强调好成绩的价值）或者"相互帮助班"（强调协作与团队配合）。你也可以将你的高中班级命名为"大学预备班"，以此来告诉学生们，他们都有潜力考入大学，同时也能够鼓励他们好好学习。普雷斯顿·史密斯班上的学生被称为"学者"，丹尼尔·奈维斯班上的学生，将自己定义为刻苦学习的学生，因为他们追求的班级主题是"卓越"。

● **班级誓言** 有些老师使用班级格言或某个主题的一种拓展模式，即班级誓言。这种情形在小学教室里更为常见，老师使用一条誓言，产生一种日常仪式，提醒学生课堂里的核心价值。在表达拥护誓言的时候，我们看到学生宣誓努力学习，相互帮助，最大化每一个人的学习效果。尽管这些誓言有很多种形式，雷切尔·斯禅库拉背诵了他们在密西西比河三角洲学校的每日誓言：

> 我相信我自己，相信自己能够尽我所能。
>
> 我是聪明的，我有能力出类拔萃。
>
> 我能够学习，我会去学习，我必须学习。
>
> 今天，我将会聆听，我将会发言，我将会观察，
>
> 我将会思考，我将会感受，我将会推理，
>
> 我将会阅读，我将会写作。
>
> 我将怀着一个信念做这每一件事：尽我所能。
>
> 我这么聪明，不会像傻子一样浪费今天的时光。

● **座右铭和签名** 在高效的教室里，我们看到海报和座右铭都在传达这样的观念："努力学习带来成功"或者"错误可以帮助我们更好地学习"。我们看到了墙上张贴的"温暖善行"，或者是团队展示，说明老师或同学帮助其他学生，或者让学生们集体作业，产生高效结果的例子。

休斯顿老师米歇尔·费恩博格和戴夫·莱文发起的"知识就是力量项目"，是一个非常成功的公共福利系统，在该项目的学校里，有浓厚的崇尚成绩的氛围，这部分是因为他们对相关信息的积极推销。费恩博格先生

这样描述这种向学生提供有益见解的方法：

在我们赋予学生高预期、让他们负责去实现高预期的时候，学生们就应该向着成功努力了。不论是学习技能，还是老师欣赏的行为，我们都需要把目标的角度倒过来看，看它们是不是实现目标的必要因素，然后必须确保在教学中体现所有的必要因素。

在"知识就是力量项目"中，老师们已经认识到，在学生做出老师想要的行为之前，他们首先必须能够说清楚这些行为。因此，这些行为和期望需要老师在教室里讲授、解释，并且经常回顾。通过讲述这些行为和期望，让学生们认同这些特殊期望的存在，理解它们的意义，认识到自己去实现它们的责任。在"知识就是力量项目"中，我们称之为"说到，做到"。

现在，说出"好好学习"或者"做得更好"这样的期望，是一个伟大的开始。让学生们认同这些话的重要性，则是重要的下一步。正如我们在职业生涯中学到的一样，想一次性教给学生们一个概念，是不大可靠的。我们需要从多个不同角度教他们，并以螺旋发展的方式复习之前的工作，才能确保学生对概念的长期掌握，因此，"知识就是力量项目"在校园里使用多种格言、标语、价值观、集会和期望进行宣传。我们要确保，所有的孩子们从早到晚都能感受到我们的积极期望和价值观——他们在教室里听到它们，在校园的各个角落看到它们（甚至逃课的时候也能看到）。在每年开学的第一天，我们都会教学生以下这些概念：

1. 团队总是比个人力量大。

2. 学习没有捷径。

3. 艰难困苦，玉汝于成。

4. 在20××年（毕业那一年）登上大学的顶峰。

5. 专心致志。

6. 坚持不懈，不三心二意。

7. 行胜于言。

8. 注意时机和场合。

9. 如果你不能怀着大目标努力，那么只能在走廊里待着。

10. 我们所有人都希望学习。

还有很多类似的概念，都是为了营造高效学习的教室环境。这些标语和期望挂在我们的教室墙上，画在我们教学楼之间的路边，吊在走廊的房顶上，装饰着我们进门的窗户，印在我们的信笺抬头，贴在我们的汽车保险杠上，印在学生的校服上，如果我能雇一架飞机在空中打出标语，我一定会那么做。"知识就是力量项目"的孩子们希望学习，渴望知识，他们总是记得我们对他们的要求，而且只要他们做正确的事情，就会有好的结果。每天提醒只是一种小方法，我们作为老师，却可以确保学生已经开始走向成功了。

在我们看到这些信息的教室里，老师们运用这些技巧改变学生行为和思维模式，他们要满足两个条件。第一，教室的各个方面——规定规则、教学系统和课堂设计，都是与那些信息相一致的。第二，老师的行动与那些信息也完全一致。

第一个条件，和教室的结构与设计有关，代表了低效能教师的一个常见错误。有时候，新老师们不能确保他们的教室墙上有这样的标语，但对于那些有意义的信息来说，教室的每一个组成元素都必须和它们保持一致。例如，如果你的教室里有一条横幅上写着"尝试、尝试、再尝试：努力造就成功"，但你的考试规定不允许考差的学生在继续努力之后，重新参加考试，那么这个关键信息的意义——以及你作为学生领导者的信誉就会打折扣。以贾斯汀·梅为例，他让学生们坚持的关键信息是"犯错是学习的好机会"，为了把这个信息体现在实际行动中，在他制订的作业规定中，只有每一部分都对了，这作业才算做完。他向学生们解释说："每一个学生犯的每一个错误都必须得到纠正，这样他才能从中得到学习。一件事如果没有做好，就永远不能说做完了。"甚至对一年级学生，也不是直接改正他们作业中的错误，而是把错误圈出来，然后和学生们一起纠正。

与此类似，2007年亚利桑那州年度教师奖得主克里斯汀·雷迪，通过组织"学习大机会"研讨会，努力确保课堂设计与她团队协作的口号相一致。任何考试成绩低于80分的学生，都必须参加额外的学习，并重新参加考试。根据她这个课堂进度追踪系统，在宣布"成功"之前，需要每一个学生达到学习目标，全班同学都要参加研讨会。通过考试的学生要在研讨会中帮助其他同学学习。"这种方法很强大"，雷迪女士说，"学生们礼貌地相互纠正错误，鼓励他们的同学在遇到挫折时保持积极的心态。"

第二个条件，想要这些信息达到它们应有的效果，老师就应该将它们体现在自己的实际行动中。说白了，如果想要学生们认同这些想法，你必须率先践行。例如，为了践行学习成绩是有价值的观点，老师或许可以把自己的大学文凭拿出来，让学生们感受好成绩带来的这种荣耀。为了践行从错误中学习的观点，我们看到强大的老师当着学生们的面，纠正自己的发音，重做数学题，或者讲述自己从错误中学习的故事。

布莱恩·华莱士，是纽约市的一名特殊教育老师，他为我们提供了一个例子，讲他是如何给学生们推销"阅读是有趣且有价值的"的观念。他曾有一段时期，很难调动学生们对阅读的浓厚兴趣。于是，他向同事们请教，同事问他，学生们见过他阅读没有，他这才意识到从来没有。所以在后来的默读时间里，他不再只是监督催促学生阅读，而是和学生一起读书。整个课堂氛围开始发生了改变。"学生开始问我在读什么，"他说，"我开始在每次自由阅读结束时组织大家交流，之前我也这样做过，但请学生们交流他们的读书感受总是很难。到后来，他们不但能够长时间阅读，还会请我给他们更多的阅读时间，请我给他们机会与同学们分享自己的读书感受。"

尽管我们会认为，这种模仿思维对孩子们来说很重要，但事实上，在所有背景下的领导力研究都验证了它的有效性。例如，库泽斯和波斯纳在全球范围内对领导力的研究发现："当一个人想要判断领导者说话的认真程度时，领导者的行动远比他们的言论更重要，言行必须要一致。杰出的领导会先行一步，他们在日常行为中先行一步，树立榜样，表明他们对自己的信念是笃信不移的。

让过程透明化

除了向学生们推销成绩、努力、团队协作等信息之外，我们在高效能课堂里还发现了一种反复出现的模式：墙上贴满了代表学生进度的线状图、柱状图、榜单和表格。活页夹和文件夹里装满了类似的文件，以简明易懂的方式记录学生的学习进度。

詹妮·坦在拉斯维加斯的三年级教室里，有口语水平的榜单，有对乘法、加法、减法掌握程度的榜单，有读书数量的榜单，有到课率榜单，还有作业完成率榜单，等等。"我希望我的学生们能始终在意自己的进度。"她说，"我和某些学生单独交流，让他们在某个领域付出更多努力。当他们的努力最终成功时，我相信这些记录都可以作为证据。"

我们看到老师们使用多种方法，根据学生们的年龄、教学内容或其他因素，形象描述学生们的学习进度。以下是几个例子。

● 对于年龄较大的学生，有的老师使用进度活页夹，让学生们自己动手，绘制自己在口语、数学或化学等方面的进步轨迹。

● 一个老师有个习惯，把学生考试试卷的复印件装订起来，从第一次考试到之后每次考试的试卷，这样学生们就能够回顾自己的进步过程。

● 简单或详细的公告栏系统图，追踪单个学生和全班在所有课目中的成绩。

● 对于年龄较小的学生，有的老师使用一页表格，学生们可以在每一个学习目标旁边给自己画钩。

● 一个小学老师和她的学生建立了一种"我能"成绩筒。每当学生们掌握了一项技能，他们就写在一张纸上（"我能做分数乘法了"或者"我能写一封友好的信件了"），装到成绩筒里，老师定期打开学生们的成绩筒（或者在学生需要激励的时候打开）。

● 帕梅拉·布克拜德是纽约市的一名高中社会学老师，她建立了一套网上系统，她的学生及其家长可以登录，看到学生每天的学习进步和行为表现报告。她指出，对她的学生来说，看到自己的进步是一种很开心的"欲望"。某些学生甚至会在一天里，就迫不及待地打电话询问自己的进度情况。

在这些让学生取得惊人成绩的教室里，为什么会出现这么多种描述学生进度的方法？我们在调查这种模式的时候认识到，高效能教师通过图表的方式让学生们能够看到自己的学习进步，这让他们得到了重要的好处。这些描述学习进度的方法，从多个角度促进了崇尚成绩的氛围，反过来加强了学生们对学习的投入。

尤其是，高效能教师们懂得学生需要看到自己的进步，才能相信自己正在进步。我们所有人，特别是那些很少体验过成功的学生，都会因自己看得见的进步而受到激励。不幸的是，有时候我们很难看到自己的智力进步。学生们有可能大幅提高了他们的阅读理解能力、写作能力或化学知识，却依然觉得自己没有取得任何进步。他们没有从自己的投入中感受到收获，因此，老师必须寻找创造性的方法，把他们的学习和进步过程展现出来。

尽管这方面的研究得到了大量支持，寻找能够激发更多进步的进度描述方式，但最有力的支持，还是来自这些方法的高效能教师。洛杉矶老师费利西亚·奎斯塔，带领她的学生取得了惊人的学业成功，回顾认为"独立追踪表格，让我的班级在努力学习上发生了翻天覆地的变化"。她和学生朝着一个目标开始努力，但她发现他们并没有把最终目标和每天的努力投入联系起来。为了解决这个问题，她设计了一种独立追踪表格，学生们在上边记录他们在各次测验中的表现。她发现，学生们看到努力有效果的证明之后，更加愿意刻苦学习了。

年长的学生还会抢着去看，他们达到所有学习标准的最新进展。一次又一次，我们看到高中甚至初中的学生，冲着去看一份新的学习榜单。维罗尼卡·鲁埃拉斯老师，描述了她的六、七、八年级学生的这种场景：

我有一个成绩榜，上边有在前一周测验中超过80分的学生名单，成绩榜上还列出了测验考核的知识范围。每到星期四，学生们就会迫不及待地跑到成绩榜前，看自己有没有上榜。我永远也忘不了那一天，在施行成绩榜三周的时候，我的一名八年级学生走到成绩榜前，发现上边没有自己的名字，看得出他非常苦恼。这时一个"最酷"的学生说："没事，哥们儿，我们一起找找哪里错了，我可以帮助你，因为我上榜了，你下次也会上榜的。"

在学生们对自己成功的具体指标的拥趸中，我们看到了一个重要的变化，外界施加给他们的学习动机渐渐内化为他们自身的一部分了。今年初，学生们的进步常常给他们带来机会或激励——和老师一起吃午饭、郊游、拿着进步记录去校长办公室要求表扬或鼓励、舞会、叫家长来学校见证自己的进步，等等。高效能教师说，随着时间推移，学生们开始将学习成绩的价值内化于心，并为实际的学业进步感到骄傲，而不仅仅是盯着好成绩带来的表面上的物质奖励和激励。

安德鲁·曼德尔是格兰德谷的一名老师，他回忆自己创建的"英语专家"俱乐部，当时成了班里的一种至高荣誉，让学生们从中感受到了学业成功的巨大价值：

我的七年级学生将在"英语专家"的头衔中找到价值，这意味着他们通过了一项覆盖前六周所有学习要点的小测验。成功来得很慢，第一次测验只有两名同学答对了所有题目。但之后每周，我们都会再给学生们一次机会（同样的覆盖范围，不同的题目），渐渐地，越来越多的学生加入了"英语专家"的行列。很多学生会时不时在公告栏前停下来，好像生怕自己的名字会突然消失一样。有的学生甚至将其他班的同学请过来看公告栏里的名字，分享自己的成就感。那些还没有成为专家的学生恳求说，希望我能给他们打分高一点，在离开我们班之前进入专家榜。实施这个系统需要花时间来设计、维护，因为我要一直制作新榜、出新题，但这是值得的。成为专家所需要的100%正确率，传达出了坚持不懈的价值，以及学习技能的重要性。最重要的是，在学校获得地位有很多不同方式，学生们认为成为一名专家很酷，这令我感到十分欣慰。

高效能教师用来形象表示学习进度的另一种重要方法是授权给学生，明确学习进度的节奏可以鼓励学生掌握他们学习的自主权。

为了鼓励学生在教室的自主权和责任感，很多老师想到了给学生安排任务，让他们来描述进度——图表、榜单，或者对学习好坏的叙述性报告。布莱尔是巴尔的摩市一名高中西班牙语老师，她让学生们自己管理进度追踪表（其中有他们班西班牙语课的50项指标），因为她想"在过程中授权给学生，让他们投入这件事。我想让学生们感觉到，他们控制着学习，是自己学习过程的中心。因为新的追踪系统，学生们对自己的学习更有责任感了，对自己的掌握情况也更清晰。我发现，学生们更加努力去实现大目标了"。

马丁·温彻斯特是格兰德谷的一名资深老师，他指出，如果让学生负责追踪自己的学习进度，老师可以享受到职业和私人两方面的好处：

我想办法给我的学生更多的学习自主权，把很多成绩追踪系统转移给学生主导，对学生来说，这意味着让学生追踪自己的学习进度。结果证明，这是一剂强大的催化剂，激发了学生的动力和责任感。我还开始在写作业或参加项目之前，先进行一次自我评估，分析自己做这项工作有哪些优缺点，然后我再给他们反馈，同意或不同意他们的哪些自我感觉。事实已经证明，这不仅可以有效地把更多学生变为独立自主的学习者，还能减少大量批改作业的工作量，并把注意力转移到分析和评估学生进度上来。现在，我的反馈不仅更有针对性，而且与学生们对自己学习进度的感觉更加契合。这些方法给我和我的家庭带来了巨大的好处，因为我可以一边继续做自己喜欢的事，一边花时间做一个好丈夫、好父亲了。

最后，如这些高效能教师建议的一样（我们也将在第5章里详细讨论），这些对学习进度的描述，不仅仅会得到学生的关注和投入，它们也会启发帮助老师的工作。看看安娜·鲁提的描述吧，给学生展示进度与促进她的工作是分不开的：

在刚开始实施柱状图的时候，我的学生们似乎在想："鲁提女士在搞什么呢？"除了他们不冷不热的态度，我们班的成绩也在下滑，这刺激着我们去分析原因。为什么，为什么会这样？我开始改变教学方法，在校内校外成立学习小组，并安排更多的时间进行阅读和讨论。我们每周阅读理解测验成绩从46分提高到了83分……当我再把柱状图介绍给学生们时，他们欣喜若狂，他们终于看到了努力学习的结果。现在他们已经懂得，只要努力学习，就能取得好成绩。现在，我的学生经常向我打听成绩，询问自己是否取得了进步。

这种教室里没有失败，所有学生都在取得惊人的成绩，那里的老师为学生们创造了一种"仪表盘"——具体表示学生的学习进步,让他们看到自己的进度。当学生们看到自己努力学习的结果时,他们就会希望投入更多的努力,更快地内化学习的价值,并开始拥有他们自己的教育进度。用图表示进度,可以带动教室里崇尚成绩的氛围,这种氛围会给学生带来优异的成绩。

有针对性的利用榜样力量

克里斯·考克森的三年级学生在讨论"打破界限者"——突破障碍解决问题、惠及他人的领导者。考克森女士已经使打破界限的榜样人物成为他们班的一个核心话题:莫汉达斯·甘地、罗莎·帕克、马丁·路德·金、约翰·路易斯(众议员)、旺加里·马塔伊、姆吉拉·卡特、克里·布克(新泽西州纽瓦克市长)等等,这些领导者在她的阅读小组、社会学习、阅读和写作家庭作业中扮演了核心角色。

考克森女士教室里强大的成功氛围,来自学生们与这些打破界限者的深厚关系——不论是对历史人物的学习(如甘地和罗莎·帕克),还是请对方来到课堂互动(如姆吉拉·卡特,"可持续发展南布朗克斯"组织创始人),还是班级出游去进行参观学习(如到美国国会大厦拜访路易斯众议员)。考克森女士的学生感觉自己天生聪明,并有这些杰出的领导者引领。他们会突然喊出他们的名言,在晨会或者放学的时候相互评判那些名人。考克森女士和学生们会在讨论学生的行为和品德时,引用那些榜样的事迹。如果你听到她的学生说其他同学"你真像甘地",那完全不足为奇。

这些榜样,不论是来到过课堂还是存在于想象之中,都激励了学生的学习。在她执教的第二年,考克森女士的学生在阅读方面平均完成了两年的进展,在三年级数学标准考试中取得了91分的平均分。离开她时,所有学生的阅读水平都不低于年级平均水平。

很多老师使用不同形式的榜样力量。像考克森女士这样最成功的老师，将榜样注入了他们的课堂，强化了老师们极力灌输的那些信息，让学生重视努力学习和成绩的价值。根据我们的经验，成功激励学生努力学习的榜样需要满足以下三个条件：

1. 他们从某些方面唤起了学生的自我认同感，可能是与学生有类似的背景、兴趣或经历。

2. 他们的事迹或言论，让学生们更加重视成绩、努力和团队协作。

3. 他们与学生的交流足够频繁，能有效影响学生的信念和行为。

因此，老师要确保榜样与课堂文化的价值观一致，符合学生们的需求。这些老师在学生和榜样之间寻找联系，而不是像某些低效教室一样"随机挑选"几个毫不相关的名人贴在墙上。这些老师还会将"著名"与"榜样"混为一谈，他们选择的榜样，其行动与成绩可以体现努力导致成功的道理，并以此来引导学生，哪怕这意味着要在学生已知的人物之间找出新联系。

这些条件导致很多老师选用的榜样，其生长环境或出身可以给学生一种亲近感，让学生产生一种认同感。香农·丁格尔，是格兰德谷一名中学老师，成了当地社区组织的一名活跃分子，并利用这些关系邀请很多当地名人到她的教室，她的学生很快就喜欢上了这些人。然后，她让学生们思考，并写下对这些名人的感受，或者给这些名人写信。丁格尔女士回顾这些人对学生产生的巨大激励，她说：

不论他是一名律师、会计还是商业领袖，他们到我的教室，告诉学生们，世上总有一些人会想："嗨，那个人做的事情似乎很有趣。"然后你就听说他大学毕业了，也谋得了那份工作，开始讨论人生。不过最有影响的人是里卡多·桑茨将军，来自伊拉克战场的一名指挥官。桑茨将军在这个社区长大，我帮助很多学生参加了一次社区活动，桑茨将军现场讲述他在伊拉克的工作，以及他的晋升经历。

我让那些到场的学生给没能身临现场的学生讲述，从桑茨将军身上学到了什么。在那之后，只要保罗抱怨他家里太穷了，做什么都一样，努力也白搭，其他学生就会批评他，指出桑茨将军当年家里也很穷，现在却成了名人。从某种意义上来说，他把我讲给学生的道理变成了现实——因为他是一个活生生的人，来自和他们一样的社区，最终摆脱了贫困。因为一次又一次看到这样的例子，他们越来越相信努力了。

某些最有影响力的榜样是最平易近人的，包括学生的家人和朋友。对于年龄较大的学生来说，创造性的课堂管理方式，可以将同学之间的竞争压力转化为积极的动力，因为学生们看到并崇拜他人的成功，感觉自己有责任去为这个团队努力奋斗。对于年龄较小的学生来说，让年龄较大的学生参与他们的学习，往往可以提供宝贵经验，撬动他们对更加成熟、更快长大的欲望。特里西娅·祖克尔是休斯顿一名幼儿园老师，她邀请三年级学生帮助她的幼儿园学生实现学习100个单词的目标。当这些学习伙伴走进教室之后，祖克尔女士的学生更加努力学习，想要表现他们的技能。她看到学生独立"写笔记"（以他们能做到的形式），告诉那些三年级的学习伙伴，他们学会了更多的单词。

高效能教师还意识到，自己是教室里最重要的榜样。正如我们关于有效信息的讨论，这些老师认识到，他们的教学就是一场表演，他们自身如果出现任何言行不一的情况，都会削弱他们让学生努力学习、实现远大目标的理想。安吉拉·荷兰，是圣路易斯市的一名高中西班牙语老师，她告诉我们："学生们会留意老师的一举一动。在很多案例中，一个老师的决心和恒心会激励学生勇敢前进，实现理想的学习成绩。"

有时候，与学生来自同样种族或社会经济背景的老师，可以使用他们产生这方面的认同感，密切师生关系，最大化他们自己作为榜样的影响。例如，约瑟夫·阿尔梅达讲述了一个学生的故事："我给他们讲了一个小男孩的故事，他小时候就失去了父亲，从小责备自己没有爸爸——这也是我很多学生面临的情况，然后他化不幸为动力，努力让自己在学校发挥出最好水平，参与了很多活动，最终考入了一所著名大学。"阿尔梅达先生的这些故事激发了学生的学习兴趣。

阿尔梅达先生的一个同事，莱斯利·伯纳德·约瑟夫，是一名海地裔美国人，成长在一个单亲家庭。约瑟夫先生相信，他与学生的共同经历有助于建立良好的师生关系，并强化他的榜样作用。当学生们因为家庭困难而表现沮丧、不再专心学习时，他就给他们讲述自己孩提时的奋斗历程，告诉他们这些困难并非学习的障碍，而是展示力量与坚韧的机会。对于约瑟夫先生来说，他自己由一位艰辛养家的单亲妈妈带大，这既使他养成了遇事从不找借口的习惯，也使他能够深刻理解学生们成功路上所遇到的困难。在他的榜样感召下，学生们担起了学习进步、走向成功的责任。

与我们合作的非白人老师，讲述了很多类似的故事。特别是非裔、拉美裔和印第安人老师，以及那些来自低收入家庭的老师，他们相信自己能够发挥顾问作用，帮助那些在艰苦奋斗的同时心怀忐忑的学生——例如，这些学生的努力可能面临外部挑战，他们或许害怕自己的追求会脱离他们的社区、离开自己的同伴。

萨拉·巴斯，洛杉矶的一名七年级英语和历史老师，是一名给非裔学生上课的非裔老师。她不仅利用学生与自己的天然认同，撬动学生努力学习，改变学生的思维模式和努力，她还相信，她的非裔身份，在某种意义上意味着她与学生之间"文化差异更小，或许更能理解学生们的特定倾向和行为模式"，所有这些都有助于巩固她在课堂的领导地位。与此同时，巴斯女士说，她也会抓住她与学生之间的差异，拓展他们对自身身份和志向的认识（与学生们对自己的想象有所不同）。在使用高级词汇时，或者表达自己对学习的热爱时，或者用自身事例告诉学生"教育对非裔和其他人都是公平的"时，巴斯女士需要解决学生们对她的抱怨，说她"表现得像个白人一样"。

杰西卡·特萨博特萨耶，一名美洲土著老师，返回了新墨西哥州的祖尼族社区执教。她毫不怀疑，自己与学生之间的同族身份和文化联系，为他们建立了信任关系，增强了她对学生们的影响，敦促他们努力学习，监督他们的学习进度。洛杉矶老师玛利亚·扎木布拉诺，生于厄瓜多尔，她的学生大多数是墨西哥裔，据说，虽然她的墨西哥裔学生和她并非同一种族，但她和学生们有很多共同点，而且都说西班牙语，这使她"不必像某些人一样还得费力学西班牙语，才能打破沟通障碍"。她相信这是一种优势，可以给她的学生增加学习机会。

与学生同样来自低收入社区的老师也验证了我们的这一观点，哪怕他们和学生并没有种族认同。例如，圣路易斯市老师雷切尔·巴克勒，她是一名白人，在一个低收入社区长大，而她的学生大多数是黑人。她解释说："我不敢肯定这是怎样转化为学生的成绩的，但和学生们一起聊类似免费/补贴午餐、在单亲家庭长大、不能参加花钱较多的考察旅行等事情，有助于激励学生更加投入学习。"

与此同时，这些老师也提醒说，和学生分享认同感并不能保证你成为一个成功的榜样或老师。费尔南多·冉戈尔，是格兰德谷一名拉丁裔高中英语老师，他独自在那里长大，他强调，老师在进入教室的时候，不能只因为自己的种族身份或者家庭背景就觉得自己是个成功的老师。他认为，与学生分享同样的种族身份或家庭背景，只不过"更容易打开师生之间的那道门"，而最终的成功与否，则取决于"进门之后怎么做"。

没有任何事例可以证明，和学生没有种族认同感、来自不同家庭背景的老师就不能取得成功、不能成为学生的榜样、不能对学生的人生产生重大影响。相反，我们看到所有的老师，不论出身背景如何，都在试图利用他们所拥有的学生之间的联系，包括从非常普通的方面的认同感，与学生建立密切关系，从而提升学生们的人生机会。路易斯安那州一位乡村初中老师艾米丽·巴顿，这样描述她作为一个老师和榜样的故事：

　　我的家庭背景和人生经历与我的学生们迥然不同，我们的种族不同——我的学生有96%是非裔，而我是一名白人；成长环境也不同——我的学生们成长于路易斯安那乡村，而我在纽约市长大；我家连续三代人都是大学生，而我的大多数学生家长高中都没有毕业。但我发现，真正有趣的是这些差异和共同点在我们师生关系中所起的作用。

　　想要成为学生们在课堂之外的榜样，需要与他们分享我的人生，而不仅仅是我的数学知识。七年级学生已经不再羞于提出这些问题，或者告诉你他们对你的想法。但是，我很关心师生界限——特别是在早期，我一直在与自己管理课堂的信心作斗争。我真心希望自己与学生有更多的共同点，他们对大城市的生活很好奇，每当我假期回家的时候，他们都希望我能多拍些照片回来。他们问我纽约人是怎样做事情的，并向我描述他们从书本或电视里得到的纽约印象。他们想知道我周末做什么，而且非常好奇我为什么做那些事情。他们还想知道我有几个兄弟姐妹，想知道我们过节的时候吃什么。

　　回想起来很有趣，那些与我稍稍有些共同点的学生，不论是性别还是种族，都会想要更快地与我扯上关系，更快地把我当成他们的偶像。我的五名白人女学生……想要从不同的方面了解并超越我的榜样。而且随着时间推移，我觉得自己可以对更多的学生产生这种激励效果。我让五个非裔女生参加一个小组，每天中午帮我批作业，于是，她们渐渐地了解我。她们会真诚地向我请教，会在谈论手头工作或者讨论如何解决问题时，引用我在几个月之前讲给她们的故事。我自己甚至都已经忘了讲过这些小事——我给妹妹送了什么生日礼物，或者为什么我不买电视——这常常令我猝不及防，提醒自己作为榜样的力量。

但是，最重要的是我的顽强信念，我坚信他们具有成功的能力，拒绝让他们偏离远大的理想。我在三年后回访了这些学生，他们回忆当时的故事，说对我这个老师印象最深的事，就是我总是坚定地告诉他们，我相信他们拥有巨大潜力，他们交给我的每一张纸都必须在空白处写上"如果我尝试，可以做到任何事"。我告诉他们一些故事，我是怎样在自己的生活中相信这样的信念的，虽然他们的生活模式和我完全不同，我依然认为这些故事是有吸引力的。但是，我所遇到的最大挑战，以及让我更加坚信这句话的证据，是看到自己能够引导他们提高成绩，看到自己的行动证明，我或许能成为对他们最有影响的榜样。

不论他们是以自己还是其他人为例，通过提供与学生生活相关的榜样，通过有意义的、深刻的发挥这些榜样的作用，高效能教师激励学生继续艰苦奋斗，并告诉他们这种奋斗终将走向成功。

指导和帮助学生全心投入学习

除了营造友好氛围和崇尚成绩的文化，高效能教师还通过运用一些教学方法，增强学生对学习的投入，鼓励他们努力学习。三种这样的方法是：在努力学习和学生的理想、兴趣或生活之间建立联系，在学生能力的边缘教学，把学习的自主选择权交给学生，从而强化他们的学习。

建立相关联系

如果学生们能看到学习与其他事物的相关性，他们就会更倾向于热爱学习——投入学习的一个关键因素。学生们的这种想法提醒老师，应该提出并回答一个问题："我们为什么要学习这个？"老师对这个问题的答案会激发学生的兴趣和理想。

这不仅意味着，老师应该让学生们明确知道他们在学什么、和自己的兴趣有什么关系，强大的老师还会把现实世界中的内容引入教学的每一个步骤，从介绍新概念，到练习新技能，再到考试测验。通过角色扮演、假设场景、现场实验、外界媒体学习，高效能教师让学生感到自己成绩的意义，并让学生的成绩持续得到他人的关注，从而来激励他们投入学习。

很多老师创造了很好的公布学生学习情况的方法，其形式或许是一本书、其他班里的一场展览、课堂里的一个"博物馆"，或者一项需要使用新掌握技能的公共服务项目，这些做法为学生提供了直接机会，可以展现他们的所学。这些方法，超越了让学生出黑板报等传统活动，而是让他们走进现实世界，给城市议会议员、公司或学校领导写信，为家里制作零售物价指南，给低年级学生上课，制作反映近期课程的游戏或视频，等等。学生们更愿意投入这些活动，比如，如果他们知道自己写的信会有被对方认真阅读，他们就会更加认真写。那些把学生作业"公之于众"影响他人的老师，发现学生们更加在意自己的亮相，更容易发现自己在学校内外行动的关系。

丹尼尔·奈维斯，洛杉矶六年级英语和社会学老师，她说自己集中展览学生在社会课和英语课上的学习成果，激励了学生的学习：

我一直在努力提供一种最后活动，让学生在活动中运用他们学到的技能和知识。例如，我们做的第一项活动，名为"为什么学历史"。我告诉学生们，假如他们就是学校的主管，他们的社会学老师正在辩论，有的认为应该停止教历史，有的认为必须继续教历史，其他人则举棋不定。作为主管人员，他们必须做出决定，并在一场新闻发布会上公布他们的决定。然后，我们就历史课的问题进行研究讨论。他们以五段式论文的形式把自己的发言写出来，因为他们在英语课上学会了写五段式论文。他们分组讨论，评选出各组最有说服力的论文，并向全班宣读。每一个人都要为参加"新闻发布会"精心打扮，我们还会给发言者录像。

用一个教师培训人员的话来说，"学生们需要认识到并找到你所教内容与自己生活之间的关系。如果能够与学生们的生活经验联系起来，他们就更有可能对你所说的话感兴趣"。

在学生能力的边缘教学

如果给你一项太难或者太简单的任务，你会有怎样的感觉？任务难度会怎样影响你完成任务的动力呢？

和我们所有人一样，当学生们在自己最佳能力的边缘学习时，更愿意努力去获得成功——因为这里是他们能力与挑战的连接点。和我们所有人一样，当一项任务充满挑战，最终又可以完成的时候，他们最有动力去拼搏成功。和很多其他新老师一样，拉奇纳·弗兰卡罗还没有衡量学生们的能力水平，就发现了这一点，如果任务太难，学生们就会垂头丧气，如果任务太简单，学生们又会感到无聊。当她开始进行差异化教学，确保学生们能够在各自能力边缘学习时，她看到学生都更加投入，更加高效，也更加快乐。例如，弗兰卡罗女士使用发展拼写测验，来区分她的单词学习和拼写教学。在使用了这项测验之后，她能够确保掌握每个学生的水平，让他们在难度恰当的拼写模式中愉悦学习。

研究人员称这种难度水平为"最优挑战"或者"最近的发展区"，认为这个难度的工作最具激励性。如果工作太简单，"伴随它的全是积极反馈，这就不能提高成就感，因为他已经很好地掌握了这项活动。总是看到类似的结果让人心烦"。如果工作太难，"到处都是负面反馈，会削弱内在动力，使人感到无能为力、焦躁不安和沮丧"。

研究人员杰夫·霍华德解释说，教学内容既要有挑战又不能超出能力范围之外，这在智力可塑理论中很重要，可以激励学生在受教育过程中投入努力："最初的目标要有一些难度（需要进行拓展，有失败的可能），同时又非常现实（可能会失败，但目标没有超出能力所及的实际范围）。这样一个目标，既与孩子们当前的实际能力相一致，能够激发他们'我能'的信念，又需要他们付出大量的努力才能完成任务。"霍华德解释说，这种成功可以帮助学生培养顽强的精神和信心，哪怕任务一点点越来越难，他们也能取得更多成功："每一次成功都会增加一点信心和快意，使学生下一次面对更具挑战的目标时充满能量。随着目标越来越有挑战性，它们会唤起更强的专注；孩子们会不断被吸引进去，沉迷于学习任务，投入的增加也改变了完成任务的进程。工作变得有趣起来，学习的速度加快了，对知识的理解也更加深入。"霍华德的观点是，老师不应该给学生们灌输"他们很聪明"的信心，那只会让智力固定的思维根深蒂固，老师应该让学生们看到，他们自己通过努力，也可以完成艰巨的任务，使他们变得聪明，在学校取得成功。

鉴于每个学生能力与挑战的连接点都是不同的，这种方法的最终实施，最终需要差异化的教学和练习，让学生们在不同的层次上进行学习。教育专家卡罗尔·安·汤姆林森认为，这种方法的最佳运用方式应该是从学生的实际水平出发，并随学生水平的提高而改进。研究人员发现，在这种渐进式学习中，学生们既会感到挑战，也会感到动力。不过，我们在此不会描述有效差异化教学的具体细节，我们的目的是指出高水平教室中的一种教学模式：如果老师仔细校准在学生能力的边缘教学，学生对学习的投入也会随之增加。

把学习的自主选择权交给学生

与我们合作的最高效老师，还会通过给学生更多自主选择权，提高学生的学习动力。为了让学生充分认可其目标的重要性，以及他们努力学习和正确选择的重大影响，需要让他们对自己的学习有一些自主权。

作为巴尔的摩一名七年级英语/语言艺术、阅读和语法老师，瑞贝卡·科恩解释说，她在教学中会围绕相关主题让学生自行选择："我创建一个项目，给学生几个选项。在写作小组，他们有机会单独学习，或者集体学习，来完成不同的任务，我尽量保证自己给出的选项都是相当的。他们在课堂上写作，并不是为了我，而是为了他们自己，为了他们的家庭，甚至为了这个社区。"劳伦·霍利，是北卡罗来纳州奥斯普林斯的一名五年级老师，她回忆说，最开始，她误以为有力的教学就要掌控班里的每一项决策，但她很快认识到，给学生一些自主选择权，可以促进他们努力学习：

在执教的第一年，我想为了保持对班级的控制力，我需要做出所有决策——不论是有关教学还是有关学生行为的。这样做非常艰难，我和学生们屡屡僵持不下。到了第二年，我决定，只要有可能，就给学生自主权，让他们为自己的决策负责。最开始，我只是让他们做一些小决策，比如数学作业，我经常会说："自选十道题完成。"这让学生对作业有了自主权，哪怕所有题目难度都差不多，很多人还是自认为可以选择"简单的"题目。稍后，我让他们选择自己的行为，比如我在讲课的时候告诉学生："你们可以自己选择坐在椅子上或者桌子上，只要认真听讲就行。"如果有学生坐在桌子上明显走神了，我也只是简单地让他坐回椅子上。我给他们的选择权越多，他们越愿意做我安排的事情。给学生选择权，可以创造一种负责任的氛围，让他们知道我是一位公平理性的老师。这还能鼓励他们思考在其他情况下应该怎样选择，拓展他们独立解决问题的能力。

当然，选择权并不等于放纵。成功的老师并不是让学生做所有决定，而是限定前提，使学生做出的任何选择都与他们的大目标相一致，从而增强他们的自治能力和责任感。在教学授予学生选择权，意味着给他们几种优秀的、有效的选项，其最终效果都是为了提高学生的学习积极性，取得更好成绩。

这个原则与智力固定或可塑的概念直接相关：学生们需要在学习过程中感受到更强的控制力，这样才能转变观念，相信他们通过自己的努力可以取得学业成功。很多简单的实验都印证了这种联系，例如，在一项实验中，那些可以从三道题目中选择一道的学生们更加投入，在解答题目的过程中，也比那些被指定题目的学生更加坚持不懈。事实上，实验规定的时间结束之后，那些自选题目的学生依然坚持解题，其他学生通常不会这么做。另一组实验更为深入，它们检验了选择在教学环境中的作用，结果不出所料，"如果告诉他们学习什么内容，哪怕和他们自选的学习内容一样，他们的学习积极性也被削弱了"，用这些研究人员的话来说，"当然，选择权给他们提供了自主决策的机会……并增强了他们的内在动力"。

总结：核心思想与后续问题

"像领袖一样教学"的框架（参见附录）描述了老师的六种行为，它们表示老师调动了学生和他们的影响者，共同努力去实现大目标。高效能教师：

2-1：传授给学生一种理性认识，他们可以通过努力实现目标（"我能"）。

2-2：传授给学生一种理性认识，他们将从学业成就中受益（"我想"）。

2-3：使用恰当的榜样。

2-4：持续强化努力学习。

2-5：营造一个友好的环境。

2-6：充分调动学生的影响者。

当高水平课堂里的学生相信他们能够也想要取得优异成绩的时候，他们的努力就会明显地表现出来，这是一个快乐的过程。克里斯托·琼斯的一个学生被叫出门外，其他同学都为他感到可惜，因为他错过了学习时间。斯蒂芬妮·埃斯提斯的学生申请放弃游戏，再参加一次考试，因为他们相信自己的努力会带来好成绩。瑞贝卡·郎德特里·哈里斯的学生共同学会了用元认知阅读技巧来解决生词。在泰勒·德尔哈根的教室里，每个学生都在放学后主动补课，补习早上被打扰的课程。劳伦·霍利的学生休息时间，在操场上、在他们的衣服上、在他们吃午饭的盘子上识别图案，因为这是他们当天早上的目标。在珍妮斯·奥尔特加的教室里，一个艰难进步的学生在课桌上贴了一张小纸条，上边写着："我有力量，我能成功。"

核心思想

每一次，当我们看到面临艰巨挑战的学生取得优异成绩时，我们都看到他们背后的老师，让学生们相信他们能够而且想要在高层次取得成功。我们看到一位老师，他通过调动学生的家人和影响者们，改变了学生们不自信的想法（觉得努力也不会让他们变聪明）。当学生们主动向成功努力，而不是老师拖着学生前进时，师生之间就会相互促进，共同努力实现远大目标。

本章介绍了三种调动学生努力为大目标奋斗的方法：

● **学生的投入需要一个友好的环境**，让孩子们感到安全、舒适、惬意，他们才敢冒险去尝试、失败，并从中学习。高效能教师通过与学生建立密切关系、在学生之间营造团队和社区的感觉，来构建这种友好环境。

● **崇尚成绩的浓厚氛围**，让学生们为大目标投入努力。老师们创造一种环境，让每个学生和整个集体都感到学习成功是非常宝贵的。这些老师通过向班级灌输关键信息、与学生透明沟通学习进度、巧妙使用榜样力量，来营造崇尚成绩的浓厚氛围，引导学生取得巨大成功。

● **通过老师的教学决策促进学生们的努力**。高效能教师会把他们的教学目标与学生的生活联系起来，教学的层次既让学生感到挑战，又不会令他们沮丧，还让学生在自主学习中体验选择权和责任感。

驱动所有这些方法生效的是老师对学生的高预期，以及老师对学生家人和影响者鼓励学生努力的高度依赖。

🌐 Teachingasleadership.org

更多关于调动学生及其家庭和影响者的指南请参阅网站，其中包括：
● 最能调动学生努力的几种老师行为。
● 更多调动学生努力为大目标奋斗的方法。
● 高效能教师选择众多调动学生努力的方法时，需要考虑的因素。
● 新老师在尝试让学生感受"我能"、"我想"时，常见的易犯错误。

后续问题

根据我们的经验，使用这些调动方法，是高效能教师帮助学生克服巨大困难、创造优异成绩的必要基础。牢记这些原则和方法，你就准备好了考虑怎样结合自己的具体情况，解决以下这些后续问题。

● 鉴于我班里学生的年龄、兴趣、经历和需求，我怎样才能最有效地调动他们的学习积极性呢？

● 我怎样才能把这些原则和方法融入我的教学指导计划呢？

- 我对我的社区、我的学生、我的学生家庭有没有什么偏见，应该怎样找到它们并加以解决呢？

- 我应该监视什么指标，作为成功调动学习及其家人和影响者，共同为我们的大目标而努力的象征呢？

在一位高效能教师的教室里，会结合这些想法营造时时处处都在学习的氛围。还记得前文中的安妮·莱内斯老师吗？她让汉娜看到了努力与成功之间的关系。在她的教室里，她已经实现了我们所有人都渴望的学习场景：

我的学生对自己的学习拥有自主权，而且对学习很感兴趣，愿意去学习更多的知识，我的学生们一直都会交作业。放学后，我总是看到他们把课本读一遍，我还接到了很多来自学生家长的电话，说他们在家无法让儿子或女儿放下手中的书——他们一心只想着读书。我的学生极少缺课，有时候家长打电话说孩子病了，学生却哭闹着坚持来上学，他们知道每一天的重要性。

让学生更加热爱上学，他们想努力学习，他们看到了所学知识的宝贵价值。让学生理解教育的重要性，让他们主动努力学习，这并非易事。但现在，他们已经将这种重要性深藏于心……下一年，哪怕我不再教他们，他们也会像在我的班上一样继续成功，因为他们想要获得教育，想要努力学习。

劳拉的故事：如果你错了怎么办

"这需要付出非常艰辛的努力，安东尼。"

劳拉女士站在学生面前，安东尼热切地注视着她的眼睛，她又一次发出了一张"证明它"的卡片。安东尼认真地回答说，他能够证明自己的怀疑是正确的。

"你必须做出决定，安东尼，"她继续说，"如果你真的想要向大家证明它，我可以帮助你。但是，如果你还像以前做作业一样，是证明不了它的。你必须做出选择，要么等以后再去证明它，要么付出比以往更多的努力去证明它。"

这差不多是他们第十次这样对话了。安东尼依然沉默，但他的眼神并没有离开劳拉女士。劳拉女士也盯着他，试图忍住自己的怀疑，同时给对方注入一种信念，他能够表现得非常出色。

安东尼继续看着劳拉女士，然后问道："如果你错了怎么办？"

这是他几个月来的第一个贡献，主动发起话题，这让劳拉女士几乎压抑不住自己的激动。安东尼终于开始接受这种观念，努力可以带来成功了，他只是还不确定，他的努力是否真的会带来成功。

劳拉女士再一次感到困惑，为什么在这个世界里，他想要把自己的希望寄托于一个新老师的鼓励，而他生活里的其他所有人都说他不会成功，其中包括他的母亲和以前的老师们。

劳拉女士正在思索这个问题，安东尼又问道："你真的认为我能做到吗？"

劳拉女士这次反应非常快，"安东尼，如果我从前没努力，现在就不会在这里和你对话，我们可以一起努力。"

"好的！"他干脆地说。

她以为会看到他的小酒窝笑容绽放，没想到他转过头来，面色忧伤，随后他把书包挎在肩上，出门找他的兄弟去了。

周密筹划 第**3**章
Plan Purposefully

TEACHING AS
LEADERSHIP

在所有努力中，从课程计划，到长期规划，再到课堂管理计划，成功的老师总是在一开始就能够决定他希望学生最后取得怎样的成绩、表现出怎样的行为。他们清晰地知道，这些结果将怎样实现。然后，他们从目标回溯到起点，描绘出通往成功的路线图。

设定大目标
Set Big Goals
1

多管齐下
Invest Students and Their Families
2

周密筹划
Plan Purposefully
3

高效执行
Execute Effectively
4

持续增效
Continuously Increase Effectiveness
5

永不放弃
Work Relentlessly
6

"当我能在脑子里想象出走向成功的每一步时，我的计划就准备好了。"

克里斯汀·雷迪，教育学硕士，2007年亚利桑那州"年度老师奖"得主，马拉那高中综合科学老师，亚利桑那州教育学博士在读

按照州标准，我的二年级学生需要掌握有关自然选择的关键概念。我在开始教学时，首先认真想象学生成功掌握这些概念之后，应该是什么样的。到这门课结束的时候，所有学生都应该能用自己的话来定义自然选择，能说出自然选择的例子，并能辨别有关自然选择的常见错误概念。我在脑海中形成这幅场景之后，创建了一种结束课程的"退出标准"，要求学生表现出以上这些能力之后，这门课才算上完。为了更加明确我们的目标，我写出了描述不同掌握程度的标准。

当我对学生掌握程度有了清晰目标和衡量标准之后，就开始设计我的授课路线图。我研究了自己的评测数据（显示学生对自然选择知之甚少），以及人们在该主题上的常见错误概念。我在心中权衡了几种不同的教学方法，并到一些网站上寻找灵感。我又去真正了解学生们的学习模式，并牢记在心，我认识到我需要保持学生的积极性。我知道，发现式学习可能是有效的。

通过这些想法，并借助另一位老师课程计划的巨大帮助，我的计划成型了。我将学生分为三个"种群"，每个"种群"都有不同的"鸟嘴"——叉子、刀和汤匙。我把豆子撒在草坪里代表"猎物"，每5分钟模拟一个代际，捕食者用他们的"鸟嘴"，尽量多的"吃"（捡）豆子。然后，我们看哪种鸟嘴吃得最多，找出原因，同时我会带领学生们讨论一些关键概念。然后，我们更新"代际"，根据上一代吃的多少，更新不同鸟嘴的数量，观察各个种群数量的变化。我草拟了自然选择的八种表述，其中有几种是常见的错误理解，在这项实验之后，我的学生将能够指出这些错误。我把关键概念标出来，规划对每种表述的讨论。

假设我的学生们做到了这些之后，我尝试找出难点。一群孩子拿着这些工具会发出很大的噪音，所以我在给他们分配完任务时，不能提前给他们发放工具。对于那些非常好胜的学生，还需要给他们提供一个指南，告诉他们游戏规则。我还要带备用的豆子，以防在实验过程中有割草机进来。在脑海中想象好通向成功的所有步骤之后，我的课程计划就准备好了。

"你必须知道你想完成什么，在行动之前必须预见到它。"

米歇尔·史密斯，纽约血管神经外科医生

当我在手术室外的大金属水池里有条不紊地清洗每一根手指、每一个指甲时，我的意识其实在关注其他地方。我在思考，接下来几个小时我想要完成什么。术前核磁共振显示，这名年轻妇女的脑瘤在一个容易接近的区域。我们相信能够去除整个脑瘤，所以我们的最终目标就是患者的完全康复。迄今为止，我已经多次追溯到达目标的每一步过程。

在准备期间，我就已经想象了手术的每一个步骤，在心里寻找改进手术、避免错误的方法，或者预见一些问题。在我们即将开始手术的时候，在护士对照材料清单、检查海绵和工具的数量的时候，在我把患者固定在手术台上，把梅菲尔德头架的支腿放入患者颅腔的时候，我都在观察思考。万一麻醉师担心患者的血压怎么办？在我心里，已经想过这种情况了。万一发现脑瘤比我们预想的大怎么办？我也已经做好相应的计划了。

我可以想象出切口、打开头皮、钻入头骨、开始在外科显微镜下切除脑瘤的场景，我能清晰地想象出患者的核磁共振图像，以及在切除脑瘤过程中可能遇到的静动脉分布情况。我再一次深入考虑，哪些部位可以损伤，哪些部位必须加以保护。

和我的外科导师教给我的一样，你必须知道你想完成什么，在行动之前必须预见到它。你对意外情况的处理，对你实现自己的预期有很大影响。我把手从水池中提出来，让护士给我穿上消毒服，走进了手术室。

人们想要得到的任何成功——从手术室里的脑外科手术到教室里的智力培养，都始于周密的筹划。在采取任何行动之前，强大的领导会预先定义他们想要的最终结果，明确他们怎样才算取得成功，然后再去选择、设计具体的行动方案。绘制一份成功路线图，意味着想象，想象可能出现的每一个细节，然后带领你的团队走向成功。

对于史密斯医生来说，这些原则意味着当她准备手术时，手术的目的是最重要的。她一再问自己的问题是："我们怎样才能最安全、最有效地保证患者的机体功能与健康？"——这个问题会唤起她的所有知识，包括外科手术知识、人体解剖知识、患者的个人特点和病史、她自己作为医生的优缺点，以及她为实现目标所拥有的资源与时间。史密斯医生想象自己正在做手术，考虑可能出乎她意料的情况以及应对方法。在某种意义上，史密斯医生在每次手术之前都在脑海中将其模拟了一遍。

对于雷迪女士来说，周密筹划的这些原则意味着，她需要先以州学习标准为基础，为学生们设计一个清晰的成功愿景。她创建了一种测验，帮助自己明确这个成功愿景，并给她一个确定的目标，可以指示自己的成功。然后，她想象自己带着学生奔向这些成功目标，所有的环境背景都可能帮助或妨碍这个过程。

对于史密斯医生和雷迪女士来说，想要的结果决定了他们所采取的方法（史密斯医生采用了教室里的领导技能，在成为外科医生之前，她曾经是巴尔的摩市一名六年级科学老师）。

一个没有完整的、有针对性的计划的脑外科医生是不可想象的。这种荒谬就好像在肯尼迪总统宣布登月之后，国家航空航天局的科学家就迫不及待地把宇航员塞入最近的一个火箭，把他们发射到月球轨道上去，然后就期待最好的结果出现。类似的情况，如果一个教练只会在赛前说"让我们拿冠军"，或者一群旅行者没有地图，也不知道哪里有瀑布，就出发去找瀑布，我们实在无法想象他们能够取得成功。

我们的教学背景风险很大，如果学生成绩不佳，他们的人生机会就会受到极大的限制。因此，筹划不足绝不是个小问题，甚至可以说是相当危险。

周密筹划的基础

根据我们的经验，带领学生取得最大进步的老师，都会进行周密的筹划——任何类型的计划，不论是大是小，都包含三条原则。第一，他们会设计出清晰的成功愿景（如我们在"大目标"中讨论的一样），并根据这个目标回溯设计整个过程。第二，他们会问自己，"我怎样才能知道学生已经实现了这个愿景呢"，并将他们的成功愿景转化为某些形式的评价标准。第三，设计出成功愿景和评价标准以后，最强的老师会想象他们正在走向成功，在心里权衡各种方法的优劣，预测可能遇到的困难挑战，并制订相应的计划。

在本章，我们将首先详细讨论周密筹划的这三部分概念。然后，我们将深入介绍在三种最基础的计划中，即长期计划（年计划和整体计划）、课程计划和课堂管理计划中，这种展望、评价、计划的过程。

设计清晰的成功愿景

和其他很多新老师一样，雷切尔·米克约翰初到新墨西哥州一个纳瓦霍人居留地担任六年级老师时，总感觉需要筹划考虑的事情太多，几乎要把自己淹没。但在一位同事的帮助下，她意识到自己的筹划方式全错了。她说：

在我刚开始执教的时候，所有要教的课程和学生让我不堪重负……我在晚上失眠到下半夜，只是总想不出如何度过下一天，我没有任何方法可以预见到第二天的事情。幸运的是，我们镇上另一位老师拯救了我。我向他解释自己第二天的计划时，他就一直在问："你为什么要这么做呢？有什么目的呢？"

一开始，这个问题令我感到很生气。我既没有答案，也没时间可以浪费去想它，我只需要计划。但实际问题是，我选择了一些活动，希望能够借此引起学生们的兴趣，通过兴趣促进他们学习。我有一些虚无缥缈的目标，但并没有具体的想法，我想要让他们掌握那些知识。

我反思他的提问，最终明确了自己的问题所在：退回去，花时间指出我想要学生们在单元结束时达到那些目标，然后将这些目标分解到每一天，彻底修改我的计划。这不仅让我的教学更加高效（因为我知道想让学生们学些什么），还使我得以更加高效地制订计划。我知道，学生们需要完成什么、需要掌握什么能力，由此回溯，就可以制订出让他们实现目标的计划。

其实，想要成为一个高效的筹划人，米克·约翰必须首先问自己："我们的目的是什么？我们的方向在何方？"她意识到，想要成为一个高效的筹划人，她必须从结尾开始，在脑海中想象，希望学生们到最后能知道什么、拥有什么能力，以及怎样才要看出学生们掌握了这些知识和能力。有了这种意识，她就朝着成为一名高效能教师前进了一大步。作为一个回溯式的筹划人，她迈入了学生成绩最好的老师的行列。

当老师采取回溯方法设计教学计划时，学生能取得最佳的学习效果，格兰特·威金斯和杰伊·麦克泰伊在颇具影响力的《通过设计来理解》一书中说：

如谚语所说的一样，最好的设计形式会带来最好的效果。换言之，我们使用的所有方法和材料，都是由我们想要结果的清晰概念所塑造的。这意味着，不论面临怎样的限制，我们在制订任何计划时，都必须明确说明其最终结果，是要让学生理解什么、掌握什么。

你或许听说过这样的话："如果不知道终点在哪里，你就永远无法到达。"这是教育中的一个严肃问题。我们可以一口气说出自己喜欢教什么、我们将要组织什么活动、将使用什么样的材料，但是，如果不明确我们教学的目的，我们怎么可能知道自己的设计是否恰当、是否太随意呢？我们怎么才能区分有趣的学习和有效的学习呢？更重要的是，如果没有想好让学生参加活动的目的，没有确定一个目标成绩，我们怎样才算实现教学目标，学生怎样才算达到某种理解程度呢？

这个信条不仅是高效能教师的一种习惯，更是所有成功奋斗者的一条普遍领导原则。"从某种意义上来说，领导者是在以回溯的方式生活，"库泽斯和波斯纳说，"他们甚至在开始一个项目之前，就预见到了最终的结果，就好像是建筑家绘制的蓝图，或者是工程师做的模型。他们对未来的清晰预测，推动着他们前进。"

高效能教师和其他所有成功的老师一样，坚持用他们想要的结果驱动他们的选择和方法设计。低效的老师则正相反，他们往往还不知道自己想要怎样的结果，就选定了方法。我们发现，有时候，相比明确定义目标并问"在所有的选择中，哪种选择能够最有效地实现目标"？希望实现目标、采取我们熟悉的行动更为容易。

将成功愿景转化为具体的评估标准

想一想，在你给学生上课之前，而不是之后，提前设计一套完美的评估方法，会产生怎样的刺激和暗示。如果老师先教一节课或者一个单元，然后组织评估，学生们在评估中的成功，就像是反映学生掌握了老师所教的内容。如果一个老师，事先给学生提出明确的成功愿景，在教学之前就建立一套评估方法，这套体系可以帮助老师进行教学计划和选择，学生在评估中的成功，就会反映学生们掌握了他们应该掌握的内容。

高效能教师有一种统一模式：他们在游戏开始之前就把球门摆好，而不是等游戏结束了再摆球门。他们和学生为设计好的成功愿景负责，而不是随便教到哪里算哪里。

高效能教师认识到，一个精心设计的、严谨的评估方法，会成为教学计划其余部分的指南。北卡罗来纳州七年级英语/语言艺术老师杰克库赖·詹娜塞克回忆，当她不再等到教学结束才想起评估测验，而是提前按照成功愿景设计评估方法之后，她的教学变得多么高效有用：

第一单元开始的时候，我的考核方式已经定好了，它完全颠覆了我原来计划和使用的方式。我可以根据该单元的教学目标设计问题，然后问自己："我的学生需要哪些知识才能回答这个问题？先教什么最有意义呢？那些内容可以同时教学呢？"这些问题使我对分散到多天教学的一个单元整体筹划最终达到相应的评估标准。它不仅节省了我指出每天教学目标、教学方法的时间，还确保我一直帮助学生在最后的考试中成功，使我有一种责任感，把他们教到高水平。

▶ 评估课堂管理及效率

当我们提到评估的时候，往往首先会想到教学进度（以及长期、单元、每天的授课计划）。但是，对于课堂管理与程序来说，衡量成功与否的方法也很重要。类似的，那些实现高效授课的老师，往往采用了计时器和图表，衡量、追踪、改善他们花在场地转移、任务管理、开场收场，以及其他非学习事件上的时间。

德亚米那·约翰逊，北卡罗来纳州的一名化学老师，她在设计每天的教学计划、教学方法之前，先为整个单元设计评估方法，她也表达了类似的观点：

当我开始教学的时候……有过一段艰难经历，抽时间去制订回溯式计划。这首先要花时间制订单元考核方案，但我想要的只是把第二天上课的内容落实到纸上。但是，日复一日的上课计划，最终累计花的时间比回溯式计划更多，而其提高学生成绩的效果要差很多。我最终开始花时间，在单元授课前制订考核计划，在上课之前准备好测验题，我看到了真正的效果。我不再花很多时间去找各种活动填充时间，而是花更多时间选择与州标准、我的单元目标、我每天的教学目标相一致的资源。我还有了更强的紧迫感，因为我知道，自己需要达到教好每一天的目标，然后他们才能完成第二天的学习目标，最终才能完成单元目标，以达到让他们掌握所有化学内容的目的。我必须把每天、每单元和每学期的目标牢牢记住，这样我的学生才能通过北卡罗来纳州的结课考试。我的学生最终通过州结课考试的比例超过了地区平均水平，我将其归功于回溯式计划，它让我时刻保持紧迫感，时刻铭记我们的目标。

格兰特·威金斯和杰伊·麦克泰伊对计划的强调，与我们在最高效老

师身上看到的卓越教学如出一辙，并详细介绍了制订评估方法带来的巨大
好处：

　　如果没有制订教学计划，什么样的证据怎样才能让我们确定，学生们
对知识已经有了很好的理解与掌握呢？很多采用了这种设计方法的老师反
映说，以"评估者"的思维寻找学生学习的证据，不但可以帮助老师明确
大目标，还会让他们每天的教学目标更加精准，这样，学生的目标更加明
确，学习表现更好。

　　这样的教学方法，听起来有点像是应试教育——如果评估方法严谨而
有意义的话，在某种程度上的确如此。应试教育之所以让很多老师厌恶的
弊端，是因为很多测验只需要低水平、死记硬背的肤浅知识，而不能有效
反映更有意义的学习指标，比如，批判性思维、调查研究、创造力、解决
问题的能力等。评估这些深层概念并非易事，但就我们研究的那些高效能
教师来看，这样的评估对于大幅提升学生成绩有着至关重要的作用。

　　选择、创造、使用与你们成功愿景相一致的评估方法，非常重要，这
意味着你必须掌握一些相对专业的评估设计技巧。下面，我们简要列出了
一些关键点，新老师在进行评估的时候需要在这些方面加以强化。

　　● **评估的形式**　评估的形式有很多种，从考试到提问，从每天下课
前的随堂测验，到表现评估（要求学生完成一项任务，而不是回答问题），
再到档案记录（收集并评估学生作业）。

　　● **掌握的证据**　有的学习目标可能需要学生完成某个特定流程，有
的需要学生去表演、去分析或者去鉴别一个过程。学习目标或学习标准中
的动词，往往会对相应的评估方式产生很大的影响。

　　● **问题种类**　你的教学内容适合采用什么样的问题？什么样的问题
（开放式问题、一个词回答、小论文、多选题、基于表演的问题，等等）
最便于你得到想要的证据？你在这些问题上的决定，可能受到学生学习内

容、评估时间、评估内容广度、评估知识深度等多方面的影响。

● **严谨、一致**　你的评估方式和目标，是否严谨，是否与学生们的学习目标相一致？严谨的评估是学习标准所要求的全面挑战。你的评估需要衡量学习目标所要求的深入理解，而不是死记硬背的表面知识。

● **有效性**　在你的评估中取得成功，是否可以表明一个学生真正实现了学习目标？我们必须保证一个评估的形式、语言或类型不会泄露答案，我们一次只测验一个目标，我们要留心无意中的偏见，它可能扭曲评估的有效性，使之不能成为实现成功愿景的指标。

● **可靠性**　一个评估能否始终得出准确的结果，为每一名学生提供精确衡量其知识的机会？这表明，可以用多种（或不同种）方法评估每一个学习目标，明确指导方向，建立评估标准和打分体系。

● **效率**　你的评估带来的效果，是否对得住它所花费的时间？为了确保肯定的答案，很多老师在设计评估考试的时候，区分不同内容的优先级，按照由易到难的顺序安排题目，以免学生过早遇阻，同时考虑评判打分需要花费多长时间。

● **打分**　根据评估的形式，"打分"不只意味着检查学生的答案是否正确。事实上，最好的打分方式所提供的反馈，可以成为额外的教学工具，促进学生更好学习。

绘制通向成功的路线图

一旦有了一个成功愿景，并知道如何确定你们实现了这个愿景，你就可以开始设计如何去实现它了。绘制路线图是一个调整的过程——确保每一步都是有意义的，都会为最终实现目标贡献力量。

对于高效能教师来说，这条路线是在脑子里开始设计，而不是在纸上开始的。制订计划，需要想象自己身处教室，执行计划中的内容。在这个想象空间中，老师们可以考虑促进或抑制成功的背景因素。通过这种方式，伟大的筹划者绘制出来的路线图，既瞄准了最终结果，也通过假想有关背景环境，辅助引导方向。

假设把同一个班的四年级学生分为两部分进行授课。第一部分学生的课程计划，与一份完美设计的课程计划模板完全吻合，它包括了一堂好课的所有常规元素，但其设计者从未来过这个班，也从没有和学生们交流过，对上课的背景一无所知。第二部分学生的课程计划，其设计者了解学生们的兴趣、动力和过往经历，清楚他们之前掌握了哪些知识和技能，知道教室里的设置和所有课堂资源，还知道有一个过于热心的校长助理，可能在上课途中通过广播系统简短发言。

这两个课程计划如何呢？很容易想到，第二个课程计划可以更有效地达到其教学目标，因为它基于丰富的背景信息，了解课堂上的一切可能。那位老师在制订计划的时候，可以清晰地想象一步步实现目标的特定场景。

▶ 通过想象进行计划的例子

和史密斯医生一样，任何领域的强大计划者在制订计划时，都要考虑他们的背景现实。通过想象这些实际情况，这些领导设身处地，想象可能遇到那些机会和问题，从而更加高效地实现目标。考虑一个优秀篮球教练的行为，他在做计划时，不能只考虑一场普通的比赛，而是要考虑到敌我双方每名球员的体型、速度和技术。或者想象一个商务部部长，在为经济衰退的钢厂提供资金支持时，他所制订的计划，不是在理论的真空中产生，而是来自对政治和其他实际情况的综合考虑，包括受益地区的国会议员数量、联邦的态度和担心、经济大趋势，以及其他想要得到资助的群体的反应。或者想象设计一所学校的建筑师，他不会闭门造车画草图，而是会首先理解这所学校的教育理念，学校所在位置的地形，以及主管部门希望的预算与工期。在每一个例子中，计划者都不是在真空中产生的，而是考虑了他们所处的实际情况之后得出的。

本章开头提到的外科医生，描述了同样的现象。她在计划手术前，了解病人的病史，观察脑瘤的扫描片，熟悉手术室的所有资源和流程。通过在大脑中想象手术过程，她将自己的每一个动作与想要的结果联系起来，创建了一个更高效的计划。这是又一个贯穿于所有领域的领导原则。计划与目标的高度一致，源自想象计划的落实情况。

对于高效能教师来说，设计教学计划所必须的想象过程，包含很多因素，以下就是老师们在做计划时需要权衡的一些因素。

● **教学目标的特性、认知需求和学习层次**　有时候，学习目标本身会蕴涵实现它的途径。一般的学习目标需要低层次的思维技能，比如了解与理解，这要求老师进行指导、讲解，给学生展示新知识。有时候，更高的认知层次，比如运用与分析，则需要学生个人对相关概念进行挖掘，或者在老师讲解之前先让学生进行小组讨论。

● **教学内容的相对优先级**　一个年级一门课的学习标准，可能包含很多知识和技能，一年时间不足以教完它们。这时候，老师必须对其进行取舍排序，衡量打算给不同的学习目标分配多少时间。

● **学生的既有知识**　老师在开始制订计划的时候需要问学生："我们应该从哪里开始呢？"需要了解学生们的既有知识，来从多个方面调整计划。第一，你或许会发现，针对某个教学目标，需要花费更多或更少的时间。第二，判断你的学生知道、理解哪些知识之后，你就可以在此基础上加快新知识的学习。

- **学生们的发展、学习类型和动机：认知、身体和社交发展** 一般儿童的认知、身体和社交技能的发展顺序，是可以预见的。毫不奇怪，这些模式会暗示学生的学习方式，因为在学生感受信息、联系其他知识、控制自身意识和身体的过程中，它们都在发挥作用。

- **学习动机** 尽管有些专家认为，学习目标本身应该是选择教学方法的决定性因素，如果你知道学生偏好某种学习方式——例如，视觉、听觉、触觉，或者动觉，你或许就可以更有针对性地选择教学方法，强大的老师还会避免过于依赖某种教学方法。

- **学生兴趣** 与学习内容相关的知识、群体战略的社会动态、教学的活力与节奏，都可能是学生的兴趣所在。在选择教学方法的时候，所有这些因素都应该渗入你的思维。

- **教学有关内容**（或者，怎样让学生最好地学习） 这部分知识的核心是"展示并构建课程知识的方法，让他人更容易理解"。教学有关内容不仅仅是老师对所教内容的理解，还包括老师向某个特定学生群体授课时，对有效教学方法的理解。我们遇到的那些深谙教学有关内容的老师，了解并能预见学生们对某门课的常见误解，会损害他们的学习。例如，如果你发现你的六年级学生相信，季节是由于地球到太阳的距离远近变化所导致的，你会怎样计划你的天文单元教学？或者，如果你发现你的幼儿园学生分不清"s"和"c"，你会怎样调整你的识字课教学？或者，如果你的学生以为"搬家"就是生活的定义，你会怎样计划一堂生活科学课？最高效的老师，会寻找使用最适于自己学生、自己课程的方法。高效能教师凯特·卡塔，讲述了这些考虑如何充实了她的课程计划："一旦我对一堂课有了大概想法，我就总是会联系相关的误解、困扰和捷径，细化我的课程计划。在筹划我的三年级数学课时，我会问自己：理查德可能在什么时候开始烦躁，以及我应该怎样引起他的兴趣、调动他的思维？米格尔在思考这条规律的时候，会找到哪个反例？什么时候，莎莉和雅各布能够掌握这个概念，然后我就可以进行更难的问题和拓展知识？如果我对每个学生都了如指掌，就可以着手实施我的计划了。"

● **与文化背景有关的教学法**　在夏威夷州卡美哈美哈小学教育项目对夏威夷土著儿童的一项标志性研究中，研究人员发现，让教学实践与学生的文化背景相一致（例如，注重不同群体之间的协作、符合文化背景的表扬，聚焦于对拼读的理解等），可以显著提高学生的阅读能力。《文化背景相关教学法》中还提到，他们试图让数学教学法符合学生的文化背景。有些学者相信，某些种族、民族或文化背景的学生对合作学习模型的反应特别好，或者很适合"跨年龄教学及角色扮演"。更具体的，如有些学者认为非裔美国学生更适合"鼓励人际交流、同时有多种活动、调动多种感觉的教学方法，而不是安静地坐在教室里，心无旁骛地独自学习，专心读书而不听声音，同时只做一件事"。类似的，一些学者认为，说西班牙语的学生，因为他们共同的独特文化背景，在混合能力学习小组中表现尤其好。有些学者认为，应该经常使用这种类型的小组学习，因为西班牙语文化在追求目标的时候，更强调合作，而不是竞争。

不过，学生的种族、社会经济状况、母语和文化背景，与老师教学计划之间的关系，还存在一些争议。有些老师和学者怀疑这些研究结果，部分是因为他们相信，研究中使用的教学方法同样适用于其他群体的学生。某些老师和学者发现，这样一概而论对教学并没有帮助，还有人讨厌它们。

虽然我们的研究并没有直接解决这些问题，但我们的经验指出，高效能教师在制订教学计划时，会有意尽可能多地了解他们的学生，辅助他们选择教学方法，比如他们常常会去了解每名学生的文化背景和价值观。根据我们的经验，最高效的老师会考虑每个学生，"怎样才能让这个学生最好地学习"，哪怕他已经考虑过学生们的整体文化背景学习类型。波士顿一项对四个种族群体（波多黎各人、非裔美国人、华裔美国人、爱尔兰裔美国人）教育活动的研究，反映了这种现象："种族之间的差异，可能大于所有家庭因素，包括对孩子教育的支持、使用大家庭和社区网络、支持学校工作等。"因此，有时候完美教学法的最大障碍，是一个课堂里的文化多样性。

● **可用时间与资源** 当你坐下来想象，带领学生实现成功愿景时，必须考虑可用时间与资源。一个课程阶段有多长时间？你至少要在一篇课文上用多少时间？一年有多少个教学日？学校有科学实验室吗？你的学生能接触到报纸吗？

当老师创建了符合学生学习目标的计划之后，这些因素可以帮助老师选择合适的教学方法。

课堂计划的三种形式

脑子里有了周密筹划的三个基础部分——展望愿景、设计评估方法、做计划，我们现在看一看，如何把这些想法体现在三种最重要类型的课堂计划中去，这三种课堂计划是：

● 长期计划（学年计划和单元计划）

● 课程计划

● 课堂管理计划

长期计划

一个学年计划，明确你的学生将要掌握的一组学习目标及其顺序。一个单元计划图，在一年中的某个阶段（或许是一个月或者六周），特意将一些学习目标组合起来，一起加以教学。我们将在下一节中讨论，课程计划里会细化到老师的具体动作，确保学生掌握单元计划中的一个学习目标。

长期计划、单元计划和课程计划之间的关系，会让人想起电子地图上的放大缩小键，从大尺度俯瞰地图（学年计划），到中尺度观察地图的一部分（单元计划），再到更微观的角度（课程计划）。在某种意义上，这个放大地图的过程，就是回溯式计划的过程：从长期计划的大目标，分解为一天天的课程计划中的动作。

埃里克·斯克罗金斯是纽约的一名老师，他受一个富裕社区学生的成功启发，带领他的八年级学生在州会考中取得了好成绩，他将自己的计划描述为一个从宏观到微观的、逐渐细化的迭代过程。斯克罗金斯先生证实说，这种计划扭转了他的气馁，将他们的大目标转化为一系列可控的任务：

在学年开始的时候，我基于地理科学会考的大纲范围，划分了几个单元。然后针对每个单元，我结合课本、纽约州会考标准和往年试卷，列出了我的学生需要知道的内容（具体的知识），以及他们需要掌握的、对这些知识的处理方法（技能）。然后，我以布鲁姆认知分类法为指导，把这张清单具体化为一个个学习目标，并在日历上标出每五六周的学习目标。在每周开始的时候，我都会拿出当周的目标，为每个目标写出详细的课程计划，到互联网或学校教师网上寻找讲授一个概念或技能的最好方法，然后搜集我在该周需要的教学材料。

卡蒂·希尔，我们在第一章中提到的特殊教育老师，讲述了类似的故事。在为学生制订了个性化的大目标之后，她将关键想法整合到每个月的学习单元中去，制订了学年计划："我将学生们的年度目标分解为较小的技能和知识组合，然后为每个学生设计个性化的学习标准，使之实现自己的年度目标，最终取得成功。"

> ▶ **三种单元**
>
> ● **基于目标的单元** 在这种方式中，单元是逻辑组合在一起的一组彼此关联的学习目标。例如，一个中学数学老师，或许可以筹划一个衡量单元，教学生衡量温度、速度、体积、重量以及一个物体尺寸的技能。一个小学老师或许可以创建一个写信单元，教学生如何写一封友好的、能提供大量信息或有说服力的信。
>
> ● **专题单元** 这种方式将多门课程的学习标准融合在一起，以实现聚焦在某一专题或主题的目标。
>
> ● **基于项目的单元** 这些单元致力于完成一个项目，比如一本书、一场游戏、一次旅行，或者一场吸引学生兴趣、提升学生学习动力的表演。学生们为了完成项目，必须学习一些技能，从而使他们在运用知识的时候，认识到所学技能的用处。

愿景、评估和计划

和周密筹划的领导原则相一致，与我们合作过的最高效老师，在开始一项长期计划之前，都会首先制订一个成功愿景，在设定学习目标的时候，这个成功愿景和学习标准紧密相关。

尽管州学习标准有时候会让许多学生感到沮丧，但大多数州标准依然是引导学生取得优异成绩的助推器，毕竟，它们是你对学生成绩建立预期的基础。正如一名老师路易斯·阿隆索所说，"标准是做计划的最重要工具……让我清晰知道，怎样才能让我的学生毕业，并让我据此设计课程，带领他们实现目标"。

　　强大的目标设计者，常常会借用威金和麦克泰伊《通过设计来理解》中的两种形式，融入他们当年要达到的一系列学习标准，描述他们的要求，这两种形式是本质问题和基本要点。老师和学生有很多方法，搞清楚任何课程学习目标的意义。本质问题，是一门课程学习标准所提出的根本性问题。包括一些深入的问题，可以刺激学生的思维、激发学生探索，围绕学习标准的核心观点迸发出更多的问题。这些问题可以导致"深入而且可迁移理解"，而不是死记硬背或者肤浅了解。用威金和麦克泰伊的话来说，基本问题触及事物的核心——本质。什么是民主？民主如何运作？权力意味着什么？我们能够证明它吗？我们应该怎样做？什么是价值？坚持探索这样的问题，不仅会带来深入理解，还会激发更多的问题。

　　与这些基本问题相关的，是威金和麦克泰伊所说的"基本要点"——一门课中最重要的概念。在一些情况下，正是基本问题产生了基本要点。有一些大概念，可以运用于课堂之外，运用于学生未来的学习生活中——比如相关不一定会导致因果关系，或者一个精彩的故事会扣人心弦，让人紧张期待后续情节。就像我们用来概括本书内容的六条原则一样，基本要点是一个框架，帮助学生理解更微小的细节。

　　高效能教师在努力理解、组织他们的学习标准时，首先会探索这些深刻、基础的概念——从一系列单元计划到学年计划都是如此。有了目标激发学生的学年或单元成功愿景，第二步要考虑的就是评估方法。学生们什么样的表现才能证明他们实现成功愿景了呢？你可以选择评估的形式、问题的形式、时间的长短、考试的有效性和可靠性，等等。一旦确定了成功愿景和评估方法，周密筹划的第三个要素才是传统意义上的计划，包括提出一系列想法，为它们分配时间，并在学年或单元计划中加入补习时间和机动时间。

年度计划和单元计划的好处

和其他有针对性的计划一样，学年计划和单元计划能够赋予你和学生一种紧迫感，使你们专心，确切地告诉他们想要实现大目标必须做到哪些小目标，从而加速学习效果，它们为你判断进度提供了基准。带着长期计划工作，你就可以问自己："我们是否达到了应有的进度？"湾区一年级双语老师索尼娅·爱尔德强调这个观点，她告诉我们长期计划能"让你时常检查自己到了什么位置、朝着什么方向，这样你就能及时纠正错误。没有长期计划的教学，就像不带地图去旅行：很容易使你迷路"。

▶ 教学材料：有备而教

学校和学区创建并主导了所有类型的考试和上课工具，帮助实现老师的效果，其中包括为老师教学做好准备的教学材料，这些材料的特点和数量非常广泛。有些校长要求老师严格按照他的计划教学，有的则给老师很大的自由权，也可以不用这些材料。

这些教学材料和计划，大部分是由高效能教师制订的。在拟制这些材料时，他们将"愿景—评估—计划"的方法带入到这些教学计划中，并检查计划的方向是否正确、计划的教学目标是否能够实现、计划将怎样带领学生实现目标。

你需要理解，为什么教学计划中有一系列学习目标，并考虑这些计划可以怎样满足你的学生的需求。计划假设你的学生已经拥有哪些知识，尽管使用这些材料教学的过程，与根据自己计划教学的过程略有差异，但指导计划的基本问题是一样的。

使用学年和单元计划，意味着使用节约时间精力的方法，澄清并组织你所要教的知识和技能。我们的老师一次又一次地反映说，每当勾勒出一幅成功愿景、设计出一套评估方法、制订出一个计划的时候，他们都会发现之前没有留意的相互关系与相互依赖。例如，圣路易斯六年级老师克里斯滕·泰勒告诉我们，她知道，她希望学生们上完课之后，能够掌握代数课的知识，她认为这意味着学生们要能够求解单变量方程。但是，当她检查教学标准时，她发现，首先必须让学生们理解一些必要的预备知识。她说："我意识到，如果我在他们理解代数方法之前，就想要教他们怎样解方程，他们是找不到解方程所需要的方法的。"制订学习标准，给关键想法排列顺序，可能帮她节约了几周的无用功时间。

凯特·施雷普弗是密西西比河三角洲的一名老师，她回忆自己曾经是多么着急，不知怎样才能教会她的高中生运用科学和推理技能。当她"帮朋友制订标准"的时候，通过学习、优先排序、分解这些学习目标，终于清楚地看到了她想要把学生带到哪里去，以及这个终点将怎样为他们下一年的生物课打下基础。有了这个学习标准，她从头到尾梳理学习过程，一气呵成完成了其余的评估方法和计划。她围绕学生们对学习标准的掌握，确定了大目标：

我总结出生物学的六个顶层原理，它们构成了我的六个教学单元：（1）科学家提出问题并进行实验，探索更多知识；（2）所有生物都是由更小的部分组成的；（3）基因序列决定了我们的外貌、功能、易染疾病等特点；（4）我们世界的多样化源自进化；（5）有机体和它们所处的环境之间存在联系，人类的活动能够影响它们；（6）动物和植物都是由各个相互协作的部分组成的。在确定了我的单元主题之后，我将州标准分解细化，按照布鲁姆认知分类法将它们区分层次，归类到六个单元中去，最后落实到每天的课程计划里。通过这种方式，我的学生和我都知道，学习的所有目标都是为了提升成绩和科学素养。

对于很多像泰勒女士和施雷普弗这样的老师来说，长期计划虽然增加了他们的紧迫感，但同时也让他们感到更加冷静、更加可控。克里斯·奥特回忆他的第一次学年计划，"我曾经做过的最好的事……它让我明白，我能够教完所有必要的内容，"卡丽·贡内拉回忆她的长期计划时说，"长期计划是缓解我每天计划压力的最佳方法。我永远不会在回到家时说，哎呀，我明天该教些什么呢？我永远不用担心自己会忘掉一些非常重要的事情，只需要看看日程表就能让我感到平静、幸福。"

课程计划

课程计划是教学方法和学生学习的路线图，它能够引领学生掌握与长期教学目标相关的特定目标。就像单元计划组成了长期计划一样，课程计划是单元计划的组成部分。

高效能教师使用很多不同的形式和模板来进行课程计划。鉴于很多形式的课程计划过于枯燥，难以实施，我们在此将通过探讨一种最基本的课程计划，来介绍课程计划的基本元素，这就是五步法直接教学计划。把这种五步法课程计划当作一个简单的开始，老师可以详细加以改进，确保学生们的学习。

五步法授课包含一个基本方法"我做，我们做，你做"，渐进地将知识从老师身上过渡到学生身上。为了让学生有所体验，老师首先向学生示范，他们应该知道什么知识、应该怎么做（"我做"）。然后，给学生足够的时间，在老师或同学的帮助下去练习（"我们做"），最后让学生表现出他们自己对知识或技能的掌握（"你做"）。这个模型要求课程保持开放，老师要确保让学生知道他们要学什么，这些知识与以前学的知识以及他们的最终大目标有何联系。

▶ 一般课程计划的组成部分

开始	开始上课：开场白、展望、目标、与之前知识的联系。
中间	教授新内容（"我做"） 指导练习（"我们做"） 独立练习（"你做"）
结尾	上课末尾：回顾关键点，检查理解程度，联系下一个概念。

当一个老师教学生新知识的时候，他先调动学生的既有知识，然后再陈述关键点，给学生多种机会去练习。这些活动可能需要不同层次的支持，以便更好地说明主要概念或技能。在这段时间里，老师还可以通过测验来衡量学生对学习目标的理解。这是一堂课的真正核心，包括介绍新知识、指导练习和独立练习。在一节课结束的时候，老师将本节课的所有内容归在一起，总结学了哪些内容，再次检查学生的理解程度，并与学生交流这堂课为什么与大目标有关。然后，学生们离开课堂时，就已经清楚地了解这节课的主要概念，以及怎样在未来的环境里运用这些概念。

这个授课模型建立在直接教学理论的基础之上，老师可以通过它传授知识和技能。其他一些课程计划模型更多的由学生驱动，建立在探索发现的基础上，还有一些方法更强调团队协作。尽管乍看起来，高效能教师会根据不同的教学目标，选择不同的课程模型，但我们向你提供这个直接教学模型，因为它有效、可控，新老师很容易掌握它。

对课程目标的愿景与评估

在制订课程计划或者思考如何授课之前，必须决定你希望学生们达到怎样的学习效果。到下课的时候，他们应该知道什么，或者能够做什么？

你需要什么证据来判断他们是否达到了目标？

对一堂课的成功愿景，是学生们实现了这堂课的目标。根据我们的经验，这个简单的想法是一个老师有效带动学生成绩潜力的最有效指标。因为一堂课的成功是从其目标开始的，如何制订目标会对学生成绩产生深远的影响。

哪怕是细化的学习标准（或者学习目标），往往也无法为一堂课提供具体指导，所以必须把每一个学习目标分解为单独的、具体的课程目标。这些课程目标驱动了课程计划，并组成了单元计划。以下是几个简单的例子：

● 学生们应该能够列出元音表，并掌握它们的正确发音（幼儿园拼读教学标准）。

● 学生们应该能够解决有关万有引力和弹性势能的应用题（物理课上的教学单元）。

● 学生们应该能够根据主题句和几句话，写一段文章（五年级基于项目的写作单元）。

▶ 把"愿景—评估—计划"的方法运用到授课过程和系统中

你或许知道电影里这样的陈词滥调：一位老师挨个点名，学生们一个接一个有气无力地应答，似乎永远也没个尽头，你能想象出比这更烂的浪费时间的方式吗？

在有些课堂里，学生们实际投入学习的时间少得可怜。根据我们的研究，只有40%的在校时间用在了实际教学上。

甚至在最好的情况下，你和学生的时间也是有限的。我们拥有挑战性的大目标，忍受不了任何时间的浪费，更何况浪费了60%。

提高时间利用率的好处是巨大的，如果你每天节省出25分钟时间（每个阶段节省四五分钟就够），全年累积下来，你们就能增加75小时的学习时间。

听到高效能教师的特意安排，你不会感到惊讶，他们会设法让课堂平稳高效。首先，带着这些想法想象高效能课堂：

- 我们应该在上课之后两分钟以内，投入实际学习。

- 没有任何理由，可以占用一秒钟学习时间来点名或者收作业。

- 有些学生写作文比其他人更快，所以我需要给他们提供一些有意义的附加学习活动。

一位老师告诉我们："我曾写过最详细的课程计划，是关于授课过程步骤的。"尽管每一堂课都有独特的过程需求，高效能教师还是提出了一些建议，指出了制订课程计划时需要特别考虑的一些方面（我们将在下一章讨论课堂效率）：

- 点名
- 开始上课
- 集中全班注意力
- 分发材料
- 讲课
- 在活动之间平稳过渡
- 有备应对突发事件
- 管理学生的需求（上厕所、喝水等）

强大的目标是基于学生成绩的、可量化的、严谨的。鉴于设计不当的目标，会限制学生的学习效果，设计满足这些标准的目标，是一门值得付出心血的艺术和科学。下表给出了有关目标设计的一些最好实践，并提供了在这些标准上较好和较差的例子。

▶ 学生们认为智力是……

关键领悟	较好的例子	较差的例子
保证一个目标与学生成绩相关的最好方法，是以"学生们应该能够……"开头。	● 学生应该能够根据不同的分母给分数排序。 ● 学生应该能够辨认并描述出五行诗的韵律及其结构。 ● 学生应该能够评估并比较美国在20世纪两位领导人哪个更强大。	● 老师会上一堂课，讲根据不同分母给分数排序。 ● 复习五行诗的韵律和韵律结构。 ● 阅读历史人物故事。
叙述一个目标的动词，是该目标能否量化的重要标志。	● 学生应该能够列出骨头对身体的三种作用。 ● 学生应该能够描述欧洲导致第二次世界大战的局势。	● 学生应该理解骨头对身体的作用。 ● 学生应该学会欧洲导致第二次世界大战的局势。
叙述目标的动词，会影响该目标的严谨性和认知层次，课程目标应该与它驱动的大目标相一致。	一个目标，要求学生能够分析基本历史数据，对比两个文化之间的差异，而学习目标也正是这样要求的。	如果学习标准要求学生能够分析基本材料、对比不同文化，一个目标说学生应该能够"说出两种文化关键历史人物的名字"，是不够严谨的。

　　建立一种成功愿景的概念——在本例中，是掌握一个学习目标——与评估方法紧密相关。如果学习目标是严谨、可衡量的，是集中于学习成绩的，这个目标就会带来这样的问题："你怎样才能知道实现了这个目标？"和我们采访的其他很多老师一样，希瑟·托义克回忆说，一个细心的同事问她这个问题，使她的教学取得了显著进步，她说："这个问题完全颠覆了我对每一堂课的看法。我切实认识到，有一个具体的衡量每天是否完成目标的方法是多么的重要。此外，为了带动学生实现每天的学习目标，我

会斟酌自己在课堂上说的每一句话、做的每一件事。"托义克女士的反思，认为把成功愿景转化为评估方法至关重要。最好的老师首先问自己的，不是"什么样的考试能够评估学生的学习"，而是"我的学生怎样才能证明，他们已经掌握了需要学习的知识和技能"，对这个更宽泛问题的答案，给老师提供了很多合适的评估方法。

朱斯汀·燕，是北卡罗来纳州夏洛特市一名六年级科学老师，他的学生成功学完了八年级的课程，谈到制订与岩石圈有关的学习计划，他描述了类似的过程。当他认真考虑相关的学习目标时，他开始意识到："我并不只是想让学生们答对50道多选题，我希望他们能在更高的层次清楚说出岩石圈的故事，他们需要像地质学家一样说话。"对于朱斯汀先生来说，认真考虑学生达到目标之后的样子，促使他改变了评估方法，他需要更可靠、更深刻的评估。不出所料，他的对学生成功的愿景和评估的方法，对他的教学方法产生了巨大影响。

高效能教师夏延·巴蒂斯塔·洛克使用了同样严谨的"想象"，检查她的评估方法。事实上，她为学生们选择的评估方法一定是严谨、高难度、高效且有意义的：

作为一个新老师，我做过的最好事情之一，是有一次组织随堂测验。从六年级学生的视角来看测验，包括其中的每一件事，从在卷头上写下名字（天啊，为什么写名字的空白面积这么小呢），到阅读、理解、回答题目（我们上课学过这个单词吗），完全颠覆了我对课程计划、授课讲解和出题考试的认识。我越来越留意，把这三部分内容统一起来。

设计路线图：选择教学方法

把良好的课程目标（成功愿景）转化为你想要看到学生所知道、所能做的事情（评估方法）之后，课程计划的剩余部分就是为你的学生设计通往成功终点的路线图。计划并不仅仅是一项理论活动：高效能教师会有意识地推演自己的计划，寻找其中隐藏的问题，挖掘学生学习的机会。

回顾那些帮助老师生动想象计划的因素：内容的严谨性，学生们如何学习，学生们的既有知识，学生们如何参与特定的课程活动，以及学生文化家庭背景，等等。这些因素既可以应用于课堂计划的思考，也可以应用于教学方法的选择。例如，或许你会发现，有三名学生站着或者走动的时候学习更加投入，所以你就要想办法让他们动起来，哪怕你在讲比喻修辞时。或者，也许你有很多本《人鼠之间》小说，可以给每两个学生分发一本，这些事实都会对你的课程计划产生影响。

除了这些影响计划的一般因素之外，坐下来思考计划的老师还会受到别的因素的影响：他所拥有的全部教学方法。

在执教的第一年，一年级老师萨拉·艾格丽发现，学生们的阅读理解水平低于自己的预期，于是她向一位顾问请教这个问题。她的顾问让艾格丽女士说说她自己的计划，艾格丽女士解释说，她确定相关阅读目标，找一段支持这个目标的文章，选择一种评估方法，然后丰富各种细节。尽管是在讲述自己的计划过程，但艾格丽女士突然发现：她没有认真考虑，她想要看到学生有怎样的表现，证明他们掌握学习目标了。

"我意识到，我没有具体想象，我的学生应该怎样做、怎样学。我可以说出它来，但我确实没有去明确学生应该掌握的关键技能和知识，更没有去说明一年级学生掌握之后应该是怎样的。跳过了这非常重要的第一步，我的课就只能是中等水平。我很快明白了，为什么我的学生没有进步，我从那以后改变了整个做计划的过程。"

带着这种见解，艾格丽女士开始思考，她应该怎样评估、应该怎能看到这些知识和技能。她开始去明确，希望学生们通过一节阅读理解课，学会哪些关键概念和技能，并勾勒出学生们对这些技能的表现。在这个过程中，艾格丽女士把她的成功愿景与一种评估方法联系起来，以确定愿景得到了实现。

"例如，一年级学生需要掌握技能，在阅读前和阅读中进行预测。对于一个能够流畅阅读的人来说，这很简单。作为一个新老师，我曾认为自己不需要多少筹划思考，就能教会每一个学生这项技能。在我的第一堂预测课之后，我才发现，我完全无法确认学生们是否掌握了这项技能。我推测即使不是大部分，至少也有一些学生掌握了这项技能，但我无法证明。为了解决这个问题，我从头开始下功夫。首先，我将这个目标分解为基本知识和技能，学生们首先必须能够定义"预测"这个词语，并能说出一个优秀读者进行预测的过程。其次，学生必须能够实际进行这个过程，并尽最大努力预测接下来可能发生了什么。现在，我对一年级学生"能够对一段文章做出预测"有了很好的理解，但我还需要建立一种愿景，让我的学生证明他们确实掌握了这项技能。

这发生在上半年，当时我的很多学生还不会写句子。我决定，让他们看图写句子，让他们发挥出最好水平，是最恰当的评估方法。有些学生能够根据图画，以"我预测……"开头，写出一句话，有的学生却只能写出描述图画的一两个单词甚至字母。在这项独立练习时间中，我能够和一些学生进行必要的交谈，让他们口头描述他们的图画，以确认他们的掌握程度。

这一整个愿景构建和计划过程，并不需要多少额外的时间，特别是考虑到糟糕的计划会让我重新设计甚至重新授课。它只是让我坚持去想："一个从来没听说过'预测'这个词的六岁小孩，会怎样表示出来他的预测能力。"这看起来很简单，却让我的授课效果发生了巨大变化。我记得第一个月上课的感受，一直都感到困惑和不确定。修订我的计划过程，建立清晰的愿景，是一个很好的矫正方法。它给我更多信心，相信我在带领学生朝着正确的方向前进，它还帮助我继续在课堂上取得成功。对学生取得成功的愿景不仅对新老师是非常宝贵的，在我五年的教学历程中一直都是如此。

你的工具箱里的教学方法越丰富，就能越有针对性地选择与目标相一致的教学方法。最高效老师认识到，他们必须建立广泛、丰富的教学方法和技巧清单，这样，"想象自己的教学过程"，就意味着模拟实验不同教学方法，看哪种方法的效果最好。以下是任何老师都应该必备的几种教学方法。

● **老师示范演示** 这是最常用、最基础的教学方法，适用于所有年级，学生们会从老师的演示中学会很多东西。幼儿园老师会演示怎样组合字母表中的字母，化学老师会给学生示范怎样配平方程式，写作老师会给学生示范怎样编辑句子和段落。最高效的示范演示，包括元认知讲述的元素，老师把学生的注意力导向正确步骤的基本要素。示范还是一个好机会，可以告诉学生应该注意避免哪些错误。

● **讲述** 尽管"讲述"会让人联想到慵懒的教授死气沉沉的讲课，学生们一个个心不在焉，甚至在打盹，但讲述依然是向全班呈现或复习学习内容的有效方法。例如，在时间有限的时候，老师可以选择讲述的方式。有效讲述的关键，在于老师要始终关注学生们的行动和思路。杰西卡·考夫曼，休斯顿一名英语作为第二语言的三年级老师，提醒我们说，和其他授课方法一样，有效讲述需要师生互动，并时时检查学生的理解情况：

我一直认为讲述是最有用的，只要我一直在评估学生的理解程度，并尽可能地让他们参与进来，而不是只顾自己讲。你必须想办法，确保他们在听你讲——不只是"很好！他们都在看着我！他们肯定懂了"！你需要配合一些提问，鼓励学生思考你所讲的内容，并预测你接下来可能讲什么。中间可以停下来，让学生和他们的邻座讨论他们刚刚听到的知识，或者让学生总结你所讲的内容，或者让他们提出一些感到困惑的地方。有很多方法，可以把你的学生吸引到你的讲课中来，但它们都需要时间筹划。

● **提问与讨论**　老师常常会通过提问，了解学生的理解程度，但是，还应该通过提问刺激学生思考。在这种方式中，提问是一种基本而有力的教学工具。研究人员杰瑞·布罗非发现，在介绍新内容、检查学生理解程度的时候，基于提问的讲述是最常用、最有力的手段之一。

● **发现式学习**　发现式学习适用于高层次目标，可以用来帮助学生从具体例子中演绎观点、概念或定义。在发现式学习的过程中，老师常常会给学生提供材料和指导，鼓励学生进行观察，建立假设，并推断概念。例如，这种方法常常用于科学课上，学生们通过进行实验来学习某些概念。

● **学习中心**　学习中心是指教室中的某些指定区域，学生可以在那里瞄准一个目标，按照自己的节奏独立学习，或者以小组形式学习。它们在高度个性化课堂中的效果，使其特别流行于特殊教育和早期教育。为了支持每一个学生的不同需求，中心应该长期固定，比如说教室图书角或者阅读中心，或者能够支持某一阶段的学习。它们需要在前期投入时间构建环境，并让学生们熟悉使用学习中心的学习方法。艾米·克劳德在她教授幼儿园和小学时发现，学习中心有非常突出的效果："学习中心使我们能够为学生创建有针对性的学习机会。在我的学前班里，我们将整套的发展目标融合进学习中心——从培养他们的体质，到学习说话、识字、科学。选择有趣的主题，不仅有助于我们做计划，也有助于让学生持续投入……学生们在学习中心的社交能力成长，如何估量都不为过。通过在好玩的游戏场扮演售货员和顾客，我们的学生学会了如何通过谈判协作。"

● **分组策略**　如何给学生们分组，是制订课程计划时需要决定的另一个问题。全班整体还是小组最适合学生掌握这个学习目标呢？或者（更实际地说），什么样的分组安排，能让学生学习效果达到最佳呢？全班整体为一组，对教授新知识特别有效；小组学习，则适合区分指导或区别教学内容。

● **协作学习**　协作学习是分组学习和教学指导的糅合。正如高效能课堂里的情况一样，它不仅仅是把学生分成小组，让他们共同完成一项活动，协作学习还需要给学生们划分责任，集体完成任务，然后各自向整个小组汇报，所有这些都是为了减少风险，防止某些学生不能从分组学习中受益。协作学习要求学生们不仅要为自己的学习负责，还要为小组其他人的学习负责，用某些专家的话来说，这样可以"通过让学生参加汇报，让他们明确说出自己的思考过程和解题方法，这会给他们带来潜在的认知和元认知（思考他们如何学习和思考）方面的好处"。有人认为，协作学习有利于推动相互依赖，培养学生们个人和小组责任感，教给他们交流技能，并给他们时间进行团队融合和反思。

双语/英语作为第二语言老师史蒂芬·瑞迪提醒说，这种方法需要明确指导和练习："必须教学生们相互协作。哪怕是我教的高中生，在进行分组学习时都必须先练习这套步骤和系统。需要做很多工作，才能培养出协作默契的小组，让小组的所有成员都能掌握学习目标。"

然而，协作学习可能掩盖某些学生的学习不足。杰瑞·豪瑟回忆洛杉矶的一名老师时说："他过分依赖协作学习。有些内容适合使用协作学习，但到一天结束的时候，每名学生都应该掌握所有学习内容，而小组学习往往意味着有些学生没有得到像独立学习一样多的练习"。

严谨性和可掌握性

与教学方法相伴，老师在制订课程计划时需要考虑的另一套概念是严谨性和可掌握性。听高效能教师讲述教学计划的时候，特别是课程计划的时候，几乎总是能听到这两个词。严谨性是指，授课内容所体现出来的难度层次和恰当性。学生学习的内容对他们实现大目标有多少价值？学习难度是否恰当，能够有效地推动大目标的实现？可掌握性是指，要求学生们对所学内容掌握到什么程度。这个课程计划是否能够实现它的目标？学生们理解了哪些内容或没理解哪些？

为了洞察严谨性，需要检验我们对学生的要求是否能够促进大目标的实现（如果我们让八年级学生使用四年级的学习目标，我们的教学就是缺乏严谨性的）。为了洞察可掌握性，我们需要调查学生们从课堂上学到了什么（如果学生不能描述出所教的知识和技能，我们就必须专注于可掌握性）。

在你选择教学方法时，要努力确保你的教学计划的严谨性和可掌握性，这意味着，你要问自己（在模拟实施计划的时候）："学生们能学到什么程度？"

图3.1描述了严谨性和可掌握性如何共同最大化学生的学习。

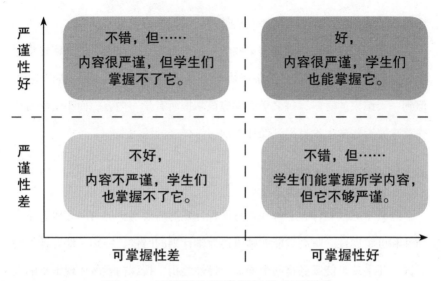

图 3.1　严谨性和可掌握性的共同影响

区别教学

认真进行周密筹划的老师，不可避免地要为某些特殊群体，甚至单个学生制订计划。既然我们致力于让每一名学生掌握学习目标，同时又知道学生们有不同的学习方式、动机、能力和既有知识，所以我们必须考虑针对不同特点的学生，分别制订教学计划，最大化每个学生的成长。香农·丁戈将这个想法总结为："我做计划，总是先看每名学生需要掌握什么技能来实现他们的目标，然后参考他们现在掌握的程度。各个学生的目标需求不同，掌握程度也不同，所以就为每名学生制订回溯式计划。所有这些工作，都需要对学生现状有准确的判断数据，同时清楚地知道哪些技能能够实现你们的目标。"

高效能教师及其学生取得优异成绩的原因之一，是因为他们使用不同的方法，进行个性化教学，满足学生们的不同需求。这就是说，他们不仅为全班制订整体教学计划，还会制订调整计划，确保每一个学生都能掌握学习目标。这种做法，一般被称为区别教学，这是带领所有学生实现大目标的核心能力。你必须考虑他们的个人学习方式，并利用这些特点。

区别教学方面的权威卡罗尔·安·汤姆林森认为，需要给不同的学生安排不同的作业，原因有三：学生现状不同（当前的学习水平）、兴趣不同（动机或投入程度）、学习特点不同（培养层次、学习方法、文化背景、身体残障等）。再说一次，致力于让每一名学生掌握学习目标的老师，在制订教学计划的时候，自然而且必然会考虑这些因素。与此同时，正如汤姆林森指出的一样，老师们有很多选择，可以用来调整不同学生们对关键概念的学习。老师可以调整预期（要求学生们达到的目标），可以调整过程（怎样教学生一个概念或技能），或者调整概念本身。用好这些调整方法的关键，是要牢记它们都是一种手段，最终目的是掌握学习目标，这个目的不会改变。通过区别教学，老师们只需寻找最有效的方法，让每一个学生实现目标。

高效能教师调整、分化他们教学方法或者行为管理方法的程度，取决于学生们的不同需求。让每个学生都掌握学习目标——不论他们的学习方式如何，才能造就成功的授课。更多的时候，学生之间不同的学习方式和差异，需要做出很多调整，不是你在上课时随机应变就能做到的，而是需要周密筹划。

活动驱动课程计划的诱惑和缺点

在制订计划的时候，先决定你们的方向，从逻辑上看是非常正确的。但是，几乎所有和我们合作过的老师，包括那些带领学生取得优异成绩的老师，都证实他们很容易受到诱惑，忽略目标愿景、学习标准和评估方法的设计，不是让学生的学习结果来主导计划，而是让老师自己的想法主导计划。

不从明晰的愿景出发是危险的，格兰德谷八年级美国历史老师爱玛·多格特，就为我们提供了一个这样的例子。在一次课上，她的目标是"学生能够比较、对比英国和殖民地的军队"。然而，她的计划被设计一个好玩活动的想法占据了，她忘记了实现目标所需要做的事情。

她回忆到，她精心设计了一个躲避球游戏，在游戏中，一支队伍使用英国军队的战术，另一支队伍使用殖民地军队在独立战争中的战术。尽管学生们兴致勃勃，但她始终没有指导，也没有听到学生们对这场游戏代表意义的理解。她的这次经历，揭示了活动驱动计划（而不是愿景驱动计划）的诱惑和缺点：

我要求"英国军队"站立不动，模仿英国军队在战争中的严格队形，另一方则模仿殖民地军队的游击战术，并从中取得了优势。那一天非常好玩，大家一起在室外玩躲避球，我以为学生们通过这种模仿掌握了学习目标。但一个月以后，在我们复习准备考试的时候，我让学生们用维恩图描述双方军队的相似与不同之处。当我发现几乎所有的学生都写道"英国士兵不能移动他们的胳膊"时，我感到极为震惊。

那一天，多格特女士学到的东西比她的学生多得多。后来，多格特女士为每一堂课制订一个明确的"主要问题"——这个问题有助于让她盯紧课程的目的，即使是在学习中设计很多有趣的方法时。她回忆说："我从这个主要问题出发，制订回溯式计划，让授课带动学生的理解。当我的课堂是由目标驱动时，学生们投入课堂，是因为我们的学习是有价值的，而不是因为好玩的道具或游戏。"

在下表中，我们列出了一些常见的活动驱动型错误。

▶ 回溯式计划的低效能替代方法

错误方法	错误原因	正确方法
"我们可以做什么事，让孩子们喜欢呢？"	你认为学生会喜欢的事情，不一定能达到实际的学习效果——如果学生们不明白这些事情背后的意义，他们也不一定如你想象的那么喜欢这些事。	哪些标准、学习目标是最重要的？为什么？哪些不太重要，为什么？我怎样才能确定我的学生掌握了所有重要标准和学习目标？
"我上学的时候，老师是怎么教这个内容的？"	相比你当年的学习经验，你或许可以设计出更有效的方法，教这些内容。	
"我们每天都尽力而为。"	我们合作过的最高效老师，一般都会用有挑战性的目标描述他们的努力，低效能教师才会用每天都"尽力而为"描述自己的努力。	
"到这一天（周、年）结束的时候，我们必须完成所有教学主题。"	如果你只盯着你教了哪些内容，你就会忽视学生们学了哪些内容。结果就可能是，你涉及了所有主题，学生们却什么都没学到。	

　　活动驱动的课程可能有很多形式。老师或许会比较喜欢某种讲课方式，或者认为某种活动能够吸引学生参与，或者曾看到其他老师使用一种教学方法，自己也想试一试。所有这些因素都在正常的考虑范围之内，但在选择教学方法时，和最高效达到学习目标相比，它们都是次要的。正如威金和麦克泰伊解释的一样：

　　很多老师最开始都很投入，比如课本、课程、耗时间的活动等，而不关注产出，也就是使用这些方法所要达到的目的。可以说，很多老师只重视教，而不关心学。他们花费大部分时间，去想他们想要怎么做，想使用什么材料，想让学生做什么，而不是首先考虑为了实现学习目标，学生们需要什么。

　　和多格特女士组织学生们玩模仿游戏一样，所有老师都可能被这种活动驱动的方式所吸引，这样设计出来的课程或单元，完全是围绕一些好玩的活动，而不是瞄准关键的学习目标。作为老师，我们都想知道："什么才能真正吸引孩子，真正把他们调动起来？"事实上，这是一个非常重要的问题：学生的学习应该是有吸引力、令人兴奋的，但一个有趣的活动不见得一定能让学生学习。多格特女士的一个同事，塞思·科恩回忆说：

　　在我认识到这个概念之前，我常常在一个教学计划上花几个小时的时间，希望能设计出新的、刺激的课堂活动，并希望那些活动能够实现我的教学目标。那些活动并非毫无目标，但学习目标确实是事后才考虑的。如果我开始想的不是怎样去做，而是我们首先应该到达什么目标，我的时间和精力就能得到更好的运用。当我开始带着目标做计划之后，我认识到，如果我知道这节课、这周、这个单元结束的时候，学生们应该达到什么目标，就能有的放矢，让我的授课实现目标。

　　当你进行周密筹划的时候，你是从结尾开始，带着一种愿景，希望你的学生在未来某个时间拥有某些知识、行为、习惯、技能或者动作。用威金和麦克泰伊的话来说，"只有明确了想要的结果，我们才能去关注最有可能得到该结果的内容、方法和活动"。一言以蔽之，高效能课堂领导者，首先问自己的不是"我应该做什么？"而是"学生们应该学会什么？"

课堂管理计划

高效能教师像对待学生学习一样对待课堂管理和课堂文化：他们对其进行周密筹划。他们像设计课程计划一样，使用"愿景—评估—计划"方法管理学生的行为和课堂秩序，和提高学生成绩一样，使用首先设想成功愿景的方式。他们首先展望，希望学生们最终养成怎样的相处方式，然后再开始考虑，采取什么方法可以达到这个目标。

回顾泰勒·德尔哈根在其课堂上建立的"世界公民"愿景，尽管他或许没用国家标准来塑造这个愿景，但他使用了与设计长期教学计划相同的过程。他阅读资料，认真思考他们成功之后应该是什么样的，然后告诉自己和学生世界公民的特征——热爱学习、知识丰富、思维严谨。他将这些一般化的想法分解为更具体的指标（像是一种评估），使他的一般化愿景更加具体。建立了这种愿景之后，他就可以设计路线图，从学生在学年之初的位置，通向学年结束时的理想目标。

安妮·路易斯是巴尔的摩的一名老师，她带领二年级学生在阅读方面取得了巨大进展，将这种有针对性的"愿景—评估—计划"方法运用在课堂管理与课堂文化营造之中。在执教一年以后，她对自己和学生之间的相处方式感到满意，但还达不到特别为之骄傲的地步。她觉得学生们是遵守课堂纪律的，但她不确定，自己能否持续影响学生的行为。于是，她花时间设想了一幅理想愿景：课堂里气氛积极，相互促进，学生们能够表现出坚持不懈、彼此共鸣、正直诚实，并为自己的所有行为负责。然后，她为学生们宣布了这个愿景，清楚地告诉他们彼此之间应该如何相处：

- **坚持不懈**　即使我们发现工作艰难，也绝不放弃。我们永远不发牢骚抱怨困难，永远不说"我做不了这个"或者"我是个笨蛋"。我们为每一个人挑战困难的努力喝彩，不论何时我们得知前方有挑战，都能从身边听到加油声。

- **彼此共鸣** 我们设身处地，仔细考虑如果自己站在同学的角度，会有什么感受。我们不相互取笑，不给同学起绰号，不排斥同学。我们努力让他人感觉惬意，寻找他人打动自己的地方，并送上自己的赞美。

- **相互尊重** 我们尊重自己，也尊重他人，尊重我们周围的一切事物。我们不妄自菲薄，也不贬低他人，我们爱护环境。我们要监督自己的行为，解决我们造成的紧张关系。作为全校最好的班级，我们要为自己而自豪——在这里我们相互友好，共同为彼此感到骄傲，我们在这里结交朋友，并不断走向成功。

- **正直诚实** 我们诚实——从不撒谎，哪怕有时候，我们知道说真话很难，甚至会招致惩罚。

- **勇于负责** 当我们犯错误的时候，我们要勇于负责纠正问题，我们会在同学之间听到："我怎样才能把它弄好？"

由于路易斯女士的愿景内容丰富，我们还分享了她的"星级学生"系统（每种优点代表一颗星），证明一种基本思路：第一步，要为学生们设定一个成功愿景，不论它是一个学习计划，还是为了改善学生之间的相处关系。

像路易斯女士这样最成功的老师，将课堂管理作为有效构建进取氛围和团队合作（参见第二章）的方式，实现这种愿景的关键，是要设计一个路线图，塑造学生的行为，并给他们反馈。一些基本观点对有效的行为管理很有作用：

规则应该：

- 积极引导（告诉学生应该做某事，而不是禁止他们做某事）。

- 表述清晰。

- 条款简约，但可以广泛运用。

惩罚应该：

- 逐步升级——重复犯错误的时候，惩罚会逐步升级。
- 干预方法多样（口头提醒，更换座位，课后留校，短暂隔离，撤销特权，给家长打电话或写信，等等）。
- 自然而有逻辑地从事件或环境中产生。
- 设计巧妙，维护学生尊严。

成功的行为管理计划，还包括一套监督和追踪学生行为的系统。每一个学生都需要知道，他在任何指定时刻，处于这套系统的什么位置。老师需要的行为管理系统还必须高效，可以不打扰学习时间进行管理。

这些规则和惩罚的基本要素对新老师的成功至关重要。不过，规则和惩罚只是你建立相互友好、崇尚成绩的课堂文化的基础。

总结：核心思想与后续问题

"像领袖一样教学"的框架（参见附录）描述了老师的六种行为，它们表示老师在进行周密筹划。高效能教师：

3-1：设计或找到与标准相一致的、评测性的、发展性的、累积性评估方法。

3-2：使用回溯式方法制订学年计划和单元计划，从而实现大目标。

3-3：制订严谨的、目标驱动的课程计划。

3-4：针对不同学生分别制订计划，进行区别教学。

3-5：建立适合学生年龄的长期和短期行为管理计划。

3-6：设计上课程序，让课堂更加井然有序，最大化教学时间利用率。

核心思想

所有周密筹划都需要建立成功愿景，设法让你能够知道是否实现目标，并为通向成功愿景绘制路线图。这是一种回溯式计划方法——先从最终目标开始，然后考虑怎样实现目标。它是所有环境中强大领导者的共同特征，包括课堂领导者。我们还见过有高效能教师首先想象计划的实施，在老师展望自己领导学生取得成功的时候，可以在这种模拟实施中检验不同的教学方法，并做出最好的选择。

周密筹划的这些原则适用于所有形式的计划，包括长期计划（学年计划或者单元计划）、课程计划和课堂管理计划。请记住以下与各种计划有关的要点：

长期计划（学年计划或者单元计划）

- 学习标准是你为学生设想成功愿景的出发点。
- 使用学习标准，意味着洞察基本问题，坚持那些塑造你的长期计划的观点。
- 学年计划是由单元计划组成的，单元计划是由课程计划组成的。

课程计划

- 课程计划中的教学方法，要确保让学生掌握学习目标，学习目标要关注学生的成绩，而且应该是可量化、严谨的。
- 课程计划有很多种形式，但大部分都是五步法授课：
  - ❏ 开场白
  - ❏ 介绍新内容（"我做"）
  - ❏ 指导练习（"我们做"）
  - ❏ 独立练习（"你做"）
  - ❏ 结束课程

课堂管理计划

- 强大的课堂管理和强大的学习成绩一样，需要有一个成功愿景。

- 规则应该是积极、清晰、简约的，惩罚应该是渐进、符合逻辑并尊重学生尊严的。

后续问题

牢记这些关键要点，你就可以在带领学生取得成功的路上探索以下后续问题：

- 我应该怎样使用学习标准，丰富我对学生的成功愿景？

- 我应该怎样设计有意义的评估方法，才能显示出我的学生已经吸收了我教的知识和技能？

- 我应该怎样把握课堂的学习节奏，既有挑战又不脱离实际，让我们走向实现大目标的正轨？

- 考虑到州测验周期、主要的节假日和娱乐活动，我应该怎样让学生的学习进度跟上学校计划？

- 为了某个特殊目标，或者一部分学生的需要，我应该如何调整课程计划，最大化我的教学效率？

- 我应该怎样区别教学，最大化每一个学生的学习？

据高效能教师们的经验，利用周密筹划的原则解决课堂中的这些问题，将给师生带来很多好处。如果知道了前进的方向，有了到达目标的方法，老师们不仅可以更加高效地教学，节省很多时间，还可以让他们的工作少一些紧张，多一份从容。如果老师能够周密筹划，学生们就可以学到更多。

劳拉的故事：它的味道也很好

对学生们来说，他们一点也没让劳拉女士操心。劳拉曾担心课堂会变得太注重活动，而不是学习。学生们挤成一团，围在传说中的花生酱果冻三明治周围。看着课桌上的食物配料，有人窃窃私语，有人发出了尖叫。看到伯纳多同学嘴角带着花生酱的紫色痕迹，使劲甩手，想把被果冻粘在手腕上的纸片甩掉，劳拉女士和其他同学都笑了。

劳拉女士第一次惊喜地看到，道格拉斯同学反复看着手中的行动指南卡片，完全忘记了周围的一切，他似乎特别喜欢教人"怎么做"的作文。例如，他是全班唯一的学生，在自己的行动指南卡片开头写着："1. 先设计一幅路线图。"道格拉斯逐渐掌握了把一项任务分解成几个小问题的能力，这让劳拉女士看到了希望：他或许能在州测验前赶上学习进度。

劳拉女士严格指导，要求学生每天早上在他们的行动指南卡片上写下当天的学习任务，每天只需做好这些事。大多数学生的课桌都被花生酱和果冻弄脏了，有的三明治十分诱人，有的放了太多花生酱，流出来的比夹在里边的还多。

不知怎么回事，埃琳娜把食物弄到了两个胳膊肘上。劳拉女士看到埃琳娜为了把它们擦掉，把一块餐巾纸夹在两肘之间，蹭来蹭去，不由大声笑了起来。劳拉女士留意到，不止一个学生舔沾在铅笔上的花生酱，还有两个学生还"大大方方"地给彼此喂果冻面包吃。

"时间到！"在学生们开始吃东西之后，她第四次喊道。几秒之间，整个教室都安静下来了。

"汉克特，告诉我，如果我们停下来，从头再来的话，你会在行动指南中增加什么步骤？

二十多个人转过来看汉克特的三明治，那是一片涂满了花生酱的面包，它更像是一个玉米卷，而不是三明治。根据他的手指判断，他已经完全忘记了要使用盘子之类的。如果他的三明治里有果冻，也是埋在了花生酱下面。

汉克特一边舔手指，一边看着他的"三明治"。

"我忘记放第二片面包了，老师。"他带着诚恳的歉意说。

"所以，你应该在行动指南中加上什么呢？"劳拉女士提醒说。

汉克特伸出两只油乎乎的手，并用双手的各一个指头把自己的卡片捏起来。

"第6步应该是，把另外一片面包放在上面。"

"很好，这主意听起来不错。"

"它的味道也很好。"汉克特争辩说。

"重新开始！"劳拉女士大声说，热闹的嘈杂声、舔手指声、笑声……马上又开始了。几分钟后，劳拉会再次宣布时间到。如果他们能在洗手时间清洗干净，就可以在体育课之前，修订他们的行动指南卡片。

鉴于每天早上的阅读和数学课都是中规中矩，劳拉女士的创造性教学时间从上午10点才开始。她精心设计，把这些内容分解到休息和吃午饭时间，以及音乐、体育、美术等附属课程时间。每天，她和学生们投入三小时时间，用于她自创的教学活动。她非常关心学生们在写作时间的专心程度，常常把社会学习和科学课的目标融入写作的过程中。

虽然这天早上的三明治实验效率不高，因为她发现学生们在修改卡片内容的时候，都在努力不让铅笔沾上花生酱。但是，她在心里还是为自己开脱，觉得自己没有陷入活动驱动型教学的陷阱。确实，孩子们玩得很开心，但他们也通过实践，发现了精确度对一篇"怎样做"的文章的必要性。而且，不论是否活动驱动，道格拉斯·罗格斯都非常投入，这让劳拉女士感受到了自己工作的意义和乐趣。

混乱的一周过去了，劳拉女士收获了可以教学的机会和能量。下一周，劳拉女士将为学生们示范整个写作过程，范文是关于怎样考上大学的"怎样做"作文。

去年年初，在她执教的第一年，劳拉女士曾做了一个挑战勇气的决定，现在回头看，是至关重要的。面对几乎连最基本写作技能都没掌握的学生，如何给他们示范、给他们建议怎样写作文，劳拉女士决定放弃从头开始、一步一步来的方法，而是使用整体教写作的方法。她并没有忽视标点符号、语法、拼写、句子结构等基础知识，但她把所有这些基础知识融入了整篇作文的写作。

她的顿悟是在执教的第一个月，当时她试图为整个学年设计一份长期计划。如果她将写作分解为各项基础技能，列出学生们所缺乏的，然后逐个去教，那么到学年结束的时候，她的学生或许能够学会写句子，但肯定掌握不了头脑风暴、构思、列提纲、思考成型、写整篇文章的方法。所以，她开始全心投入，在第一个月教比较与对比的作文，尽管这意味着她要给学生们修改句子，教他们标点符号和大小写规则，并不断给他们纠正拼写错误。

花生酱和果冻宴会是第一步——其实只是个"诱饵"，吸引学生们参加为期六周的"怎样做"作文单元。在这个单元的教学中，劳拉女士会示范至少四篇"怎样做"作文的完整流程（包括准备、写作、修改方法），而学生们要自己写六篇作文。

教每一种作文的时候，在最初的吸引之后，她都会先向全班宣读一篇出色的范文，作为他们的最终学习目标——这次是"怎样做"作文。其他单元也会以一个类似的优秀记叙文、比较与对比作文或信件开头。在让学生写信前，劳拉女士会让学生帮助自己完成示范。学生们会集体进行头脑风暴，共同思考，想出一些关键概念，并根据给定的体裁列出提纲，写出开头、主体和结尾的草稿，再对整篇作文进行编辑。劳拉女士投入额外的时间，用于集体编辑过程，让学生们适应修改他人作文的工作；她甚至每天组织练习，叫作"作文改错"，让学生们修改一篇较差的作文。

在了解了整个写作流程之后（大概在一周以后），学生们开始接受挑战，自己写作，这时劳拉女士再次给他们示范整个写作流程。他们会按照课桌上写的流程写作，劳拉女士也会经常听他们讨论。劳拉女士还为这些写作循环准备了单独的迷你课，教学生基础语法、标点符号的使用，并纠正她发现的拼写错误。

一阵欢呼声从教室一角发出，劳拉女士看到汉克特在咬面包的时候，花生酱球掉了下来。从其轨迹来看，这团花生酱从他的课桌角滑到地上，啪嗒一声摊成六英寸大小的一片。这也是她第一次看到，道格拉斯用不以为然的眼神看其他同学。

"时间到！"劳拉女士喊道。正在弯腰想要铲起那摊花生酱的汉克特一下子愣住了，不知所措地望着劳拉女士。

高效执行 第 **4** 章
Execute Effectively

TEACHING AS
LEADERSHIP

高效能教师采取一切行动，不论行动是大是小，只要有助于学生实现学习目标。这些老师精通教学的基本方法，始终监控他们的教学过程，并根据实际情况的变化调整课程。

1 设定大目标 Set Big Goals

2 多管齐下 Invest Students and Their Families

3 周密筹划 Plan Purposefully

4 高效执行 Execute Effectively

5 持续增效 Continuously Increase Effectiveness

6 永不放弃 Work Relentlessly

"我知道，我必须确定自己的指导是否足够清晰，能够帮助所有学生取得成功。"

茹瓦塞尔·坎宁安，纽约五年级双语老师

在开始一堂课之前，我一般都会设定一个目标，希望学生们的注意力和专心程度能够达到一定水平，"现在，我们开始上英语课（用西班牙语说）。我们将进行阅读理解练习。我需要你们坐着，积极听讲。"我的学生们调整他们的姿势，看着我，并等待下一条指示，"你们将有一分钟时间写答案，回答：'为什么她为温迪克思购买项圈和皮带？'一分钟以后，按照我的要求，转过去和你的同学交流想法。"我以明确、温和而又权威的语气说这些话，同时用眼神和学生们进行交流，但我知道，我必须了解自己的指导是否足够清晰，能够帮助所有学生取得成功。在我提问的时候，我环顾教室，看学生是在与我眼神交流，还是举手提问，又或是在记笔记。我会问自己："每个学生都参与进来了吗？""有没有人表现出掉队的迹象呢？"在学生们相互交流想法的时候，我会听学生们交谈，从一个小组走到另一个小组，向他们提出更多问题和想法，记录这个小组的见解，以及需要我为他们解决的误解。我会倾听学生们的思路，并在下课前调整我理解并解决学生学习需求的方法。根据学生们的报告，我可以确定学生们的参与程度和努力程度。我通过提问问题，使学生们能够对文章进行更深入且更具批判性的思考。我看到，乔在鉴定文章中一个情节的时候遇到了麻烦，而这个情节是他想法的依据。我把这个情况记下来，稍后又发现伊丽莎白也遇到了同样的问题。我有一个不断增长的小名单，名单上的学生可以在课上与我进行更紧密的合作，学会用有意义的证据支撑每一个结论。

"很快，各个小组都静悄悄地到达了他们的预定场地。"

萨拉·考特娜，路易斯安那州三年级老师

我用投影仪投影出一个定时器，并按下了开始键，十六双眼睛飞快的扫向写有"我怎样才能到达数学中心"的黑板，很快，各个小组都静悄悄地到达了他们的预定场地。每组管理材料的负责人走到数学书架前，拿装着对应每个特定中心的教学用品的塑料箱。六个学生直接走向了矩形桌子，每组管理材料的负责人，给每个学生分发了一块白板和一支记号笔。拿到笔之后，学生们开始做五道题（复习之前所学的知识）。我看着每名学生做这五道复习题，我帮米娅回忆奇数和偶数的区别，后来我发现有五六名学生跳过了有关几何形状的题目，我掏出记事本，记下这组学生的名字，并写上备注"重教几何形状"。

"我意识到我们遇到了困难，所以我就想，'我们怎样才能最有效地解决这个问题？'"

玛利亚·埃尔格罗，新泽西州五年级阅读老师

好老师会建立一种解决学生困惑的模式，他们希望找到并解决学生们的错误理解。例如，假设我在教学生总结纪实文章重要细节的技能。在授课的过程中，当我寻找学生真正理解的表征时，却发现了问题。在指导练习的过程中，学生们很难辨别一个细节是否重要。我看到，他们只是把每一段话的开头或结尾挑出来。我意识到我们遇到了困难，所以我就想，"我们怎样才能最有效地解决这个问题？"再教一遍没有用，因为学生们可能不会投入——我已经带他们讨论了20分钟了。一对一的交流也解决不了问题，因为遇到这个问题的学生太多了。而且我还意识到，这部分学生为数不少，不适合在独立练习阶段把他们叫到教室后面补课。在我的课堂里，我教会了学生如何判断自己对一个概念的掌握程度。我们约定了一套信号，学生们可以暗示他们"需要帮助"或者"可以帮助别人"。我决定改变课程计划，这样我依然能够实现教学目标。我让学生们表态，他们是需要帮助还是可以帮助别人，然后将他们分成小组，重新学习辨别细节是否重要的关键要素，然后，我就可以出现在那些最需要我的地方。

高效执行体现在我们每天日常工作的细节中，它意味着我们做事就要坚持到底，不论是大事小事，只有这样，我们才不光是做自己想做的事情，还能取得我们想要的效果。对于强大的老师来说，高效执行意味着，确保我们所做的一切都有助于学生学习目标的实现。

这个观点看起来似乎很简单，所以很多人一开始认为它一文不值。然而，在我们对高效能教师的观察中，有时候会发现，两个老师带着同样优秀的教学计划走进课堂，却得到了完全不同的结果。到课程、单元或者学年结束的时候，一个老师的学生成绩取得了突飞猛进的进步，另一个老师的学生成绩却毫无起色。那么，在执行计划的过程中发生了什么才导致了这种区别呢？那些能够将他们的大目标、学生的努力、良好的计划转化为理想成绩的高效能教师，有什么共同特点呢？

出乎意料的是，高效执行是很多挑剔细节的累积，也是对学生学习的专注激情和奉献的结果。从他们最小的过渡过程，到每天的课程，从他们管理学生行为的决策，到全年的授课计划，高效能教师献身于努力实现理想目标。这种奉献促使他们坚持做好每一项任务，时刻了解他们的教学节奏是否正确，并随时根据需要调整步伐。

就像本书描述的另一种行为一样，高效执行是所有领域成功领导者的共同特征。正如拉里·波西迪和拉姆·查兰对商界效率的调查的发现一样，"执行是一个系统过程，其中包括激烈讨论行动的方法、提出并解决问题、永不放弃的行动，以及明确的责任……从其最基本的意义来说，执行是揭露现实，并基于现实行动的系统方法"。罗勃·罗皮克罗在他课堂上的行为，完美印证了他对各个领域领导者的研究。他说："执行就是要知道，它是否有用、是否符合当前实际，永远不要忘记目标，或者因为被无关紧要的事情而分神。"

对于那些本章范例中的高效能教师来说，重要的是学生、学生的成功，以及学生的前途。我们看到，我们的工作带动了老师们的高效执行，他们迫切希望改变学生们被不公正社会所剥夺的命运。

我们的任务就是阐明高效能教师如何将这种激情转化为实效，我们把成功老师高效执行的方法归纳为几条原则。在本章，我们将首先给出高效能教师的这几条普遍原则，然后探讨这些概念在高效能教师日常行为中的一些表现。

高效执行的关键要素

在研究的高效能教室中，我们发现，高效执行——就像本章开头的几个例子一样——是以目标为导向的，与所在环境的互动，是三种原则的综合。这三种原则是：必做之事，必须做好；脚踏实地，追踪进度；随机应变，调整课程。它们表现在老师在课堂内外的很多行动之中。

必做之事，必须做好

在任何工作中，都有较好和较差的方法去完成任务，强大的领导者——包括强大的老师，总是坚持使用较好的方法。成功的医生必须掌握人体解剖学、有机化学、病人关系、保险制度，以及其他很多知识。成功的宇航员必须掌握物理学、飞行器驾驶、电子工程、人体生理学，以及其他很多知识。成功的政治家必须掌握公共政策、公共演讲、竞选资金管理、预算程序、选民兴趣，以及其他很多知识。

老师必须同时是伟大的交流者、强大的系统和人员管理者、出色的规划者，他们必须拥有渊博的知识，还要有让学生高效投入学习的方法。他们必须懂得评分系统、学习障碍、学习技巧，以及他们所在社区的文化氛围。从交流艰深的想法，到抚慰暴躁的学生，从批改作业，到制订调动学生实现大目标的计划，高效能教师努力工作，让他们的每一个行动都能产生最大效益。用领导力专家约翰·加德纳的话来说，这属于"任务能力"——"一个领导完成当前任务的能力"，也是区分课堂里高效执行的关键因素之一。

在最成功的老师身上，我们看到了两种体现高水平任务能力的行为。第一，这些老师都坚持学习，他们不但一直在探索新思想，还一直在思考如何让他们已经做到的事情更加高效（下一章将更完整地探讨这种趋势）。

第二，这些老师会提前练习。一个低效能教师可能接受这样的想法，认为上课效果不佳，是因为自己第一次教这门课，而高效能教师则会在课前解决问题。更重要的是，他们会提前练习他们将在学生们面前使用的技能。

杰西卡·伊斯曼是奥克兰的一名六年级数学老师，她的学生在开学时，平均水平只相当于三年级，但他们在一年内取得了2.4年的平均进步。

伊斯曼女士将这惊人的进步部分归功于提前练习，并掌握自己每天行动的细节：

　　在大学时，我发现，只要在参加面试前提前练习，我就会做得更好。哪怕他们提问的问题我并没有准备，只要提前练习……我的回答也会更加清晰简练。在课堂上也有同样的情况，我会在去学校的路上，在车里大声练习讲课，这使我的授课更加清晰，帮助熟悉授课的节奏。例如，我发现在车里练习的授课方式应该转化为更容易让十一岁儿童理解的方式，然后我就会做出调整，等到真正上课的时候，我就已经准备好了。

　　伊斯曼女士告诉我们，她甚至会练习管理课堂纪律，让朋友扮演学生，解决他们的怠学行为。如果没有这样的演员也不要紧，她说："有时候，我会站在空教室的讲台上，练习处理常见的课堂不良行为。我会想象一个学生在敲铅笔，或者一个学生在打盹，或者一个学生在和其他学生说话，然后根据我的行为管理训练方法，练习相应的处理方法。"

　　迈亚·汉克默林，是路易斯安那州的一名高效能四年级老师。她也发现，在"排练"中注意到的细节，对她成为一名成功老师至关重要，现在，她已经成为"成绩第一"（一个成功的学校系统）的首席人才官，她说：

　　不论是计划还是执行，细节都很重要——发试卷之前是细心检查还是扔在一边，孩子们走进教室的时候从这边走还是从那边走，我能否确保每周五从不间断地颁发杰出行为奖。在教室里，所有细节都值得注意，因为处理这些细节上的错误，很容易就会浪费学生三四分钟学习时间。这就是我之所以坚持排练或彩排重要事情的原因——不论是我要上的课，还是"成绩第一"学校里有数十名候选人竞选职位的"周末领导"活动。对于我来说，最大化效率意味着确保没有浪费效率，还意味着不仅要制订逐步计划表，还要实际排练这些程序（提前彩排），这样你就能排除潜在的差错。

在每一次这样排练的过程中，我都强迫自己（以及周围的人）找出五件可能出错的地方，并思考如何应对。我认为，任何计划都难免有五个地方可能出错，所以你最好提前找到这些地方。当然，有些差错你是预料不到的，我对此的理解是，总有一些事物是你无法预见的，但也有很多事情是你能够预见的。所以，如果我们能够尽早预见可能发生的事物，就可以更好得处理无法预见的事物。良好的计划，可以让你执行得更好，因为你一直在留意通向成功的脚步。每当走错步子的时候，我可以很容易就能调整课程，改变计划，预见可能错过的截止时间，召开一个紧急会议，或者做出一些其他调整，因为我能够看到这一小步对全局的影响。

伊斯曼女士和汉克默林女士这种认真排练的风格，与温斯顿·丘吉尔的一个故事很类似。丘吉尔在浴室洗澡时，突然发出了很大的声音，他的男仆以为出什么事了。男仆探过头去看，丘吉尔却在浴盆里说："我不是在和你说话，诺曼，我在排练下议院的演讲。"所有环境中的领导者都精通这项技能，通过不断地学习和认真练习来取得成功。

脚踏实地，追踪进度

第二个驱动所有卓越老师高效执行的原则，是他们坚持随时了解自己通往成功的进度。这些老师在执行一些关键动作的时候，会追踪检查自己做得怎么样。

尽管很难得到完美的数据，最卓越老师有一个共同模式，就是他们都想要建立一个系统，能够产生并加工他们在课堂中接收到的数据信息流。和其他强大的领导者一样，他们知道良好的判断，特别是课堂所需要的良好判断，要求"综合可靠数据、存疑数据和直觉猜测，得到经过事实证明是正确的结论"。

在调查高效能教师的时候，我们看到他们使用不同方法观察现实。这些老师一直监督学生们的学习和投入程度、提问问题、观察学生交流——所有这些，都是为了确保自己知道计划的效果如何。他们使用课堂结束测验、学生兴趣调查、目标掌握追踪系统，更好的了解学生们的进度。他们使用轻松的人际交往方式，感受学生的苦恼，了解学生们的困惑，或者意识到学生的学习注意力开始分散，应该让每个人站起来伸伸懒腰。成功的领导者依靠多种信息，确保他们能准确感知听众的投入程度，并对自身行为做出有意义的调整。

很多与我们合作的高效能教师，都将自己看作没有经验的社会学家或科学家，拒绝进行任何猜测，特别是包括推测学生是否掌握了学习目标。他们寻找可靠的证据，确定学生们的学习取得了成功，还是遇到了麻烦。每个学生都在做什么？每个学生没有做什么？为什么？尽管你带领学生走上不一样的学术轨迹的强烈紧迫感，意味着你必须使用预感、直觉和最好的猜测，但只要有可能，还是应该使用学生学习的实际数据（包括定性观察）来指导你的行动。

例如，索菲亚·帕帕斯是新泽西州纽瓦克市的一名幼儿园老师，她观察并记录学生们的行为，作为其教学的一部分。通过回顾内容丰富的记录，她能够辨别学生成长的趋势，以及学生遇到困难止步不前的地方。她看到，她所期望的学生之间的合作得到了加强，她想要的某些事物发生了改变。帕帕斯女士建议，在进行数据采集、回顾、分析、计划的整套过程中，必须纳入这套观察学生的系统：

你必须有一种记笔记的系统方式——它不是散乱无章、偏离你和学生目标的。事实上，随着时间推移，它将是让学生产生收益的重要方式。这或许意味着，在某一天你需要关注某一个或几个学生，或者所有学生的某项特殊技能，又或者某些学生的某些技能。在学前教育中，我们总是用这种方式来观察每个学生的学习进度、兴趣爱好和学习类型，从而来进行区别教学，而且我也看不出来，这样做对年龄稍长的学生有何不妥。有针对性地观察学生，可以帮助你更好得制订计划，还能帮助你进行随时的调整。

哪怕是高效能教师，也在寻找更多的信息来辅助自己做决策，他们避免过多的无用信息（任何成功的老师都会被那些无用的信息毁掉）。这些老师，坚持以坦率的态度面对自己的教学过程，基于自己所拥有的时间和信息，做出最佳判断，不断前进。某些和我们合作的高效能教师，一边寻找信息，一边践行富兰克林·罗斯福总统的那句名言："最重要的是尝试。"

某些老师称之为"动手、修正、尝试"——这种方式更重视来自实践的学习，而不是单凭思考想象的学习，这些老师从实践的角度去看更复杂的问题。如果学生最近写的作文，反映出他们的写作水平大幅落后于老师的期望，高效能教师常常会想出几种可能的调整方案，并立即实施其中的至少一种。如果有个学生的行为干扰了自己或者他人的学习，高效能教师会非常坚定地去尝试干预，尽管他们承认或许不能确定什么样的干预方式最有效。如果有学生总是不断地削铅笔，分散了听课注意力，高效能教师会快速宣布一条纪律，要求学生在上课前把铅笔削好，然后继续上课。

研究人员发现，任何环境中的成功领导者，都是这样坚持对数据和行动的追求。例如，托马斯·彼得斯和罗伯特·沃特曼发现，优秀的领导者和组织有一个特点，就是会在有所预测的时候就展开行动，哪怕还不确定。行动并不是鲁莽的标志，它会让你学到更多的东西，进而让下一次行动更加确定："继续下去，特别是面对复杂局面的时候，努力去尝试。只有学到一些东西之后，才能有准确的学习和进步，而这些学习和进步来自于其他已完成的工作。"

随机应变，调整课程

新老师和一些非高效能的教师有时候会误以为，高效实施就等同于一成不变地坚持贯彻他们制订好的计划。但高效能教师意识到，随着现实情况的变化，计划也要进行相应的调整。

有的新老师在遇到困难之后，会本能地去计划中寻求庇护，这是可以理解的。在某些不确定的环境中，计划提供的确定性让人感到舒服和安心。而且他们花费了很多时间制订计划，所以不想轻易放弃。他们或许不敢相信，自己在一瞬间做出的临时调整是有效的。但不论原因如何，如果在不断变化的环境中，一个老师固执坚持计划的话，学生们的学习会遇到诸多困扰。

最成功的老师和成功者，在收到环境变化的信息或信号之后，会迅速做出策略调整。这些老师在执行计划的时候，会进行明智的调整，他们对计划的坚持，并不是坚持执行计划本身，而是坚持要达到计划的目标。高效能教师会根据周围现实环境的变化调整课程，确保实现最终目标。

我们可以在任何环境中找到这种领导力原则的证据。想象你是一艘高科技帆船的船长，参加竞争激烈的美国杯赛艇大赛，你手上有尽快完成赛程的航海图和计划。在你启航之前，你已经学习了潮汐、洋流、天气，以及其他很多可能会面对的问题——在第3章周密筹划中已经说过，在想象实施的过程中考虑了所有这些因素。你带着一份周密的计划来到赛场，但大海上和在教室完全不同，总会有意想不到的"惊喜"。或许海风比你预想的大或者小，或者有船员突然生病了。作为船长，你要不断地拿这些情况与你最初的设想做对比，始终盯着终点线，时刻调整你们的路线，始终朝着目标方向去。一位领导力专家称之为"适应能力"，并强调伟大的领导者必须时刻准备着"评估他们行为的结果，纠正他们的行为过程，并迅速开始再次行动"。

还记得第3章开头外科医生计划给患者切除脑瘤的故事吗？因为史密斯医生坚持了周密筹划的原则，那位患者最终能够化险为夷，当然也是因为史密斯医生偏离了最初计划。那个故事的后半部分是这样的："在切除了90%的脑瘤之后，我们意外发现一条主动脉流经它的剩余部分，若处理不好这条动脉会造成严重后果。再三考虑之后，鉴于我们的目标是恢复患者的身体功能与健康，我们没有继续切除，我们使用放射疗法控制剩下的脑瘤。"史密斯医生先是周密筹划，然后调整实施过程，实现了恢复患者身体功能与健康的目标。

在其他任何挑战性的工作中，老师周围的环境都经常变化——有时候是有益的变化，有时候则不然。正如七年级英语/语言艺术老师杰奎琳·耶内塞克说的一样："在学校工作一周以后才发现，你不可能计划到所有事情——课程表变化、开会、学生们忘记做作业、管道爆裂、消防演练，还有事先公布的教学中断。"良好的计划能预见到一些可能遇到的问题，但哪怕是最好的计划，也不可能预见到所有事情。

所以虽然计划非常重要，但它毕竟是基于想象的情况来制订的，其执行背景和可能遇到的困难都是假设的，而不是已知的。和引导一艘船或者做脑外科手术一样，课堂上的高效执行，需要时时比较真正的现实情况与做计划时候的假设。如果计划得好，预期与实际情况的差距会比较小，而且是可控的，但难以预见的情况是不可避免的。有时候调整计划是为了更好更高效地实现目标，用耶内塞克女士的话来说，"你的课程表是否发生了变化、是否需要在自由时间约束某几个学生、是否需要重新安排你要做的事，或者是否需要削减某个有趣但不必要的例子或活动……你必须一直为实现目标而努力"。

一个老师的一天，是由一系列这样的快速调整构成的，它们往往是由环境的变化或者新情况的出现所导致的。以下是我们见到的众多例子中的几个：

你行动的环境 发生了变化……		……所以你调整策略， 确保能够实现预定目标
你在2分钟小测验中发现，有一半学生还没有掌握你所教的内容。	→	调整计划，找出三个表现较好的学生带领三个小组学习这个概念。你从回顾计划的时间中挪出5分钟，再使用5分钟机动时间，用这10分钟时间来指导学生练习本节课的内容。
在教室走动的时候，你意识到布莱恩今天特别活跃，但你还注意到，只要你走到他的课桌附近，他就会安静下来。	→	你来到靠近布莱恩的地方授课，这样他就不会捣乱了。
两个学生刚刚当着全班的面发生了争执，你想让全班同学认真讨论学习的努力落空了。你可以看到很多学生偷偷看那两个吵架的学生，感觉到很多学生都很愤怒。	→	为了确保课堂的长期稳定，重建专心学习的课堂环境，你立即解决这种紧张气氛。你艰难地做出决定，把今天的教学目标推迟到明天，重新修订接下来几周的单元计划，使之适应变化。你让每一个学生挪动课桌，围成一个圈，召开班会。

高效执行在课堂中的表现

一个老师使用高效执行元素的最具体标志是：

- 沟通关键概念

- 配合学生练习

- 检查学生理解

- 追踪学习进度

- 完善组织流程，最大化学习效率

● 坚持高预期，维护权威

根据我们的经验，那些将高效执行的这些基本原则转化为行动的老师，最有可能带领他们的学生取得优异的成绩。

有效沟通关键概念

和学生之间强大的沟通，是老师高效执行计划的核心，不论这些计划是针对学习、课堂管理还是课堂效率的。

伟大的老师不仅把信息准确传达给学生，他们还会加工这些信息，让学生更好得理解信息。高效能教师是掌握关键概念的大师，在制订计划和实施计划的时候，他们总是记得一些最重要的概念，学生们必须理解这些概念，才能掌握其目标。他们通过不同方法反复灌输这些概念，有些老师将这些关键概念作为课程计划的标题，加以突出。有的老师标出"特别需要掌握的内容"，加以强调。

高效能教师还会表现出强大的换位沟通能力。这些老师对沟通的理解，并不是自己讲了些什么，而是学生掌握了什么——这是一种坚持直视自己影响力的表现。在上课的过程中，这些老师关心的不是自己，而是关心哪些学生在听讲，哪些学生听懂了。

这种技能的意义也在于，使老师能够判断学生是否学会了自己所教的内容，但康涅狄格州纽汉文市西班牙语老师梅勒妮·拉普特卡认为，换位沟通的意义远不止于此。"如果你专注于自己的行为，而对学生们的接受程度和反应没有足够的重视，你就无法实现教学目标，"拉普特卡女士强调说，"你的学生对这些内容只是了解的程度，但他们并没有真正学会。"在教学的过程中，去了解学生的理解程度，这是一种与学生建立联系的技能，这种联系能够促进学生学习。

成功的老师建立并感受的与学生之间的即时联系，便是进行着的思想的交换，我们看到其他领域领导者也使用同样的沟通工具。下面的列表来自对高效能教师教学视频的分析，请注意，它们与你看到的所有领域中最高效沟通者的特征是一致的。强大的沟通者通常具有以下特征。

- 使用积极、投入的语调；
- 富有表现力的肢体语言；
- 使用多种吸引人的口头表达方式；
- 始终坚持与学生/听众进行眼神交流；
- 有针对性地重复关键概念；
- 进行有逻辑的过渡；
- 对课程内容充满激情（并让听众感受到这种激情）；
- 在挖掘新知识的时候，掺入悬念、戏剧性和令人激动的元素；
- 伴随使用视觉辅助或提示，比如示意图、下画线，或者使用不同的颜色和字体，区分关键概念，表示它们之间的相互关系。

配合学生练习

高效能教师能够熟练配合学生对所掌握知识技能的运用。配合学生练习，需要管理、监督学生的行为，并评估、掌控这些行为，最大化学习效能。高中数学老师雅各布·莱瑟姆说，在他的课堂上，每一堂课的这部分内容都非常重要：

对于我来说，学生的练习有时候是一天当中最重要的部分，我在这段时间里进行大部分教学。在指导学生独立练习的过程中，我在教室不停地走动，不只是说："你们在学习吗？"而是会检查每个学生的学习，我会进行一对一的辅导，会组织临时小组学习进行临时的区别教学。如果有学生对当天所学的感到吃力，我会快速出几道简单的题目引导他；如果有学生感觉题目过于容易，我就会给他出几道拓展题目。我教学的一个核心部分，就是在这段时间进行的，确保这段时间的教学非常重要。对于我来说，一个巨大的思维模式转变，就是在我开始认识到，教学就意味着要站在孩子们面前，让他们去练习。但实际上，站在讲台上发号施令并不是最重要的，最重要的是，他们投入到学习之中，我在教室走动辅导，尽量保证学生学会这些知识。

配合学生练习的一个基础步骤，是清晰设计并沟通学习方向。毕竟，如果学生都不知道你想要他们如何学习、学会什么，他们怎么可能有效学习呢？尽管这乍看起来只是一件小事，但高效能教师强调，给学生清晰、易懂、可操作的指导，可以节省很多教学时间，如果没有这些指导，就可能需要花费几个小时的时间来重新开始，重新明确教学内容。对于这种指导方向在香农·丁格尔的课堂中的重要性，她解释说：

我的几个学生有多动症，不能很好地集中注意力。在开始任何活动之前，我都会让大家，尤其是那几个注意力不集中的学生，用他们自己的话重复我的指示，这使我们的课堂非常高效。我特别重视用测验的方式来做这件事，因为我希望确保自己明白，学生们知不知道学习目标，而不希望他们因为没有理解学习目标或没有集中注意力而犯错误。

几乎毫无例外，最成功的老师总是非常认真地对待学生学习方向上的指导，非常关注其中的细节。他们等到全班同学注意力集中，在所有学生准备好之后，通过简单的步骤介绍学习内容，通过提问确保学生理解了学习方向，然后才进行教学。只有这样做，学生才会全身心投入学习中。

经常检查，促进理解

假设你突然拥有了一种特殊的能力，可以读懂学生的思维。在你教学的时候，可以知道学生在思考、理解、探索的内容，请想一下这将给你的教学带来怎样的颠覆。

在学生取得优异成绩的课堂里，老师实际上已经发现了读懂学生思维的方法，已经设计出一套系统和技能，可以实时回答"学生们正在学什么"，从而创建一套系统，可以反映学生是否掌握了严谨的课程。

在一个极为高效的教室里，我们看到，每个学生都用记号笔在一块书写板上写了一个方程式，老师认真查看这些密密麻麻的方程式，这位老师几乎能够一眼看出学生们的方程式对不对，评估他们的理解程度。在另一个教室，我们看到一位小学老师在教学生美语手语字母表，她不断提问题，学生们用手势示意他们答案的首字母。在每一个优秀的教室里，我们都看到老师使用有效的提问技巧全面检查，通过这种辅助手段，了解学生对新知识的掌握情况。

检查理解程度——意味着向老师提供学生学习的实时情况。六年级数学老师丹尼尔·塞勒在他执教的第一年，很快学会了这一招。他回忆说，最开始，他有时候只是"教"一个概念，却没有去试图了解学生们通过上课学到了什么。随后，在学生们想要运用新知识的时候，他发现了问题。学生们在询问他问题时，说明他们根本就没有掌握那些内容。所以，塞勒先生重新改造了在教学过程中检查学生理解程度的方法：

我一直在努力做这件事，并不断改进完善它。最开始，我在介绍新内容时，指导学生给练习的部分标出几个特殊时间点，我会停下来检查学生的理解程度，这让我得以避免在上课过程中出现原地打转的现象，能让学生进入独立练习的阶段。后来，我会经常检查学生的理解程度，让学生知道我会在何时提问（在每一个例子之后，我就会停下来提问），这样学生们就能及时准备，想好怎样解释他们的答案。然后，我还希望学生们能够清晰地解释他们的答案（要能让别人听懂他们的解释）。最后，他们能够把我所教的内容重新教给别人。

为了确保我能得到学生们的及时反馈，我尝试了很多不同的方法——

从抽签随机选择，到给能够清晰回答问题的学生额外奖励，再到使用书写板或者类似方法进行检查。

通过教学和对学生理解程度的检查，我现在确切知道学生们学会了什么，以及还有哪些内容需要巩固才能开始独立练习。

我因在教学反馈这个方面的关注，每年都得到了满意的回报：每次我结束一堂课的时候，学生们都会主动推动进度，我看到他们在学会之后，非常迫切地想要进行独立练习。

几乎所有与我们合作的老师，都能讲出几个故事，他们在检查学生理解程度的时候，发现自己的授课完全是失败的。在凤凰城的一所英语作为第二语言的小学里，老师雷切尔·唐纳德森·达尔向我们忏悔说："所有老师的生命中都会遇到一次这样的情况，而我遇到了很多次，我们看着我们的学生，突然意识到，'他们对我刚才所讲的内容毫无概念。'"然而，还有比这种情况更糟糕的教学，那就是完全没有意识到自己授课的失败。

老师读懂学生思维的方法有多种——从标准的抽查提问，到留心学生的肢体语言和面部表情。纽汉文市西班牙语老师拉普特卡女士，提供了这样的建议："去了解每个学生的个性，这样你就能读懂他们的表情、他们的反应。如果他们迷茫地左顾右盼，可能是还没听懂，你希望得到的是学生的综合理解和全面投入。"

在对比高效能教师与低效能教师的时候，我们找出了有效检查学生理解程度的几个关键点：

● **坚持关注最重要概念** 毫无疑问，成功检查学生理解程度的关键，不仅仅是老师有效提问和阅读学生思维的系统，还是老师对课程目标的坚持。如果老师频繁提问，提问的问题却与当前的授课目标没有直接关系的话，它们就不能反映学生们掌握学习目标的进度。高效能教师主要提问关于核心概念的问题，而且他们的提问贯穿整节课（而不是只在某个时刻提问）。这一点的一个必然推论（如第3章讨论周密筹划一样），就是首先要有清楚的认识，如果学生掌握了学习目标，应该是什么样的。科学老师罗伯·罗皮科勒强调这一点说：

是什么造就了高效执行？是良好的提问，给他们时间和空间去学习，以及坚持读懂、评估学生理解程度，来获得教学是否奏效的反馈——坚持，坚持，坚持用每一种方法检查学生的理解程度。但最重要的是，必须知道自己上课的目标，必须知道你希望让学生们表现出什么样的技能。检查学生理解程度的方法无穷尽，但只有你知道自己想要什么样的答案，它们才能奏效。

● **使用比"懂了吗"更强大的方法**　如果你问学生们："你们都懂了吗？"不论他们反应如何，你都不会知道他们是否理解了所学的内容。因为种种原因，学生们可能并不能很好地判断自己是否掌握了某些知识或技能。新泽西州小学老师拉斯·克莱门森，意识到检查学生的理解程度要比他最初想象的更有针对性：

在执教的第一年，作为一名新老师，我会在课后问学生们，他们是否还有什么问题。如果说没有，我就认为他们都跟上我的教学节奏了。但是，在第一次正式考试之后，我才发现他们并没有跟上节奏，而且事实上根本没有掌握我所教的内容。简单地问他们是否理解，不能起到评估理解程度的效果。与此相反，通过小考核、快速测验、相互交流等快速检查学生理解程度的方法，可以让我更准确地了解学生们是否跟上了我的节奏。

这提醒我们，信任学生自我报告理解程度是有风险的。哪怕是克莱门森先生这样的高效能教师，也在寻找更可靠的了解学生是否理解、理解程度的方法，他们也在努力培养学生的元认知能力，让他们能够认识到自己的理解程度。强大的老师会努力教学生，认真思考自己学会了什么、没学会什么，这样他们就能更有信心地去问学生："大家还有什么问题吗？"

● **努力评估所有学生的理解程度** 低效能教师或许会认为，他们提问一两个学生（通常是主动回答问题的学生）解释所学内容之后，就完成了对学生理解程度的检查。高效能教师也会抽查学生，判断他们是否学会了相关知识和技能，但这些老师还会问自己："我有多大把握确定，我提问的这五个学生能否代表全班的理解水平？"在学生练习的时候，高效能教师会监督所有学生的工作，准确了解学生们理解得怎么样，而且他们不会在所有练习时间只和一小部分学生在一起。高效能教师还会教他们的学生如何评估彼此的学习，共同提高对关键概念的理解。此外，老师还会培训他们的辅助人员和助教，最大化他们评估学生理解程度、促进学生理解的能力。

● **深入评估** 在课程的各个阶段，高效能教师不仅会努力判断学生是否理解，还要判定他们的理解程度，并探求原因。在实践中，这意味着通过追问深入挖掘，仔细收集学生作业中反映的理解程度，贴近观察小组讨论，评估每个学生的领会水平。

▶ 如何对待学生的误解

发现学生的误解，不仅能给你机会，认识到学生们还没有完全理解；如果运用得当，它还可以成为一种教学工具，让学生从中学习。

把检查理解程度作为教学工具，首先要对学生的回答抱有高预期。如果一个学生给出了不准确的回答，高效能教师会努力寻找回答错误的根源，以及不理解哪些内容（低效能教师常常会继续向一个学生提问，以期望得到正确的答案）。高效能教师不会接受学生做出的部分正确的答案，他们会告诉学生，哪部分回答是正确的，哪部分回答需要改进，为什么改进。

我们观察到，当学生给出错误回答的时候，高效能教师会坚持：

● 继续追问，看学生哪里没理解到位。

● 用引导性的提问帮助学生理解知识。

● 很快回到最初的问题，确保学生的理解得到了改进。

▶ **学生在不同课堂的经历**

老师经常性或有效检查学生的理解程度	老师很少或低效检查学生的理解程度
学生感觉： ● 老师关心他们的掌握程度和学习水平。 ● 在感到困惑需要帮助的时候大方请教。 ● 不怕犯错误，因为他们知道老师最后的目的是让他们学会。 ● 感到受珍视。	学生感觉： ● 老师的目的是上完一节课，而不是让学生理解。 ● 他们学不会（因为老师上完课，就默认为他们都学会了）。 ● 感到受忽视。

教学法研究证实了我们在高效能教师课堂上看到的这些模式，研究指出，检查学生理解程度是老师最有力的工具之一。一项对250多个课堂的研究总结指出，随时检查学生掌握程度"确实能够促进学习"。这对学习成绩有很大的作用，是最强大的教学方法之一。

追踪学习进度

在同有好计划，却得到不同结果的老师身上，我们看到一个显著区别，就是成功的老师非常执着于追踪学习进度。检查学生理解程度，可以发现学生学会了什么；追踪学习进度，则是记录这些发现。这样你就可以系统调整调查计划，或是鼓励学生的进步。

带领学生取得最优异成绩的老师，永远不会对结果感到出乎意料。在教学的过程中，他们特意对学生进行测验，有效准确地评估学生的学习水平，迅速将结果记录在追踪系统中，可以参考这些数据制订长期或短期计划。杰西卡·伊斯曼，看到学生的数学水平取得了突飞猛进的进步，解释追踪学生学习进度是如何影响她的教学的：

我每天都会对每一个必要的知识点进行课后测验……所以我总能知道学生哪里学得好，哪里学得不好。拥有这些数据，意味着你可以随时进行调整，帮助做出缜密的判断，哪些内容需要再教一次，什么时候可以继续新内容。我能想到很多例子，当时如果没有翔实的数据，我可能会做出错误的选择。有好几次，我以为这节课上得很成功，或者看到有学生见解深刻，便误以为全班学得都很好，但课后测验告诉我，实际上只有几个学生掌握了学习目标。还有好几次，学生的一些行为让我感觉这节课很糟糕，完全没有成效，但课后测验告诉我，学生们实际上已经掌握了学习目标。

如我们在第2章讨论的一样，透明化学生的学习进度，是调动学生学习的一个有力工具，特别是那些怀疑勤奋学习与学业成功是否有关系的学生。在那些高效的教室里，墙上几乎总是挂着反映学生学习进度的图表。针对年龄较小的孩子，这些图表应该采用叙事性强的形式。例如，在安妮·拉塔特的一、二、三年级课堂里，每个学生都有一个纸做的山峰，一个代表学生自己的小人站在山坡上，山路沿着一个个小目标通向山顶。当他们实现拉塔特女士为他们设置的所有目标时，他们就"登上了学会知识的山顶"。

　　一个老师的追踪系统是藏在这些图表或"山路"背后的数据中，这个系统记录学生和班级对学习目标的掌握进度，它是最成功教室中高效执行的标志性元素之一。

　　在我们研究过的强大教室中，一个追踪系统可能包括一般分数，或者一系列测验的累积平均分，但远不止于此。追踪，首先要明确学生需要掌握哪些学习目标（这是制订年度计划工作的一部分），追踪系统还要指出，随着时间推移，每个学生对这些学习目标的掌握程度。它使你能够观察每个学生的理解趋势，从而帮助设计之后的课程，有针对性地进行区别教学，并进行适当的补课，确保所有学生都能实现大目标。

　　定性追踪系统还可以展现出一个整体情况，说明全班的平均水平和学习进度，这会让你了解全班学生当前的表现，以及你们距离大目标还有多远，这些知识还能让你对自己的教学做出基于数据的准确判断。尽管到现在为止，我们介绍的所有计划对带领学生取得优异成绩都很重要，但如果你不能坚持用清晰、严谨的追踪系统追踪学生的表现，它们就无法发挥作用。

　　由于高效执行有很多指标，所以追踪系统也有多种不同形式。有些老师为每一个学生建立单独的档案记录，有的追踪系统将一个标准分解为多个子目标（例如，会读两位数），记录每个学生的进度。在这种情况下，你需要建立一个表格，每一列代表一项技能，每行代表一个学生。你可以在表格软件、年级手册或者你的学生的文件夹里制作这些表格——看哪个对你最有意义。对于高效能教师来说，关键问题是，这个系统能否快捷、高效地记录、分析数据，并及时做出反应。

▶ **追踪表示例：**

约翰逊先生的第一单元进度表：读写多位数	读两位数	读三位数	读四位数	读五位数	读六位数	读七位数	运用两位数	以展开式的形式写两位数
全班平均								
戴安娜								
西尔维娅								
帕斯夸里								
莱蒂西亚								

亚伦·波米斯，是北卡罗来纳州的一名科学老师，他在班里使用追踪系统，掌握了高效教学所需的所有情况，受益匪浅，他说：

我看到了追踪、分享学习进度的巨大作用。在我的教室里，学生们一进教室，迎面的墙上就是我们的追踪情况，显示了全班掌握指定内容的学生比例。每次考试或测验之后，学生们都会看到数据更新，我们常常从这些追踪数据开始一堂课，讨论我们接下来应该去学习哪些内容。然后，在每次重要考试之后，我的五年级学生都会得到一整份电子表格，上边用不同颜色详细列出了每个学生对每个考核点的掌握程度。通过迷你课和综合分析，在学年中期的时候，学生们就能评测出我们班最需要加强的学习环节，找出可能的解决方案，并在下一步加以执行。在回顾我们上一次考试的电子表格之后，学生们激情澎湃地争辩，想要做更多的作业、分析更多的数据表格，想通过更多的练习掌握全球季风和分析气象数据的能力。他们成立了午间学习小组，并让学习较好与较差的学生组成小组，学生们还和比自己学习好的同学互留了电话号码。形势很快就出现了转机，向我请教作业的电话少了，但学生们的作业做得更好了。之后一次考试，他们的成绩飞跃上升。

波米斯先生用他对进度追踪的使用来解释学生们的高分："实现我们目标的解决方案和策略，并不都是由老师想出来的，向学生清晰展示他们通往目标的进度，激励了他们去想办法。"他这种行为的作用，既体现在向学生提供透明化信息上，也体现在组织重要信息的电子表格上，还体现在他对这些信息的准确利用，通知、激励、鼓舞他的学生们。

完善组织流程，最大化学习效率

作为休斯顿的一名三年级老师（英语作为第二语言），杰西卡·考夫曼教的学生来自八个国家，使用五种母语，在前一年已经换了三个代课老师，很多学生都不能用英语进行日常对话。但到学年结束的时候，按照学区的评估测验成绩，每个学生的阅读水平和写作能力都进步了至少一年半的水平，而且她的所有学生都能够使用英语进行日常交流。考夫曼女士所在学校的校长用一句简单的话解释这些学生的突出进步："这是高效执行在超高效教室的又一个典范。"

在前文，我们讨论了激励性的大目标可以带来对学习的紧迫感和专注。领导者利用这种方法，帮助他们自己和学生们意识到每一分钟的价值。与此同时，这种鼓舞人心的想法，还必然带来一种推论。高效能教师使用流程和系统，最大化每一分钟学习的价值。和其他所有高效能教师一样，考夫曼女士力求效率、流程和组织。考夫曼女士"斤斤计较"，每天挤出更多的学习时间。高效执行的这个方面，来自对浪费学习时间的高度敏感，还可以帮助解释高效教室中普遍存在的秒表、安静手势，以及学生管理的流程。

当老师把高效实践转化为习惯，他们就创建了固定流程——给学生们建立一种学习程序，不需要老师提醒时间，就能重复执行。设计、执行良好的流程是效率的发动机。它们会让学生感到舒适，同时解放老师的工作（回顾这些流程的计划和执行特点，我们在前几章列出了一些可以流程化的工作——点名、吸引全班注意力、分发教学材料，等等）。

在我们听到的高效能教师对固定流程增加学习时间的看法中，爱玛·希姆森的看法很有代表性，她说：

建立常规的固定流程，特别是在课程的部分环节，可以建立顺利的过渡，高效利用时间。例如，如果每次小组学习都以类似的方式做类似的事情，学生们就可以确切知道该在什么时间做什么事、怎么做。如果每次都改变这些流程，你就必须花费大量的时间去教他们新流程。

在学生取得突出进步的教室里，我们看到流程是如此强大，它们几乎不需要老师的干预就可以自动运行。事实上，对于很多高效能教师来说，判断一个流程好不好的标准，就是看离开了老师它还能不能正常运行。

"我发现，学生们可以按照我们固定的时间表和流程苗壮成长，"詹妮弗·罗森巴厄姆解释说，"知道每天的各个时间点做什么事情，让他们能够完全投入到当前学习中去，而不需要操心接下来会发生什么。此外，他们知道老师在一天不同时间里对自己的期望——包括学习和行为两方面。提供这种形式的一致性，帮助我的学生在学校感到安全，最终使他们能够专注于学习。"耶尔·多弗瑞也表达了同样的观点："我的学生可能在睡梦中练习早上的流程，知道下一步做什么会让他们感到很舒服。他们甚至在走进我的教室之前，就已经知道今天要做什么。我不需要浪费时间，每天都向他们解释怎样做，怎样收作业，怎样发放学习材料等事情。"

和行为纪律、奖惩一样，必须明确把上课的学习过程和流程教给学生，并不断加以强化。

建立明确的期望
· · · · · · · · · · · · · · · · · ·

- 讨论过程和流程背后的目的所在。

- 让学生们练习方法、过程和流程，直至他们掌握为止。

- 在向学生讲解你对他们的期望时，要清晰、自信、有说服力，这样学生们才不会忽视这些期望。

强化期望
· · · · · · · · · · ·

- 当学生没有达到期望目标时，要告诉他们，并考虑让他们重复做这件事，直至达到期望目标为止。

- 提醒学生纪律和过程背后的目的所在。

- 表扬达到期望目标的学生。

- 清晰、自信、有说服力地强化期望目标。

在有了标准化课程计划、制订了行为纪律之后，学生对过程和流程的练习就成了关键。我们曾看到聪明的老师模仿电铃的声音，让他们的中学生"练习"，等老师宣布解散再走人，而不是听到铃声就跳起来跑出门外。我们曾看到小学老师闭上眼睛听学生说话，每次听到他们讲话，就发出一个信号让他们到门口排队，然后再回到自己的座位坐好。我们还曾看到中学老师因为有人往课桌上扔书，而中止发放课本，将已经发下去的课本全部收回，然后重新开始发放。凯莉·哈里斯·派瑞分享了下面的故事，讲述练习过程的重要性：

在学年的头两周，我一直想知道，我们花时间练习课堂过程到底值不值得。我们几十次的练习分发文件夹、分组、准备离开教室。但是，在这些练习结束之后，每个学生都知道，当他走进教室的时候，应该做什么，什么时候可以削铅笔，什么时候可以和同桌说话。拥有明确的规则和过程是一种解放——它使我不必再担任课堂警察的角色，让我能够把每一分钟都集中在教学上。它很简单：每一个学生走进教室，拿自己的文件夹，拿出作业来并把它放在桌角，然后开始准备当天的功课。与此同时，课代表指出应该摆出哪些东西……我在教室来回走动，检查作业，欢迎每个学生来到课堂，并在5分钟之后平静、专注地开始上课。前两周的练习值得吗？当然很值！

为了明确过程流程，这些高效能教师在细节上努力，不是因为他们想要谋求控制力，而是因为他们看到，这种对细节的关注，可以转化为学生们的学习。通过用减少分发材料的时间，帮助缺课的学生补课，一上课就开始讲课，他们解放了更多的时间用来实际教学。

维护课堂权威

在观察那些带领学生取得突出进步的老师所使用的日常方法，并与其他老师相对比时，我们发现了两者在课堂上实施计划的另一种显著区别：更多的高效能教师能够掌控他们的课堂。高度成功的老师会维护权威，走进教室，他们的思维是：我要控制课堂上发生的事情，并为之负责。

这种思维模式是成功老师所有密切相关的重要想法的源泉，促使他们去做宣称要做的事情。

通过制订明确的期望目标，并坚持不懈，一个老师可以减少甚至消除不确定性、意外、紧张的师生关系，从而为学生学习扫清道路。如果能够坚持落实对学生学习、行为和过程的期望，学生们就不会担心"如果……会怎样"，老师也就避免了逐一应对各种事情的负担。如果一个老师不断强化奖惩和过程，每一次紧张都将通过协商解决。我们看到，学生们的抵触心理、不良行为和走神情况都减少了。

有效维护课堂权威的第一步，是确保学生们理解你的期望，期望背后的原因，以及不能达到目标所面临的惩罚。这说明，你习惯作为课堂领导者，并对成功课堂有着清晰的愿景，这可以消除学生们的困惑，不知道你对他们的期望是什么，或者为什么这些期望目标对于他们的成功很重要。

高效能教师会在学年之初，告诉学生对他们行为的期望。他们或许会让学生进行头脑风暴，思考每条纪律的意义，并举出遵守纪律和违反纪律的例子。或者，他们也许会示范遵守纪律的样子，然后再回顾一系列有意义的奖惩措施，有时候会让学生们帮忙，以角色扮演的方式模拟这些行为和对应的奖惩。我们经常看到，老师带领学生练习课堂纪律，以此来明确对学生的要求。这些老师懂得如何在长时期内节省教学时间，所以他们直到学生明白老师的期望要求之后，才继续进行下一步教学。

塔拉·哈林顿，是北卡罗来纳州夏洛特市的一名老师，她的学生打破了学校的生物成绩纪录。她说，她成功的基础，就是明确告诉学生们应该在课堂上怎样表现，并坚持遵守这些要求（为了唤醒这些高中生作为成年人的自我认知，她在讨论中，用他们"表现自己的方式"来代替他们的"行为"）。她给学生展示团队工作的样子，如何组织他们的工作，如何执行。"我发现，"她说，"如果你不明确地提出要求，他们就会根据自己的经验，想当然地补充你留下的空白，这有可能并不符合你的期望，你不会想给他们留下这种机会的。"

新老师最容易犯的错误，一是不能明确表达自己的期望要求，二是不能坚持到底。很多新老师开始时都举步维艰，例如，难以管理课堂秩序和学生的行为。根据我们的经验，这些问题大多数都是因为老师没能把对学生的行为要求坚持到底，没能维护自己的权威。一言以蔽之，这种问题的根源就是说一套做一套——这是低效执行的本质所在。

有时候，新老师之所以放过一些违反纪律的行为，是因为害怕维护纪律会激怒这些学生，认为维护纪律"不值得"。另外一种情况，是老师可能对一部分学生坚持纪律，却放松另一部分学生，这或许是因为他们有种错误观念，认为某些学生只是偶犯，可以放过，而其他学生就必须加以纠正。还有一种情况，由于沮丧而随意编造的不切实际的惩罚措施，会削弱老师的权威，比如说："够了！谁再影响我们学习，我就把他带到校长办公室去。"

坚持强化对学生的期望要求，意味着你不必频繁地管理学生行为。如果老师发现自己总是在纠正学生的行为，那或许是因为他们在一开始没有给学生制订明确的期望要求。这并不是说，规则和奖惩永远不能改变，而是一旦确定，最有效的方法就是实事求是地严格遵守（坚持严格落实，会给老师增加压力，避免设计无意义的规则。如果你发现落实一项规则似乎永远"不值得"，那么这条规则就是个错误）。这并不是说要你用"雷霆"手段管理你的班级，也不是不分轻重打击所有违纪行为。它的意思是说，你要努力以一贯公正的、维护学生尊严的方式处理违纪行为，要认真执行你设定的纪律和奖惩措施，一旦有人违反了纪律，就必须得到相应的惩罚。

有效沟通纪律和奖惩规定，和有效沟通学习内容的指标相同。我们几乎从未见到过，一个让学生学习进度倍增的教室里会有大喊大叫。他们的老师会沉着、细心、坚定地执行他们的行为系统。这样的老师有很多有效方法，可以不打断正常教学流程，悄悄地处理掉一些小事故，而且他们坚持像事先所说的一样对待违反纪律的行为。有效维护权威，是用深思熟虑的预定方法与每一名学生进行互动，因此能够处理课堂里的任何局面。

建立明确的期望

- 讨论纪律和奖惩背后的目的所在。
- 解释、示范、练习每条纪律的意义，并说明违反纪律的惩罚措施。

● 在向学生讲解纪律要求时，要清晰、自信、有说服力，这样学生们才不会忽视这些期望。

● 评估学生们对各项纪律和奖惩的理解程度，直至他们对此有清晰的掌握。

强化期望

● 当学生没有达到期望目标时，按照你之前所说的去做：立即在不破坏学生尊严的前提下，实施预定的惩罚措施，维护你的权威。

● 必要时，提醒学生纪律和奖惩背后的目的所在。

● 表扬符合期望要求的学生，对于经过努力之后才符合要求的学生，这一点尤为重要。

● 清晰、自信、有说服力的强化期望要求。

这些模式，是我们在最有成效的课堂里看到的榜样，也得到了一些全国最著名的课堂管理研究人员和思想家的推荐。李·坎特和玛琳·坎特证实，有效维护老师权威的关键，就是清晰、自信地把你对学生行为的要求传达给他们，并坚持执行你制订的奖惩措施。他们称这种高效方法为果断负责："如果一个老师能够做出果断的反应，明确告诉学生什么样的行为是可以接受的，什么样的是不可接受的，学生们做什么事情会产生怎样的后果，不做什么事情会产生怎样的后果。没有争议，没有任何混淆空间。"

和对学生学习成绩的期望一样，新老师可能出于善意降低对学生的要求，结果"好心办坏事"。他们自己会想："嗯，戴维确实在默读时间和同桌说小话了，但他今天的整体表现要比昨天好，所以我什么都不会说，希望他能很快停下来。"或者想"我不应该让她停止咀嚼口香糖，因为那会破坏她的情绪"。这样的行为会让学生无从预测自身行为的后果，从而削弱老师的权威。可以预测，是让学生感到安全和公正的关键。

在另一端，低效能教师或许会认为，他们必须保持严厉，让学生们畏惧老师的报复性惩罚，只有这样才能维护权威。这些老师或许会焦躁地说："戴维，现在立即停止说话，显然你闭不上那张嘴。"或者"吐出你的口香糖来。现在开始，把'我再也不上课吃口香糖了'写五百遍"。

夏洛特·菲利普是休斯顿的一名幼儿园老师，她回忆说，自己最开始误将维护权威和粗暴管理混为一谈，她说：

我教学生涯的一个转折点，是在我执教的第一年。有一次，在学生行为不当时，我用中立的语气代替批判的口吻，突然意识到，我可以对学生的行为施加更有力的影响。在学生违反课堂纪律的时候与他们交流，可以帮助他们意识到，这不仅仅是违反规则，而是损害了他们自己以及其他同学的利益。这样的思维方式，把焦点从老师的身上转移到了学生身上，让他们去关注将来怎样才能做得更好。

菲利普女士的故事，突出了高效执行行为管理计划的两种相关模式。首先，高效能教师建立规则，明确奖惩——强调每个学生的行为都是由自己控制的，学生们可以选择遵守规则（这样可以得到好处，哪怕不是物质奖励），或者选择违反规则接受惩罚。其次，高效能教师会积极、礼貌地执行奖惩措施。在讨论学生违规行为的时候，使用描述性的客观语言，可以保护学生的自尊心，这对你长期维护权威是很关键的。

我们观察到的最成功老师，不仅会在学生没有达到期望要求时做出有效反应，还会在学生达到期望要求时加以表扬，通过鼓励减少学生不良行为的可能性。罗斯·詹森，是新泽西州纽瓦克市的一名五年级老师，她证实说：

在度过糟糕的一学期之后，我决心采取一种更加积极的教学方式。我不再责骂那些没完成任务的学生，而是表扬那些按时完成任务的学生。我不再对那些行为不良的学生说我很失望，而是对那些行为恰当的学生说我为他们感到骄傲。我不再指出学生孩子般的幼稚表现，而是指出他们专家一样的杰出表现。我不再停止教学去纠正学生的行为，而是提醒学生进行"自我纠正"，最终快速产生了出色的效果。

因此，作为他们高效执行的一个结果，优秀的老师不会因为学生们可能有一段时间不适应而去寻找其他的方法，他们也不会审判般地严厉惩罚学生。这些老师只是简单地明确期望要求和达不到要求的惩罚，在学生达到期望要求的时候加以积极强化，然后根据需要，坚决而有条理地强化预期。用高效能教师艾丽莎·罗斯柴尔德·弗鲁姆金的话来说就是，"不论是班上最调皮的学生还是最好的学生，奖惩规定都是一视同仁的。这样可以从长远角度维护你的权威"。

总结：核心思想与后续问题

"像领袖一样教学"的框架（参见附录）描述了老师的六种行为，它们表示老师在进行高效执行。高效能教师：

4-1：明确当前学习内容。

4-2：方便、管理、协调学生的练习。

4-3：检查学生的理解程度。

4-4：向学生传达对他们行为的高预期。

4-5：实施并练习节约时间的步骤。

4-6：评估并追踪学生的学习表现。

核心思想

高效执行，意味着确保让你的计划产生理想效果。对于课堂领导者来说，这意味着要做好必须做的事情，全程追踪学生学习的证据，并在调整路线图之后根据需要调整计划。

和高效能教师采用的其他主要策略一样，这种方法在课堂的成功实施，和在其他背景中的成功实施是一样的。杰瑞·豪瑟曾是洛杉矶的一名高效能数学老师，如今他是管理培训中心的首席执行官，这是一家培训非营利组织领导者的培训中心。他与我们分享了自己的体会，高效能教师的高效执行方法，完全可以被其他组织中的高效能领导所采用，他说：

我的工作是为非营利组织提供咨询，使他们更加高效。如果一家组织的领导者都曾经当过老师的话，这项工作就会更加容易。在领导一群人实现目标的过程中，不断克服种种困难，是一名好老师的第二天性。我从那些经理人口中听到的最常见问题，或许是美好的想法不能实现，无法让人们的努力工作产生经理想要的结果。此外，高效代表实际上是一个简单的三步循环，我——以及大部分老师，会很快从课堂上学到：要想让一群人产生高质量的成果，首先要向他们提出期望要求（要保证每个人都明白这些期望要求），然后保持追踪监督，确保一切工作都按部就班进行（通过一路寻找有成效的方法），并创建责任制促进学习（通过坚持落实要求），确保学习质量。尽管有些经理人可能感到困惑，但我敢打赌，老师们一看到这些就会明白我在说什么。

后续问题

牢记高效执行的这些原则，老师就可以开始钻研有关课堂中高效执行的一些挑战更大、回报也更大的问题：

- 怎样才能改进我的沟通技巧——我的语调、我的肢体语言、我对关键概念的强调，从而最大化学生的理解？
- 在我的课堂中，哪个步骤值得让学生进行练习呢？我应该投入多少时间和精力，提高我们的时间利用率呢？

- 我应该在什么时候进行怎样的练习，最大促进学生们的学习呢？

- 我应该怎样把检查学生理解程度贯穿到每一节课中去呢，在得到检查结果之后，我应该怎样进行灵活的调整反应呢？

- 我怎样才能构建一套系统，持续为我提供数据，告诉我哪些方法有用、哪些方法没用呢？

教师要想更高效地进行教学，可以扫描右边的二维码收听《高效能人士的七个习惯》有声版。

劳拉的故事：光线监测员、表格收集员、盆栽管理员

"多管理者系统"是一个全校范围的课堂管理项目，劳拉女士第一次听说这个项目时，感觉有点荒唐。她还记得，和其他新老师在培训组，看到培训人员在屏幕上打出50个"管理者"的角色清单时，不由得大笑。他们觉得，有一些角色，比如"整齐队伍监督员"还算合理，但在班里设置一个"壁橱管理员"、"擦黑板专员"以及"盆栽管理员"就显得有点疯狂。

现在，当她的学生带着期盼的眼神，看着屏幕上的类似清单时，他们也会产生类似的怀疑态度。在她执教的前三年中，劳拉女士看到了授权给学生的好处，特别是那些经常行为出格的学生。还让她感到惊讶的是，尽管从本能上讲，她想剥夺那些捣乱学生的职责，但在这套框架下，似乎是她教给学生的职责越多，课堂行为和管理

情况就越好。劳拉女士甚至把一些课堂管理团队中必不可少的职责授予有严重行为问题的学生，让他们监督自己的行为。

当然，"必不可少"是从旁观者的角度来说的，对于学生们呼声最高的角色，劳拉女士每年都会感到惊讶。

一个学生列出的"最想担任"的角色是"光线监测员、表格收集员、盆栽管理员"。

"谢谢你，朱利安，"劳拉女士说，"伊丽莎白，你的前三个选项是什么呢？"

"设备管理员、整齐队伍监督员，还有收作业专员。"伊丽莎白一边说，劳拉女士一边记录。

"哇，好孩子们，"劳拉女士说，"你们真的可以承担更大的责任了。我感到很欣慰。我们将对所有领导职位进行一次全班竞选，感谢你们的参与。"

她继续看清单上的下一个名字。

"罗伯特，你的前三个选项是什么呢？"她以非常从容缓和的语气问道。不论他注意到没有，他摆出了一副一本正经的表情，在他说话的时候，只有他的浓眉毛在轻轻地动。

"时间……监督员，"罗伯特带着浓厚的西班牙口音，平静而坚决地用力说出自己的选择，"天气观察员，还有整齐队伍监督员。"

劳拉女士微笑着感谢他的发言，她注意到，罗伯特的英语是新学的，说得还不太好，而他只选择了需要公开演讲竞争的角色。这是个好现象，她暗自想道。

劳拉女士发现，哪怕有些角色会引发很多学生的竞争（上一年，这个热门角色是图书管理员），到最后由她带着领导者的自信，轻声宣布各个角色的任命时，每个学生还是会为自己担负的职责兴奋不已。劳拉女士还发现，她需要用大号字体将各个管理员的名单张贴出来，好让教室的每一个角落都可以看到。有几次她忘记了某个学生所承担的"必不可少"的角色，就需要立即采取灾难控制措施（她最常用的补救说法是，"噢，很抱歉。我总觉得你太优秀了，可以担任很多角色，结果忘记了你实际担任哪个领导角色"）。

劳拉女士渐渐喜欢上了这些方法。她开始相信，为高效课堂教学建立强大的基础，可能是整个流程中的最重要部分。可以毫不夸张地说，每一件事——每一次转移场地、每一次收作业、每一次据说、每一次给盆栽浇水，都必须经过讨论和贯彻落实，然后，就必须反复执行。到今天，她已经能在自己模仿下课铃声的时候，让所有学生都不再是雀跃奔跑。很多学生会捂着耳朵咯咯笑，但她向他们指出"铃声并不等于下课，我说下课时才是下课"的目标似乎已经实现。

"好了，同学们，"劳拉女士搜集了所有学生最想担任的角色首选项之后，向学生们说，"你们将在周五收到接下来六周的职位任命。届时，我们将会给大家更详细地明确每个角色的职责。你们每个人在完全承担职责之前，都有一次练习的机会。现在，我们来回顾一下排队上厕所的过程。然后，我们来进行实际练习。谁能告诉我，在厕所门前排队的时候，应该注意哪些事情？"

罗伯托，劳拉女士的下一个时间监督员，举起了他纤瘦的手，他的浓眉毛下在自信地轻轻耸动。

持续增效 第 5 章

Continuously Increase Effectiveness

TEACHING AS LEADERSHIP

通过持续反思学生通向目标的节奏，高效能教师不断改进他们的教学实践，最大化学生的学习效果。

1 设定大目标 Set Big Goals

2 多管齐下 Invest Students and Their Families

3 周密筹划 Plan Purposefully

4 高效执行 Execute Effectively

5 持续增效 Continuously Increase Effectiveness

6 永不放弃 Work Relentlessly

"作为一个老师，我始终在与孩子们一同进步。"

香农·丁格尔，得克萨斯州中学特殊教育老师

作为一个老师，我始终在与孩子们一同进步。说"孩子们就是没达到目标"很容易，但如果这样的话，我作为他们的老师，就是不称职的。不论他们是学到了一点东西，还是什么都没学到。如果他们没有掌握应该掌握的概念，我就需要反思怎样才能更有效地教学，这就是我需要改进的地方。

"然后，我就想办法改变我的教学……"

诺丽迪亚·穆迪，佐治亚州二年级老师

在反思我的教学时，我想起了一句话："进步的空间永远都有，这是房间里最大的空间。"每天从家里开车去学校的路上，我都牢记这句话，反思自己前一天教得怎么样。在批改作业的时候，看到有学生没有理解我认为他已经理解的知识，我也会想起这句话。然后，我就会想办法改变我的教学，并向同事和其他人寻求帮助，确保我的所有学生都是优秀的。

"我们必须对结果有所反思。"

贾斯汀·燕，北卡罗来纳州六年级科学老师

正如我们必须对目标有所计划一样，我们必须对结果有所反思。我总是从我想要看的结果——学生成绩开始反思。我利用追踪系统观察学生们在做什么，然后思考学生们做了什么、没做什么（例如，通过观察学生们作业中出现的错误），试着去理解问题的性质，然后考虑我的行为对这些问题有何贡献，思考自己怎样才能做得更好，最终提升学生们的学习成绩——大约每周进行一次这样的反思。

强大的老师通过反思学生的表现数据，提高自己的效能。他们从自己的行动中，寻找学生成败的根源。他们设计并寻找解决方案和学习机会，匹配在数据中发现的学生学习需求。根据我们的经验，高效能教师常常会为学生的进步感到骄傲，同时也坚持认为他们还可以继续不断进步，这些老师们往往会对自己进行最严厉的批判。

得克萨斯州特殊教育数学和科学老师茉莉·艾根，一位高效能教师，也是一名教师培训师，她鼓励新老师不断改进教学策略：

在我当前的角色中，我常常看到追求完美的新老师。我总是告诉他们，教学中没有完美，只有结果。学生们学到了多少知识，你还可以做些什么，帮助他们学得更多更快、记得更牢、学得更深？我曾经是一个好老师，我总是在努力寻找新的方法，去吸引学生或是提高时间利用率。哪怕我的学生已经表现得最好，我作为一个教育者，依然有提高改进的空间。

研究人员吉姆·柯林斯在对其他环境中成功领导者的研究中，发现了和茉莉·艾根类似的情况："不论取得多大的成就，你也总能变得更好一点。伟大是一个动态发展的过程，而不是终点。当你认为自己很伟大的时候，向平庸的滑落就已经开始了。"

带领学生取得突出学习进步的老师，是那些有意坚持学习的人。他们不断给自己和学生提出新的挑战，去学习、去成长、去改进，所有这些行为的目的就是更好得服务学生。

持续增效的思维模式

> 每一个老师都必须……把学生们的不完美，看作自己教学的问题，而不是学生的问题，努力去培养自己发现新方法的能力。
>
> ——列奥·托尔斯泰

在与高效能教师交流的过程中，我们从他们身上看到了几种共同的增效思维模式。

高效教学是一门学得会的技能

高效能教师坚信，高效教学既不神秘，也不是什么魔法，它既不是捉摸不定的品质，也不是变幻无常的表现。高效教学是一项艰苦的工作，包括设定大目标、调动学生努力学习、周密筹划、高效执行、不断改进，坚持不懈地追求学生的成功。

这种观点是本书的基本前提，这些方法都是可复制的，也是学得会的。库泽斯和波斯纳发现，"在他们做得最好的时候，领导者会做出一些特征明显的举动，这些特征在不同行业、不同职业、不同社区、不同国家之间的区别并不大。良好的领导力，是可以理解的通用过程"。而且，不论是在参议院，还是在图书馆，不论是在战场上，还是在董事会，又或是在坐满落后学生的资源匮乏的教室里，"领导力都是一套特征明显的技巧和能力，可以为我们每个人所用"。

某些研究者误以为高效能教师都是一样的完美。其实，这些老师坚信伟大的教学是可以学会的，这促使他们不断努力进步。当与这些老师讨论他们的教学效能时，他们提醒我们说，他们离完美差得还很远，还有许多技能想要提高。他们也会失败、也会犯错误、也会有挫折的时候——面对所有这些情况，他们坚信自己可以做得更好。

例如，塔拉·哈里顿是北卡罗来纳州的一名全美著名教师，她回忆说，有一次她当着全班做科学实验，结果完全失败了，从那以后，她每次做实验都事先练习，然后再到课堂上进行演示。再例如，索菲亚·帕帕斯，她的幼儿园课堂是很多新老师学习的榜样，在执教第一年，她投入了大量精力联系学生家长，但她最开始并没有认真反思，这样做是否有效带动了学生家长对学生学习的关心。她带着遗憾回忆说，当家长们因她对孩子们付出心血表示满意之后，她错过了让家长对课堂做出更大贡献的机会，她没有最大程度地利用这些重要资源，比如，家庭图书馆。不过，这种觉悟让她改变了与家长交流的方式，让每一次交流都能促进学生学习，反思当前工作，调整她的行为，使之适应每名学生家长的个性、兴趣和工作时间安排。

像哈里顿和帕帕斯这样的高效能教师，即使面对优秀的学生成绩，也从来不会用好、坏、强、差等词来形容，而是用"在走向更好的过程"描述它们。我们经常听到他们说"我实现了这个目标"，或者"嗯，我已经能够更有效地做计划，这给我的课堂管理带来了巨大好处，但我的课堂管理系统和组织还没有达到应有的水平"。

我们（以及心理专家）有时候把这种观点称为成长型思维模式。这些老师们把难免发生的错误看作宝贵进步催化剂，教育心理学家卡罗尔·德维克在《思维模式》一书中写道：

不论他们是否意识到，所有人都在不停记录自己身边发生了什么事情、这些事情意味着什么、他们应该怎么做……思维模式就是人脑中这些记录的框架。它们指导整个理解过程……拥有成长型思维模式的人会一直观察后来发生了什么，但他们的内心独白并没有试图对自己或他人加以评判……他们确实对正面和负面信息很敏感，但他们已经适应了去学习和理解这些信息的蕴意：我能够从中学到什么？我应该如何改进提高？

情　况	有成长型思维模式的老师会……
一个学生行为不当，老师试图去接触他的家长，但家长反应冷淡或者护短。	我做了哪些事（或者没做哪些事），导致了学生家长的这种反应呢？我自己的偏见是如何诱导我对待这个学生或其家长的方式，加剧了这个问题呢？我应该怎样修复双方关系？将来与其他学生家长打交道的时候，我怎样才能做得更好？我可以找谁咨询，怎样做得更好？
教了三天数学之后，几乎所有学生还是难以掌握这些内容。	为什么我的前三次教学努力都没有成功？我真正了解学生们的理解误区了吗？我应该怎样调整，好让学生们学会？同事们会给我怎样的建议？我能从网络上哪里找到最好的方法？我可以从这件事中学到哪些知识，防止以后再浪费这么多时间去让学生掌握一项简单技能？
在班上，女生比男生掌握关键技能要快。	我在课堂上与男女生的交流方式是否有所不同？我的行为中带有哪些偏见或要求，可能强化了这些区别？我怎样才能确保，在我的课堂里性别不会成为影响学习的因素？

把失败、错误和问题看作学习的机会，这在工作中非常重要，因为我们在教学中都曾经历过失败。本书中提到的每一位老师都曾经历过困难挫折，遭遇过痛苦的错误，但他们最终造就了伟大的结果，因为他们能够将困难失败的经历看作个人学习的机会。高效能教师希望学生们在学习上敢于冒险，不会让对失败的恐惧阻止他们在课堂上尝试新事物。欢迎不可避免的错误，把它当作启示进步的机会，所以毫不意外，对其他领域中领导

力的研究，也得出了同样的结论："领导者欢迎出错。"

数据未必能反映全部真相，但它不会说谎

当教育部长阿恩·邓肯说出这句话时，他表达了与我们研究的高效能教师同样的观点。

这种观点对自我完善非常重要，所以必须再次加以强调。持续改善我们的效能，绝不能从猜测出发，猜测我们的状态，猜测如何才能做得更好。我们必须从数据出发，而不是凭直觉臆断。只有明确知道了什么方法是成功的，什么方法是不成功的，才能明确如何改进提高。这并不是说我们应该抛弃本能的直觉，因为它常常会给我们有价值的启发。但是，在寻找需要改进的领域时，我们应该努力找到学生学习的第一手数据。邓肯部长这样总结这个重要观点："我对数据驱动我们决策的力量深信不疑。数据给我们指明了改革的方向。它可以告诉我们，现在处于什么位置、需要到哪里去，以及哪些人面临的风险最大。"

克里斯·奥特是亚特兰大市的一名中学科学与阅读老师，当我们请他给新老师提建议时，他强调老师应该了解自己教学的实际效能："切实掌握你和学生的真实情况，看不清真相的风险太大。如果有大量的有效数据告诉你真实的情况，就不要被主观直觉所左右。"凤凰城中学社会老师基尔·麦克奎恩也赞同这种观点，他说：

高中时，有一位足球教练对我说："录像不会撒谎。我们将在每周一观看上一周的比赛录像，如果你踢得不好，录像就会展现出来。"我在课堂上采取了类似的思路："数字不会撒谎。"数字的确不会撒谎，无论是我的教学情况，还是学生们的学习情况，数字都不会撒谎。我想，认识到这一点真的很酷，它让我知道自己在哪些方面教得好、学生在哪些方面学得好，使我的教学更加高效。

一位老师认为，教学中"最令人沮丧气馁"的方面，莫过于"教学效果是如此的难以观察确定。一个木匠在一天工作结束的时候，可以实际看到自己做了什么，一个医生可以观察患者对治疗的反应，但老师常常需要在几个月之后才能看到一些很不起眼的教学效果"。鉴于等待结果的过程令人沮丧，高效能教师拒绝接受这种成见。这些老师创建了一些系统，就如同木匠看到房子、医生观察患者一样，能够随时观察学生的学习情况。

高效能教师在课堂上的行为，好像社会科学家一样。通过正式的系统化方法，和非正式的临时方法，他们坚持收集数据，找出进步较快和较慢的领域。事实上，很多研究都已经说明，预测一个班、一个学校、一个地区学生成绩的最可靠方法，就是使用数据去了解成功、进度和失败。

> ▶ **能够反映特定情况的数据示例**
>
> - 学生的考试成绩
> - 学生的作业
> - 可观察的学生行为
> - 到访课堂者的笔记，比如管理人员、同事或顾问
> - 学生调查的结果
> - 家长调查的结果
> - 课堂录像

驱动自己的进步

持续增效的老师们，还有一个共同的思维模式，就是坚信自己能够实现自我完善。根据我们的经验，低效能教师往往认为，自我完善是随着长时间的教学实践自然发生的。而高效能教师恰恰相反，他们认为，自我完

善是可以积极努力的目标，并可以从经验中提取。

鉴于这种观点，老师们需要强制自己拿出一些时间，进行反思和自我完善。我们一再从高效能教师口中听到，数据分析、反思和自我完善绝不是随性而来的，而是要嵌入计划、评估、教学的固定流程中去。"我总是正式或非正式地评估自己和学生们的情况，这可以帮助我不断调整教学方法，"瓦内萨·穆勒说，"我花了很多时间，反思当天、当周、当前单元过去的教学情况如何、现在的进度如何、将来的趋势如何。"

这些老师，比如雷切尔·唐纳德森·达尔还特意指出，最佳的反思时机就是感到疲倦的时候，因为她这时刚刚完成了一些困难的活动："哪怕花5分钟时间来反思，也可以为之一振、精神焕发，往往可以把你送上正确的轨道，让你一天接下来的教学更有成效。"

贾斯汀·梅说，他在新奥尔良执教第一年时，使用了一种基于数据的反思方法——这种方法极大改善了他的教学效能：

我在教室里录音，这儿录5分钟，那儿录5分钟，每天总共录大约20分钟，因为这大约是我回家的通勤时间。每天在放学回家的路上，我都会听这些录音带。有时候，我听到自己与学生交谈的语气，有点发怒，令人害怕。我有些不感相信，我会那样与学生说话，我想，"我是一个怎么样的人？"我想了很多，自己想让学生们得到怎样的课堂环境，这些录音对于促进我的改变有重要意义。

每一个老师都不是孤岛

高效能教师，特别是高效能新老师的另一种流行思维模式，是他们需要而且想要得到帮助。正如本书多次提到同事和顾问一样，高效能教师将自己视为一个群体的一部分，并决定与学生分享这个群体的好处。

高效能教师依靠其他高效能教师，其首选或许也是最明显的途径就是持续分享想法和资源。他们意识到，不论在调动学生学习、设计高效课程、有效管理课堂文书时遇到怎样的困惑，他们周围都有人处理过同样的问题。费城八年级英语/语言艺术老师詹妮·格文，证明了征询同事想法的价值：

在班里出现棘手情况之后，我常常会向其他资深教师或者班主任咨询，寻求他们的帮助。我会说："事情就是这样的，你们以往是怎样处理的？"他们非常睿智，也乐于帮助我。哪怕他们只有5分钟时间，往往也会给我宝贵的建议。他们常常会与我分享，从前遇到类似情况是如何解决的，而他们对学生（如对某个学生）的了解是非常宝贵的信息。我一直这样做，这也是我作为一名老师，最宝贵的持续实践的方法之一。

尽管与我们讨论分享资源的老师都强调，大多数借鉴的资源和想法，都需要根据自身的实际情况加以调整才能使用。

我们反复听到的另一条建议是，考虑并借助同事的力量。并非所有老师都能掌握这些方法和资源，但大多数老师都有值得学习的长处。安德鲁·曼德尔作为格兰德谷的一名新老师，努力寻求这些力量："你知道学校里其他同事最擅长做什么吗？如果不知道的话，你就错过了很多机会。比如从楼道走过去的那位老师，虽然并不擅长制订教学计划，却能搞定我们班里最棘手的学生，这使我意识到，我之前与那个学生的交流方法是错误的。"

莱斯利·比克弗德是费城的一名六年级数学和科学老师，他对我们强调说，为了提升自己的教学效能，向他人学习是从求助开始的。"每一次我带着明确的目标，怀着谦虚的心态请教他人，真诚希望向他们学习时，从来都没有遭到过拒绝，"她说，"但我还发现，没有人会去敲门对你说，'我知道你在课堂管理或者教学计划上遇到了麻烦，让我来帮助你吧。'你必须积极发挥自己的作用，明确课堂上的薄弱环节，然后再去寻找资源加以改进。"埃伦·戴维斯是亚利桑那州盐河居留地的一二年级老师，她重申了这种观点："如果你不能承认自己可以利用他人的长处，那你就无法学到别人的长处。有时候，你可能花了整个周末去寻找答案，却依然一无所获，但虚心向专家请教，或许半个小时就满足你的需求。但是，必须承认自己需要帮助，而他人可能拥有你不具备的专业知识或资源。"

虚心请教的好处不只是学到他人的想法和资源，还可以提升你的技能，学生的学习证明了某些同事的教学方法是高效的，高效能教师会花时间观察学习。观摩现有课堂领导者，这是一个宝贵的学习机会。

或许学习周围专家的最复杂也是最有效方式，是我们自己被听课的时候，资深的老师会对我们的教学提出意见反馈。另一种对高效能教师的简单鉴别方法，不同于低效能教师，他们会寻找诤友，对自己的教学提出新颖、客观、建设性的反馈意见。

这并不是说，这些老师从来都不会在被听课的时候感到紧张，很多老师都告诉我们，他们也会紧张。可以理解，我们都将教学看作自身的反应，有时候，骄傲和自尊心会阻挠我们把缺点暴露给他人。与此同时，高效能教师认识到了学生学习进度反馈的重要性。

北卡罗来纳州西班牙语老师丹·提弗特向我们描述，当他被顾问和督导人员听课的时候，感觉是多么的紧张。他回忆自己当时的焦虑，担心听课人员的看法确实影响了他的教学。但随后一位顾问告诉提弗特先生，他并不是被观察的对象；顾问们观察的是学生，只不过同时听提弗特先生的讲课而已。提弗特先生解释说："这提醒我，重点是学生，任何给我提出中肯意见的人都是在帮我。有时候我依然会紧张，但我热烈欢迎听课人员的到来。"

高效能教师寻找能给自己提出坦诚的、批判性反馈的同事。对于劳伦·霍利来说，这个人就是她的校长。虽然有很多老师都"以完美的眼光"

看待她的教学，她却说："我向校长明确表态，我需要她的帮助，找出我最需要改进的薄弱地方。我知道，我不可能同时改进所有方面，但我信任她能够帮我找到影响教学、制约学生学习的关键。"霍利女士和校长协商安排，校长每天都会观察霍利的教学，不论是在教室、食堂，还是在楼道里。每天下午，霍利女士都会期望能从校长那里得到快速的批评反馈"把这养成每天的习惯之后，我很快学会了独立反思，以及与学校同事一起反思……最后，我几乎能够立即解决一些问题"。

▶ 拜访优秀学校

在本书的好几个地方，老师们都提到了"拜访优秀学校"的价值，亲自参观高水平、资源丰富的学校的同年级课堂。高效能教师常常利用这些拜访，振作自己的精神，有利于制订有挑战性的大目标和期望要求，同时，这样的拜访也是观摩学习优秀老师的机会。虽然损失一天的教学时间，不能草率决定，有时候花一天的时间观摩地区内最好的老师教学，还是值得投入这些时间的。很多高效能教师回顾自己观摩优秀老师的课堂，都认为是具有启发意义的。

阿卡夏·威尔逊打算将这些经验运用到自己的五年级课堂中。威尔逊女士比较了自己学校和凤凰学校的学生成绩，她发现自己班里两个学习最差的学生，一个只有幼儿园水平的阅读能力，一个只相当于一年级水平，这两个学生都是印第安人。她曾听说，有一位退休阅读老师投入了大量精力研究对印第安人学生的教学，取得了崇高的声誉，威尔逊女士随即邀请对方前来指导。"她的到来颠覆了整个课堂，让我感受到了新鲜的灵感。"威尔逊女士回忆道，"我们站了两个小时，讲书中的故事并进行表演。我的学生对阅读感到非常兴奋，特别是那些之前对阅读不感兴趣的学生。这节课让我意识到，我需要改变自己的教学方式。"

　　威尔逊女士的努力得到了回报：她的印第安学生的进步节奏明显加快，到学年结束的时候，那两个印第安学生的阅读水平分别达到了五年级和四年级水平。

　　根据我们的经验，带领学生取得突出学习进步的老师，完全不会苟同某些老师的观念，认为他们的课堂是个人专属地盘，不允许任何外界批评冒犯。相反，他们把自己的课堂看作生机勃勃的、鼓励学习的自我完善实验室，哪怕是最优秀的老师，也在和学生们一起学习进步。

促成持续增效的反思循环

　　高效能教师将教学看作一套学得会的技能，希望通过数据评估自己的长处和不足，将进步看作一种主观的积极努力，并将自我完善看作一个与他人合作的过程。

　　类似的，我们看到了成功的老师在每天追求持续增效的过程中，如何实施这些想法。这些老师首先分析学生们在追求大目标时，实现了哪些目标，没实现哪些目标。然后寻找激励或阻挠学生进度的原因，这个步骤可以保证在他们找到资源和帮助时，能够有的放矢地加以改进。

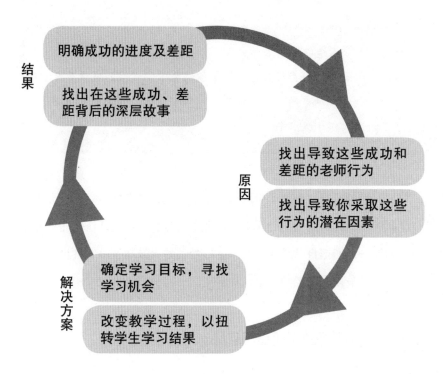

为了更好得分享这些老师的做法，我们用反馈环的形式描述这个过程，其模板是戴维·科尔伯设计的学习循环。

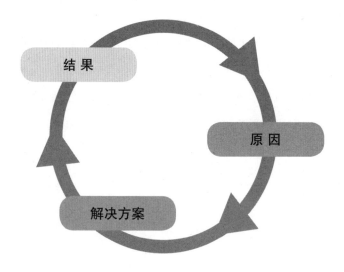

阶段1：分析结果

- 对比你们的学习大目标，学生的哪些进度跟上节奏，哪些没跟上节奏？

- 学生的哪些习惯或行为，对他们跟上进度或落后进度影响最大？

反思过程总是从已知内容开始的。数据告诉你，学生哪方面的学习进度，跟上了实现大目标的节奏？学生哪方面的学习落后于实现大目标的必要节奏？定性数据告诉你，定量数据背后还有哪些故事？换言之，分析结果，就是要找准需要解决的问题。在我们的教学背景中，要解决的关键问题就是有关学生学习的问题。

> ▶ **确定学生学习进度与差距的技巧**

为了把反思循环的第一步执行好，高效能教师展现出了这样的能力：

- **辨明趋势**　如果你设计了全面的测验，并经常组织测验，积极寻找其他类型的数据，你就可以得到大量的信息。从这些数据中辨明趋势是个挑战，对某种类型学习目标的掌握程度，是否有清晰的模式？某个群体的学生对某门特定课程的掌握程度，是否有清晰的模式？

- **确定最需要解决的关键问题**　在你辨明趋势之后，另一个重要技能就是，确定学生学习中的哪个问题最重要——这是说，有效解决哪个问题，能最大程度推动学生实现他们的大目标？收集数据本身就会披露一系列有趣的重要发现。确定几个最重要的领域，比试图一下子改进所有方面更加有效。

明确学生的哪些进度跟上节奏，哪些没跟上节奏

或许你每周的评估数据表明，学生的阅读理解能力成长节奏不够快，不能满足实现你们大目标的要求。或许学生的实验报告成绩说明，学生们的写作水平较低，影响了全班在大学预修课程考试中取得4~5分的目标。或许你的学生阅读水平很高，但写作和数学水平有所不足。提升你的教学效能，始于从你的追踪系统和其他数据源中挖据数据，了解学生们哪方面学得好，哪方面学得吃力。

找到定量数据背后的深层故事

虽然对学生学习情况的评估，已经能够表现学生学得好与不好的地方，高效能教师却把这些评估数据当作更深入调查的契机。获取学生进展或落后情况的唯一方法，一般就是调用多种来源的定性信息：学生作业、你的课程计划、上课的录像视频、听课人员的点评、学生和家长调查中得到的反馈，等等。

总结性数据对于提升教学效能作用有限，一位学校领导对此打了一个比方：

想象一个想要分析本队伍表现的游泳教练，如果他在赛后拿起报纸，看一看他获得第三名的运动员的成绩，他或许会判定，这名队员需要游得更快些。但如果观看了该运动员的比赛，他或许会注意到，她起跳最慢，但在水里游得最快。这时候，他的思路就会清晰起来：他需要集中力量，让她起跳更快些。

学校的评估分析也是一样，只看州考试或临时考试的成绩，就好像阅读报纸上对比赛的总结性报道：你只能得到一些总结性的结论，这些结论实际上可能并不准确。你必须站到"游泳池边"——或者与当事人交流，

才能进行更有效的分析。

塞思·科恩不仅是一名高效能教师，还是得克萨斯州格兰德谷很多高效能教师的顾问和教练，他提醒我们说："数据有很多种形式：学生们回答问题的方式、与听课老师的交流、上课的录像视频，等等。好老师会使用所有这些数据，在他们的教学中寻找模式，决定是否需要改变自己的教学方法、如何改变，然后开始行动。"

在所有这些定性数据中，最有效的是学生的作业，教学法专家重申了很多老师的观点："批改学生作业，有助于弄清并考验很多假设——假设学生们学会了什么、没学会什么，假设哪些学生学会了什么，假设为什么学生们掌握或没有掌握某些能力。"

更甚者，学生作业能够曝光学生可能陷入哪些误区，获得这些"游泳池边"的洞察，需要进行深入的反思。

所以，在反思循环的第一阶段，成功的老师会基于大量数据，从多方面深入了解学生的表现，描绘出一幅清晰的学生学习进度图。他们会根据定性和定量数据——而不是直觉，找出哪些方面进度正常，哪些方面有问题，而这些认识就是自我完善的起点。用一些使用数据的专家的话来说：

问题是，"你真的知道自己想要解决什么问题吗？"……在采取某个具体行动，或者投入时间去设计可能的解决方案之前，你必须充分了解以学生为核心的问题，我们将其定义为学生考试成绩背后的理解或技能问题。"以学生为核心的问题"，是指有关学习的问题，而不是说学生们有问题。

在自己成功或失败的基础上，高度成功的老师能够占据有利位置，继续反思，是他们的哪些行为、怎样导致了这些结果。

阶段2：洞察原因

● 老师的哪些行为对学生成绩的关键方面影响最大？

● 哪些根本原因或深层因素导致了老师的这些行为？

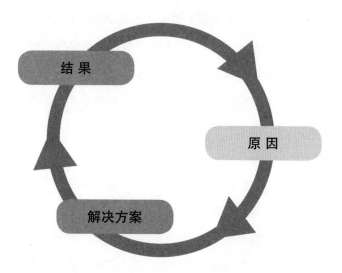

　　在明确了学生的哪些进度跟上了节奏、哪些没跟上节奏之后，高效能教师反思循环的第二阶段，就是考虑老师的哪些行为（或者缺少哪些行为）是导致这些问题的根源。只有洞察了问题的根本原因，我们才能去寻找解决方案。

找出问题的根源是哪些行为

　　一旦你确定了想要改进的问题，就该指出导致当前问题的根源。高效能教师首先从自身行为挖掘问题的根源。因为他们认为，自己应该为课堂上的事情最终负责，他们首先假设自己的某些作为或者不作为是学生学习或不学习的原因。

　　例如，看洛杉矶老师安娜·鲁提下面的反思吧，当她认识到学生学习存在一个问题以后，她首先从自身行为开始寻找原因：

　　在梳理了我们第一季度语言艺术正式考试的数据之后，我发现全班的写作成绩最低，而语言习惯的得分最高。他们非常不善于组织句子，这些结果导致了一系列疑问。我希望找到问题的根源，为什么我的学生在一个领域表现很好，在另一个领域却很差。我主要从两方面分析这些结果。首先，我想要核实考试题中的语言表述，考题的表述有问题吗？我的学生理解了考题没有？我是否忽略了考试本身也是问题的一部分？然后，我就开始反思自己的行为，我是否用了足够的时间明确学生们学习目标？我的授课是否有效？在深入思考之后，我找到了导致问题的多个重要原因。第一，我花在语言习惯上的教学时间，远比花在写作方法上要多，我没有有效核实学生们能否把句子组织成段落，我没有计划充分的时间，让学生们反复练习。我想，如果我对学生理解程度的检查更加有效、分配给特定目标的教学时间更加充分，或许能得到更好的成绩。在那次考试之后，我和学生家长共同反思了考试结果，向学生家庭传送更多的资源，并在课堂上花费更多时间在某些学习目标上。

鲁提女士在思考，她的行为对学生跟上或落后于进度有何影响，并试图找到导致这些结果的最本质（或者最根本）的原因。这是我们在最高效老师身上看到的一种重要特质：拒绝急躁地将学生的不佳表现归咎于单一原因。就像心理学家埃伦·朗格尔在《专注力》一书中所说的一样："我们限制自身选择的一个重要方式，就是将我们的所有麻烦都归咎于一个原因。这样的无知，局限了我们可能找到的解决方案……当用单一原因解释一件事的时候，就往往会忽视那些与之冲突的信息。"（这也重申了基于数据进行思考的重要性。）

寻找根源，需要系统而有条理地追溯原因。训练有素、认真思考地分析原因，可以识别出相当数量的影响因素，并为自我完善提供路线图。与我们合作的最高效老师对根源分析的描述，和研究人员的看法是一致的："结构化的提问推理，可以让人们认识到并讨论，导致一个组织差劲的深层次信念和行为。根源，是一种基本因素，如果纠正或取消它，就会阻止某种情况的再次发生。"

大多数情况下，根源分析只是一种提问为什么的过程，反复追问，直到发现事件的主要原因。不妨来看一下位于华盛顿杰佛逊纪念馆的花岗石开裂的故事，一位教师兼作家使用这个故事来描述寻找根源的过程。颇有几分神秘的是，其他所有纪念馆的花岗石都很坚固。根源分析过程如下：

提问：为什么杰佛逊纪念馆上的花岗石会裂开呢？

回答：因为它冲洗次数比其他纪念馆多。

提问：为什么杰佛逊纪念馆比华盛顿其他纪念馆冲洗次数多呢？

回答：因为杰佛逊纪念馆上有更多的鸟粪。

提问：为什么杰佛逊纪念馆比华盛顿其他纪念馆的鸟粪多呢？

回答：因为它上边的鸟更多。

提问：为什么杰佛逊纪念馆的鸟更多呢？

回答：因为它上边有更多鸟类喜欢吃的蜘蛛。

提问：为什么杰佛逊纪念馆比华盛顿其他纪念馆上的蜘蛛多呢？

回答：因为它那里有更多蜘蛛喜欢吃的飞虫。

提问：为什么杰佛逊纪念馆比华盛顿其他纪念馆上的飞虫多呢？

回答：因为杰佛逊纪念馆的开灯光的时间长，吸引了飞虫。

结论：每天少开一会儿灯光，花岗石就不会裂开了。

如果管理部门只停留在第一层思考，停止冲洗纪念馆的花岗石，那么就会产生其他问题。如果提问"为什么"的次数太少，就无法找到最有效、最快捷的解决方案。每一次回答都是产生问题的原因，但只有最后一个答案才是根源所在，才能定位解决问题的核心。

我们在优秀老师的自我反思中看到了类似的模式。当学生成绩出现分化的时候，最明显、最表面的解释往往不是问题的真正根源，所以解决这些表面问题并不能产生我们想要的效果。例如，考虑这个例子，一位老师的学生成绩毫无起色，还常常有不良行为。新老师或许会认为，根源是因为没有有效落实他们的纪律系统和奖惩措施，但实际上，还有其他几种可能的根源值得考虑。如下页图中所示，所有前五种潜在原因（甚至更多种），都有可能导致学生的成绩不佳。现在问题来了，其中哪个因素对学生的成绩和行为问题影响最大呢？是因为没有清晰、有效的强化行为要求，才导致学生违反纪律吗？哪个因素影响了学生对知识的掌握，并降低了学生对学习的投入呢？或者，是不是因为学生产生了误解，他们才感到沮丧，违反纪律，对大目标缺乏投入呢？或者，学生们不肯积极学习，是不是因为他们不懂得学习的重要性？这要求基于尽量多的证据，做出正确的判断。这位老师或许会决定，深入探究其中一种或几种原因，以求得到更加明确的答案。例如，他也许会决定，深入调查研究他的课程计划是不是问题的根源，他也许会请一位顾问审阅部分课程计划，讨论可能出现的趋势，从而在某个方面进行改进。如果这位老师能够首次找到学生成绩和行为的某种趋势，这种专门的调查研究就更有成效。

就像杰弗逊纪念馆的例子一样（课堂中经常发生这样的事情），一个问题的最明显原因往往并不是它的根本原因。例如，想象一下，对这位老师的近距离观察数据表明，学生们90%的违纪行为，都发生在老师辅导向独立作业的过渡过程中。这个事实可能提醒我们，并不是这位老师的纪律或者课堂管理系统出问题了，而是在管理学生独立作业、辅导检查学生理解程度，或者课程计划上出了问题。如果这位老师改变纪律和奖惩规则，他可能解决一些症状，但解决不了根本问题。提问"为什么"的过程，有助于揭示这些核心的根本问题，它们才是老师自我完善的聚焦点。

问题：一周学习一个单元，52个学生中，有36人对单元学习目标的掌握程度在50%~79%。在整整一周里，很多学生都出现了违反纪律的行为，大部分学生在独立做作业的时候感到困难。

▶ 潜在原因1：我对纪律的强化和重申可能不够持续、不够明晰、不够坚决，或者因为其他原因没有起效。

▶ 潜在原因2：我的课堂管理系统可能不够有效。

▶ 潜在原因3：我或许没有有效调动学生投入到对大目标的追求中去。

▶ 潜在原因4：在让学生独立做作业之前，我或许没有充分确定他们的理解程度。

▶ 潜在原因5：我的课程计划或许设计得不够好，不能引导大多数学生掌握学习目标。

　　就像客观数据可以显示出我们的主观判断与课堂实际情况之间的冲突一样，我们常常会对失望结果背后的原因判断错误。尽管我们不总有客观数据来揭示真相，关键还是要寻找证据，证实你对问题根源的看法。数据表明，老师的行为如何促进或阻碍了学生的学习。数据是否揭示，某种方法或策略更加有效，或者更加无效，为什么某种方法或策略有效，或者无效？

▶ 寻找问题根源的技巧

和寻找你想要改进的结果一样，寻找产生这些结果的根源，需要强大的批判性思维技巧，包括以下能力：

● **辨明因果关系** 基于清晰的证据，准确判断趋势至关重要。例如，基尔·麦克奎恩在课后测验中发现，有时候学生的平均分能达到90，有时候却只有60分，于是他翻看那些天的课程计划，寻找原因。他注意到，如果课上的指导练习交互性很好（如有角色扮演活动），学生们的成绩表现就非常好。作为一名老师，这个洞察代表了他成长的一大步。

● **对准原因结果** 另一个重要技巧，是要确保你找到的根本原因，与你想要解决的问题是一致的。这听起来是显而易见的道理，但根据我们的经验，老师们——尤其是新老师，面对这些关系往往会感到手足无措。理清这些关系的能力，会随着教学核心、技能知识的增长而增长。

● **找出最重要原因** 在准确寻找根源的时候，严谨的排序也很重要。为了最大化后续的改进效果，找到一旦改进就能大大提升成绩的最重要问题很重要。

● **了解你自己** 自我意识是非常宝贵的。我们每个人都会遇到危险的时候、不满意的时候，都有猜测和偏见，它们都会影响我们的教学效能。为了准确判断众多问题原因的重要性，我们的判断必须考虑到所有这些影响因素。

找出你采取成为问题根源的行为的原因

一旦你找到了自己对学生学习的负面影响，你就走到了一个岔路口。你准备好继续寻找解决方案，或者更深入挖掘自己为何会给学生带来负面影响了吗？你是否缺乏必要的知识和技能？你是否需要挑战自己的思维模式？为了采取行动消除（而不是引起）学生学习的分化，你还需要知道什么，还能做什么，或者还能相信什么？

新泽西州幼儿园老师索菲亚·帕帕斯，坚持在教学的时候记录自己观察到的情况，她发现一个学生不喜欢学习，抵触上课。她对该学生学习落后的情况和自己的教学方法进行了反思，认定自己需要增加有关区别教学的知识和技能。与此同时，她搜集更多信息，看这个学生在什么时候、怎样才能更好的学习。根据她的笔记和观察，她发现，该学生在做游戏和玩积木的时候特别兴奋，他还会对一些笑话做出积极反应——这些洞察帮助她运用自己正在培育的区别教学技能，带领这个学生打开了学习的突破口。这些洞察引导帕帕斯女士抓住机会，在学生兴奋投入玩游戏或者积木的时候实施她的教学，在不知不觉中，利用这些时机灌输学习。这种方法起到了很好的效果，该学生的成绩也有了进步。

在我们的一项匿名调查中，一位老师分享了她对数据的反思，这些数据显示，尽管她的27名拉美裔学生和4名白人学生的阅读水平都稳步提升，但还有3名非裔学生完全没有进展。这位老师通过坦率、自我批判式的反思，花时间搞清楚了自己的行为如何成了问题的根源：

当反思课堂里的情况时，我没有像对待我的白人学生和拉美裔学生那样，密切联系他们的家长。这有很多原因，比如我是讲西班牙语的，所以我与那些拉美裔学生家长对话时感觉更舒服。我觉得自己更能被他们的社区所接受，仅仅是因为这种语言。我是白人，所以我和白人学生家长谈话时也会觉得舒服。所以我就有了这样的想法（我是指，我对我的非裔学生家长产生了偏见，误以为他们更有可能拒绝帮助我，或者难以沟通，或者他们只会把我当成一个前来拯救有色儿童的白人小姑娘）。所以，所有这些因素交织在一起，使我产生了一种恐惧，阻碍了我在必要的时候联系那些学生家长，影响了这些学生的学习。

通过坦诚分析数据揭示的课堂实际情况，加上深刻的自我反省，这位老师看到了可以改进的地方，她曾经怀疑非裔学生家长应对挑战的能力，怀疑他们配合自己提高学生成绩的意愿。认识到这个问题之后，她加倍努力，联系可能受到这些偏见影响的群体。

阶段3：制订并实施改进方案

● 哪些学习经验可以帮助我解决已经找到的问题根源，实现我的关键目标？

● 根据改变学生成绩的学习经验，我应该改变自己的哪些行为？

● 我怎样才能知道，这些学习经验成功带动了学生进步？到什么时候，原因和结果两个层面上能显示出不同，以及怎样的不同？

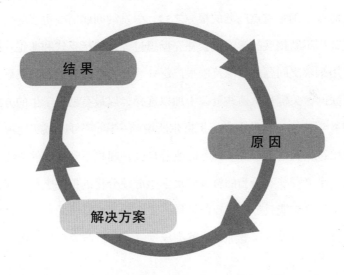

在反思循环的上一个阶段，老师确定并实施解决成绩分化根源的解决方案。因此，在这个解决方案阶段，要从分析走向改进，确定需要改进的领域，找到解决问题根源的必要学习经验，然后将这些领悟贯彻到课堂实

践中去，改变学生成绩。

大多数老师都有很多机会参加专业培训。根据我们的经验，不太成功的老师并不缺少这样的机会，但缺少选择恰当方法的能力。高效能教师在基于数据找到问题的根源之后，会做出明智的选择，决定哪些资源对他们的学生学习最有益处。纽约特殊教育老师布莱恩·华莱士在解释自己的做法时说："参加阅读教学专业培训，使用新的课堂管理技巧之所以有用，是因为我事先找到了特定问题，反思了我的哪些作为和不作为促成了这些问题；要确保……我的行动是和学生们前进的需求相一致的。"

有时候，除了确定问题的根源之外，寻找解决方案还需要一点其他努力。例如，如果你专心于反省说明，粗心忽略了坐在后排的学生，就有几种明显的解决方案。或许你需要多在课堂里走动，需要定期改变学生的座次，需要建立一个随机提问的机制，需要综合运用这三种方法。

有时候，确定重点问题的根源之后，引发的问题需要更多的资源。成功的老师用不断拓展的学习机会补充反思过程，包括正式和非正式的学习机会。用来解决问题的资源范围很广泛——从大学课程到参考书籍，从同事到互联网，关键是从这些资源中加以选择，以最有助于学生的方式改进自己的教学技能。就像香农·丁格尔所说的一样，"可以诚实地说，从来没有发生过，我决定了要从哪方面改善自己，却找不到恰当的资源"。

在一个老师找到恰当的资源解决学生成绩分化的根源之后，就只差最后一步了。高效能教师最重要的最后一步，是改变自己的行为。根据精心选择的资源调整课程，老师就能够完成反思循环，改变学生的成绩。

总结：核心思想与后续问题

本书的框架（参见附录）描述了老师的六种行为，它们构成了持续增效老师的一般反思循环。高效能教师：

5-1：评估学生学习进度，发现明显的成绩分化。

5-2：找出对成绩进步和落后影响最大的学生习惯或行为。

5-3：找出对学生关键方面的表现影响最大的老师行为。

5-4：找出导致老师这些行为的深层因素。

5-5：调用有意义的学习经验。

5-6：在完成数据收集、反思、学习之后，调整授课方法。

核心思想

高效能教师取得了快速上升的学习曲线，我们可以从他们身上学到这些：

●　坚持通过证据了解课堂里的情况。学生们在学什么，没在学什么？学生们在做什么？你发现了什么模式？

●　经常反思课堂情况的证据，坚持探索为什么会这样。

●　和同事或顾问一起反思，往往有助于你对自己的教学实践产生新的认识，加速你作为一名老师的成长。

●　遵循"结果—原因—解决方案"的过程，是最好改善学生学习的最佳方式。

这些原则提醒我们，作为老师，改进的行为是有目的的。归根到底，还是为了学生的学习。无论你采取什么样的方式解决问题、反思、提升专业素养，学生们的学习成绩才是你成功与否的最终标志。就像高效能教师瓦内萨·穆勒所说的一样，"这不是关于你的——也不像你想的那么简单，这是关于学生们的，关系到平等，关系到改变某些比你个人更伟大的事物……我做出的每一点进步，都是为了更伟大的事物，这种认识让我不断前进，让我心中坚持进步的熊熊烈火永不熄灭"。

后续问题

牢记持续增效的这些原则，新老师就可以开始探索一些重要问题，给他们的学生照亮未来的成功之路：

- 我怎样才能最清晰地了解全班学生的学习情况？

- 我应该怎样向他人（顾问、同事、专家、领导等）求助，请他们以批评反馈和共同讨论解决问题的方式，帮我分析症结、原因和解决方案，帮助我迅速成长为一名优秀老师呢？

- 我应该怎样寻找资源和职业培训机会，提升我的职业能力呢？

- 我应该怎样提高自身能力，准确查找最重要的问题、原因和解决方案呢？

劳拉的故事：这是我的夏令营座位

劳拉女士在最近一次心理测验中发现，道格拉斯的年龄并不比其他同学大多少，只有从身材上才能看出他稍微年长一点点，他长长的四肢与矮胖的身材和圆脸很不相称，在劳拉女士的班里，只有几名女生表现出青春期的特征。然而，他多多少少有些与众不同，吸引了大家的眼球。在那些经常令人不快的日子里，劳拉女士需要提醒自己，道格拉斯只是个孩子，只需要看看他的手就知道了。在他那长而有力的胳膊尽头，是带着婴儿肥、关节凹陷的手掌。

令劳拉女士感到宽慰的是，当她让道格拉斯换到一个新座位时，他没有立即反抗，虽然他也没有离开当前座位，给阿方索让座的意思。道格拉斯对顽强的理解，总是很肤浅，有时候还会冒犯他人。当劳拉女士反复思考座位表的时候，她不禁为那些靠近道格拉斯的学生感到担心，不过，她并不担心那个夏令营时被安排在道格拉斯座位上的学生。

道格拉斯·罗格经常会无端暴怒，往往需要劳拉女士立即加以全力关注。尽管这些突发情况难以控制，劳拉女士还是很快发现，他的面部表情会准确预示这些事情。她已经学会观察这些警告信息——皱紧的眉头、握紧的拳头，还有冷冷的凝视。有时候，道格拉斯可能对着一桌子作业咧嘴大笑，影响他人学习。接下来，他眼神渐渐凝聚，眉头开始紧皱，这时就需要劳拉女士立即加以干预。

在这样的循环中，一个令人沮丧的因素是，某种干预能在多大程度上制止或推迟道格拉斯的愤怒是不确定的，有时候他会突然爆发。爆发的形式，可能是噘着嘴坐在教室地板上一言不发，可能是龙卷风一般冲过一排桌子，乱扔或打翻书本、试卷或桌椅。这些愤怒狂暴，有时候会对其他学生和老师造成人身威胁。道格拉斯经常逃课，劳拉女士想，这很大程度上是因为他在三年级多次留级，这使道格拉斯的成绩越来越差。

这时候，道格拉斯还是没有离开现在的座位，劳拉女士站在他和阿方索之间，陷入了紧张的僵持。然而，道格拉斯看起来更加坚决，他交叉双手抱在胸前，脸上露出对劳拉女士和阿方索的厌恶。

为了寻找道格拉斯行为问题的根源，劳拉女士在夏令营期间记录了自己的观察思考，总结每一次问题都是由什么因素引发的。有时候，是因为向他收作业，而他还没有完成。个别时候是因为向他收已经完成的作业。有时候，是因为要求他大声朗读。有时候，是因为在他打瞌睡的时候把他叫醒了。有其他同学"看他"的时候，道格拉斯也会认为是一种重要时刻，大发雷霆。

和道格拉斯的挫折没关系，劳拉女士指不出他的不良行为有何模式，这令她认定自己还没有找到问题的本质。尽管不能确定这些触发因素，但她还是很积极，只要她知道了这些触发因素，就能设计恰当的课堂干预措施，减缓道格拉斯的愤怒。她努力工作，并不是要用自己的愤怒来应对学生的愤怒，但她不知道如何才能做得更好，这令她感到沮丧。随着道格拉斯在座位上越来越焦躁，她提醒自己要更加深入地了解道格拉斯，希望能有所发现。

劳拉女士弯下腰，轻声对道格拉斯说，她会感谢他的配合。鉴于他们之前的经历，尽管这是他迈入四年级的第一天，他还是冷笑一声，斜瞥着眼说："这是我的夏令营座位。"他还是不愿意搬去安排给他的新座位。她瞬间感到，帮助道格拉斯需要付出巨大的努力。

道格拉斯的座位空着，劳拉女士在教室里安排了三个信任的学生，准备应对潜在的意外事件。

"道格拉斯"，劳拉女士坚定地说，"这是你的夏令营座位，但当时你是三年级学生。现在你是四年级学生了，需要做出一些改变。"

永不放弃 第 **6** 章
Work Relentlessly

TEACHING AS LEADERSHIP

> 高效能教师勇敢担负起带领学生取得优异成绩的责任，哪怕这意味着远远超出对老师的传统要求。为了给学生学习增加可用时间和资源，让他们能够长时间永不放弃努力，这些老师进行创造性思考行动，跨越并克服了看似不可逾越的障碍。

1 设定大目标 Set Big Goals

2 多管齐下 Invest Students and Their Families

3 周密筹划 Plan Purposefully

4 高效执行 Execute Effectively

5 持续增效 Continuously Increase Effectiveness

6 永不放弃 Work Relentlessly

> "只有面对学生的好成绩，我才能认识到自己经历的所有挫折是有意义的。"

罗勃·罗皮克罗，路易斯安那州高中科学老师

阻挠我们消除成绩分化的障碍令我们饱受折磨。当追求这样的重要目标时，我们必须下定决心，扫除一切障碍。反思自己在课堂的时光，只有面对学生的好成绩，我才能认识到自己经历的所有挫折是有意义的，所有这些艰难困苦、所有汗水、眼泪都是值得的。此外，没有哪种痛苦，比没有高中毕业、没有接受教育的人生更加痛苦，这就是我们的学生所面对的世界。我们必须胜不骄、败不馁，绝不能满足于跟上进度，必须奋力前行。我们必须不断进取，必须去做所有需要做的事情，带领学生取得优异成绩，实现我们的宏伟目标。

罗皮克罗先生坚持认为，我们的角色就是尽己所能，确保学生们取得成功。在采访中，那些带领学生克服贫困障碍、取得优异成绩的老师们，普遍抱有这种想法。这种坚持不懈并不是夸夸其谈，而是永不放弃、不屈不挠、睿智机敏和谦逊的综合，它引导这些领导者穿越重重困难，到达目标终点。

教师掌控着学生的成败

在本书的前言中，我们提出了一种看法，就是老师能够改变低收入社区学生的生命轨迹。回顾了科尔曼报告的结论，说学生的成绩有90%是由其社会背景和其他学校外因素形成的，该结论虽然不能完全相信，但值得思考。根据我们研究数千个班级的经验，尽管社会普遍看法认为学生的成绩分化"就是那样的"，但老师的力量依然足以控制孩子们学习中的关键方面，消除成绩分化，改变他们的生命轨迹。

高效能教师并不把这种想法看作一种规定或者意识形态，而是作为一种个人信仰。对于我们在低收入社区遇到的一些高效能教师而言（其中有些在本书中遇到过），说他们无法消除学生的成绩分化，不仅是不可接受的，也是荒谬的。这些老师已经看到学生成功的潜质，他们取得课堂领导力的行为，使他们坚信自己能够控制学生的成败，并要为之最终负责。

这种坚定的信念，一个人可以控制其周围的环境，而不是被那些环境因素所控制，已经得到了心理学家的充分研究和阐释。研究指出，有的人倾向于相信，他们能够掌控自己的命运，将自己的经历视为自身能力和努力的结果。而其他人则倾向于关注环境、运气，以及其他外在因素，以此来解释自己的成功和失败。专家把人们在这方面的观点称之为"控制观"。

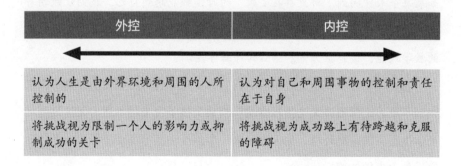

外控	内控
认为人生是由外界环境和周围的人所控制的	认为对自己和周围事物的控制和责任在于自身
将挑战视为限制一个人的影响力或抑制成功的关卡	将挑战视为成功路上有待跨越和克服的障碍

为本书提供思想源泉的高效能教师让我们看到，缺少资源的学校成绩分化最为严重，面对这样不可回避的挑战时，老师不能轻易放弃或者寻找借口，而是要扪心自问："为了学生们的命运，我应该怎样才能克服这些挑战？"这些老师已经证明，在追求教育公平的路上，内控型的思维模式

是有效的。

特蕾西·爱普是一位高效能教师，如今她是得克萨斯州格兰德谷一所全美著名的优秀公立学校的首席学术官，她花几天时间观察、思考老师的教学效能。她说，根据她的经验，内控型的思维模式是强大老师的突出标志：

投身教育事业十二年以来，我有幸看到无数教学方式和各种不同的老师。老师能否教出优秀的学生的主要区别，就在于是否有这样的思维模式，作为一个老师，你要把每次艰难挣扎当作挫折和障碍，而不是失败。决心实现目标、为学生提供最好的教育机会的老师，不会寻找借口，这是他们的奋斗目标。他们只坚信，学生们必将取得成功。

很多成功或不太成功的老师都印证了爱普女士和我们的发现，一位研究人员说：

能否承担责任，是高低效能雇主、老师、校长乃至家长之间的本质差异所在……作为领导者，我们必须帮助所有的老师，担负起他们的责任。如果每个人被问到"哪里存在变数"的时候都能想到自己，我们就能朝着提升学校水平迈出一大步。这种方法能够给予老师力量和信心，提升他们的教学效能，最终把力量和信心传导给学生。

当然，关注我们所能控制的事物，并不意味着对那些无法控制的因素视而不见。老师或许无法扭转哮喘病给某个孩子带来的不适，无法改变某个学生恶劣的家庭环境，也无法消除一个孩子对其家庭经济压力或者社区突发暴力事件的焦虑。

和很多与我们合作的老师观点一样，马丁·温彻斯特告诉我们，他在美国一个低收入社区执教11年，发现只要关注自己能够控制的因素，就足以改变学生们的学习轨迹，"作为一名老师，我学到最宝贵的一课，就是把我能改变的事情和我不能改变的事情分开，"温彻斯特先生说，"听到学生们在课堂之外面临的压力和挑战，如同泰山压顶，常常令我感到绝望。听到我的学生阅读吃力，只会令我更加振作，因为我知道自己能够改变这种情况。"

这本书中提到的老师们的事例，说明老师能够对学生的生活产生强大影响，足以消除成绩分化。老师能够让学生意识到，努力可以走向成功；能够把课堂教学变得高效、吸引人；增加学生学习的时间，减少不专心学习的时间；在教室的空间里，让学生们感受到安全、热情的氛围，激励他们去进行学习上的冒险。我们已经多次看到这样的老师，他们能够掌控一些因素，带领学生取得优异的成绩。

永不放弃的关键要素

通过对高效能教师的观察，和与他们的交流，我们找出了几个促进学生学习"无论如何都要采取"的关键要素：

- 面对困难和失败坚持不懈。
- 保持高预期，哪怕学生现在远远落后于预期，而且面对很多困难。
- 拓展时间和资源。
- 通过师生关系、学生成绩、尊重和谦虚，以及职业精神，拓展你的影响力。
- 长期坚持这些工作。

坚持不懈

本书中提到的每一位老师，都有过努力克服困难帮助学生高效学习的故事。不妨回顾一下艾瑞克·斯克罗金斯，他设计的大目标是让学生在地理会考中取得高分，实现这个目标并不容易：

在追求目标时，为了让我的学生通过地理会考，我遇到了很多障碍。首先，我必须获得学区主管的同意，才能去教这门课。他对我的请求心存疑虑，因为这样的请求有悖传统，而且鉴于学生们面临巨大挑战，而我又是一位新老师，他的担心可以理解——他不想让我把学生和自己举得太高，容易摔得更惨。通过学生家长的帮助和校长的游说，我的想法最终获得了认可。其次，我需要资源方面的保障，会考需要高水平的教材和更多的实验时间。我在之前认识了一位管后勤的副校长（和她建立了密切关系），为了支持我们，她订购了一整套新书，通过耐心争取，我最终让每位学生都得到了新书。然后，我又申请了一小笔经费，采购我们所需的更多预习资料。最后，我们还需要更多的时间，我得到批准，可以在放学后和周六的时间使用教室，并对每位学生及其家长提出希望，他们有必要来参加补课。

斯克罗金斯先生按照自己的信念行动，坚信自己能够控制必要的因素，带领学生们取得成功。通过克服重重困难，他的八年级学生有三分之二通过了严格的会考（几乎是该城市十年级学生在同一考试中通过率的两倍），这项成功为学生们打开了纽约各个著名高中的大门。

有时候，我们面临的挑战更加平淡。詹妮·格文是费城的一名八年级英语/语言艺术老师，就遇到了一个非常常见的困难，她没有自己的教室，她不得不在不同的上课时间推着一辆手推车去各个教室。但是，教学的责任感还是激励她找到了自己的方法：

在开始几天里，我对自己的教学感到很生气，发现自己把没有固定教室当成了借口。但我很快就意识到，不过是个手推车而已。这不是什么大事，它无论如何都不应该成为不好好教学生的借口。我开始关注自己可以做哪些准备工作，能够让我走进教室后，组织学生们立即开始学习。于是，我在上课前走进每一间教室，在教学电脑上创建PowerPoint软件的快捷方式，这样我就不必浪费时间去启动它。我把试卷放在书架上，指定一名学生在开始上课的时候分发，我把进度追踪图和其他学习材料张贴在我上课的每个教室里。我认识到，总是想这些困难没有用，必须克服它们。

这些老师证明，内控型的思维模式可以促进老师坚持的决心。史蒂芬·埃斯提斯是圣路易斯市的一名特殊教育老师，他非常简单地描述这种行为：

坚持不懈意味着永不言弃。是否在某些日子里，你想要放弃？诚然，这是人性的弱点，但通过坚持不懈，你可以有意识地把自己的决定坚持到底。你的目标并不是只要求60%的学生掌握所学概念，你也不想让班里的学生得到不及格的成绩。要努力走得更远一点，永远都不应该放弃任何一个学生，漏过任何一个概念。你只能坚持前进。

坚持高标准

高效能教师永不放弃的内控型思维，还体现在他们拒绝妥协，哪怕是面对严峻艰难的现实，也不会降低对学生的要求标准。根据我们的经验，在两种情况下，哪怕是最高效能的老师也有可能为学生的表现不佳寻找借口，但他们依然会拒绝妥协自己的标准。

"他们落后了多少"

虽然我们读了无数的文章、书籍，知道成绩分化的种种可怕数据，但如果将这些数据具体化到学生身上，依然会令我们感到震惊，感到气馁。我们一次又一次听新老师们说："我只是不敢相信，他们竟然落后了这么多！"你可能发现，你的五年级学生们，其阅读能力只相当于二年级或者三年级的水平（甚至还有人刚刚开始学习如何阅读）。或者，你可能发现，你教授科学课的七年级学生们，缺乏基本的数学知识，以至于无法进行课程要求的实验，甚至连阅读你的补习材料都感到吃力。或者，你可能发现，你教授英语课的十一年级学生们，连段落都写不好，你本指望他们申请进入大学，可他们连入学申请书都写不了。洛杉矶一位八年级英语老师弗兰克·洛奇尔，这样回忆自己发现学生的成绩分化之后，自己的瞬间气馁：

> 走进我的英语课堂，我激动得想抓住一切机会，把有关文学的所有概念都教给他们——作者之间的关系，错综复杂的故事，新颖的叙事方法，以及种族、阶层和性别分析。我知道要做很多工作才能让我的学生们赶上年级平均水平，在9月的第一周，严酷的事实就给了我当头一棒。我心想，该从何处开始下手呢？拼写？句子结构？词汇？标点符号？我为这种耽误了一代学生的教育系统感到悲哀、愤怒，却又不知所措。如果我的学生连文章都看不懂，我该怎样和他们讨论作者对角色种族设定的象征意义呢？如果他们连一个完整的句子都写不出来，我们怎样才能对社会歧视进行书面分析呢？

> 我知道自己面临一个选择：（1）我可以甩手不管，放任这种糟糕的现实情况继续下去；（2）降低我的教学标准，只教学生基本内容，而不去带领他们挑战更深的内容；（3）想尽办法，在此基础上推动高水平的文学分析教学。

和其他高效能的老师一样，洛奇尔先生努力工作，去完成第三个选项。他回忆说，他不得不去从严格的学习标准中提取基础知识，加以分解，并进行优先排序，然后把这些与学生们在阅读写作中遇到的困难结合起来。即使在看清了自己面临的巨大挑战之后，他依然拒绝降低自己的标准。

当和洛奇尔先生这样高效能教师合作的时候，我们收集了他们的意见，哪怕学生之前基础不好，也要坚持高标准、严要求。其中，他们给新老师提出了以下建议。

- **从基础开始，但不要止步于基础**　面对学生现状与你期望的巨大差距，感到失望泄气的时候，首先要记住聚焦最基本学习技能的宝贵价值。这并不是说，你可以给课程掺杂水分，或者只把基础内容当作你的目标；而是说，不论你们是几年级、课程设置如何，你或许都应该在坚持其他学习标准的同时，集中、加速、持续地教学生们基本阅读与数学技能。

- **认真对待所有年级和科目的阅读理解教学** 一个密切相关的概念是，我们学生整体上的阅读理解水平较低。因此，高效能教师不论教什么课，都会在自己的领域内进行阅读理解教学。

- **利用学生智力的优势** 有时候，尽管学生们的学习水平达不到标准要求，但他们的智力发育成熟，这就使得他们可以大步前进。

- **更快，而不是更慢** 有些老师看到学生们成绩落后，就放慢了教学节奏，然而正确的做法恰恰相反。你的学生虽然暂时落后，但他们拥有巨大进步的能力和潜力。本书中勾勒的领导力原则，使有落后学生的老师能够采取并保持更快的教学节奏。

- **对比优秀课堂，把握你们的教学节奏和进度** 把握教学节奏的一个最好方法，就是观察高水平学校里的一些优秀班级，把你们的节奏与进度和他们相对比。

抵制"低要求、软偏见"

如果说学生低水平的学习现状，是坚持高标准的一个挑战，那么学生们实际面对的还有另一种挑战。有时候，我们的学生面临沉重的负担，对他们的学习构成了严重的挑战。当我们开始认识到这些挑战的时候，很多人都会把同情心和关心变成借口，降低了对他们的要求。

甚至与我们合作的最成功老师，也承认自己曾经因为心软，放松了对学生的要求。以下陈述都改编自高效能教师们的"忏悔思考"，正是这些想法促使他们降低了对学生的标准：

● 卡米拉晚上还要打工，所以我只好放过她那粗心潦草的作业。

● 奥斯卡饿着肚子来上学，当然，他会在晨会期间有出格动作，我能够包容他。

● 今年我有三个学生没有达到五年级的最低标准，但是他们确实表现很好，也都努力了，我会放他们进入六年级。

● 去米歇尔家家访让我大开眼界，那和我的生活经历大不相同。米歇尔家里有那么多事情，让我不忍心再严格要求她专注于学习。

● 我知道，梅丽莎的情况很艰苦。我自己也有过类似的经历，我应该在某些方面放松对她的要求。

因为我们关心学生，在面临这些选择时，很难做出决定。如果不平等的贫困负担影响了他们的学习，我们该如何应对？一方面，忽视这些现实情况，坚持要求挖掘出他们的全部潜力，看起来有些不公平，这其实是对他们提出了比其他环境中学生更高的要求。另一方面，放松我们的教学标准，就等同于认为我们的学生不能取得成功，是因为他们的种族、社会经济地位或者家庭背景。

带领学生取得突出进步的低收入社区老师有一个明显特征，他们拒绝妥协，拒绝接受学生学习不好的任何借口。哪怕认同学生们在生活中遇到的困难，并表示同情，这些老师依然坚持他们的高标准。他们并不认为努力无关紧要，也不认为学生面临的负担可以忽略，但他们坚信，不论处于什么原因，降低对学生们的学习标准都对他们有害无益。

最高效老师相信，让同情、关系或怜悯之心降低我们的标准，只会让这些学生更加确定，他们无法得到富裕社区学生所拥有的人生机会，从而增加他们的贫穷负担。因此他们认为，强化高标准是一种不可忽视却非常困难的课堂要素。

凯特·索贝尔是一名非常成功的老师和学校领导，她回忆自己的经历，一个学生让她明白，坚持对每一个学生高标准虽然是一种挑战，却很重要——这个学生就是弗朗西斯科。

"我给了他很多关心，却忘记了教学。尽管我自认为对他的帮助没错，但我也后悔，自己当时没能够兼顾同样重要的目标，教他阅读。"

凯特·索贝尔，加利福尼亚州一年级老师

弗朗西斯科第一次来到我的教室时，环顾四周，咧着大嘴笑。我当时已经在那个课堂教了四年，很容易看到他那偏大的鞋、偏短的裤子、反穿的T恤衫，看到他的眼中闪烁着进入一年级的激动光芒。弗朗西斯科和他的哥哥维克多，整天都在打包包裹、整理图书馆、拆包彩色粉笔。弗朗西斯科的学习起点已经落后，我给B教室的学生制订了详细计划，弗朗西斯科在名单的最前头。

那一年，我花了很多时间和他相处，渐渐喜欢上了他那缺牙的咧嘴大笑和大小不合适的衣服。但在所有这些时间里，我忘记了自己的教学标准，和自己作为老师的主要职责。我带领弗朗西斯科度过了一整年，却没有教他如何阅读。

我一直在反思这件事。那一年过得飞快，这只是其中一件事。我能清楚地记起每一件事，但我实在想不起来，我在何时放弃了对弗朗西斯科的学习要求。有一次，看到他的蛀牙厉害，脸肿得像个足球，我把他送回家，明确告诉他，看过牙医之后再来上学。有一天下午，他和他哥哥在课桌前吃花生酱和脆饼干，我用辅导时间为他们提供了一份必要的点心。而且，每一次我和他的母亲交谈，都是聊他的就寝时间、看医生、穿新衣服。不知为什么，每天早上弗

朗西斯科走进教室的时候，我的脑海中都会出现一份与众不同的检查清单，我不是想"他做作业没有？检查一下他掌握这周单词的拼写没有？检查一下我和他的母亲讨论我们关于海洋动物的研究项目没有"？而是直接把他送进洗漱间，给他香皂和牙刷，检查他有没有穿袜子，有没有带煮熟的土豆吃。我给了他很多关心，却忘记了教学。尽管我自认为对他的帮助没错，但我也后悔，自己当时没能够兼顾同样重要的目标，教他阅读。

弗朗西斯科和我一起度过了一年，可能比他在别处吃得更好，更干净，但因为我忘记了教他学习，他读了两年一年级。离开我的B教室之后，他又上了一次一年级，这次他和同学们一起学习阅读。另一位老师完全忽视了他的大号鞋、短裤子和反穿的T恤衫，只看到他作为一个学生的潜力——而且他也达到了她的要求标准。

在我们与高效能教师合作的时候，我们收集了一些实践建议，给那些为此问题感到困扰的老师。尽管没有人敢说，面对学生们生活中的不公正挑战坚持高标准很容易，他们还是贡献出了两种解决这个问题的方法：

● **用学习而不是宽恕来定义善良**　善良有多种形式，但宽恕学生的低水平表现并不是其中一种。如果看到了学生生活中的困难，我们可以提供力所能及的帮助。同时，也必须坚持对他们学习的关注，只有这样，他们才能从长远上克服那些困难。

● **认识到超出我们控制范围的问题，并不意味着无法改善成绩**　有时候，学生的生活现状并不在老师的影响范围之内。或许某个学生怀孕了，或许由于周围环境的问题，某个学生的健康情况出现了问题。看到这些情况或许会令人沮丧，因为这些问题或情况的根源无法改变，但我们也不应该任由这种沮丧阻碍我们有关学习成绩的解决方案。我们怎样才能帮助学生克服这些现实困难，把握住学习的机会呢？

拓展时间和资源

有些学生的成绩落后了好几年，对他们的老师而言，时间可能是最宝贵的资源。正如我们在第4章中所说的一样，伟大的执行能从他们的时间和资源中获得最大的产出。永不放弃的领导者同样拒绝强加于时间和资源的限制条件，他们为了学生的学习，创造并拓展时间和资源。

几乎所有与我们合作过的高效能教师，都能指出他们在执教的第一年有这样一个时刻，他们意识到一天的时间太短暂，一年的时间也同样短暂。设定目标、调动学生及其家庭投入学习、计划并执行教学和课堂管理计划、反思并改进老师的教学——所有这些有助于提升成绩的重要教学元素都需要占用宝贵的时间。带领学生们从落后的起点出发，实现你们有挑战性的成功愿景，需要大量的时间。面对这样的现实，你在本书中遇到的老师都在寻找各种方式，创造性地从一天中挤出更多学习时间。

这些老师确保学生们在课前、课上和课后都会学习。我们可以看到一个课堂中，学生们正在取得飞速进展，可以看到这些学生在午餐时间讨论学习，在老师的筹划时间得到更多帮助，参加学校或当地餐馆举办的夜间学习班，甚至为了完成严格的学习目标，在周末时间上学。我们看到老师们总能找到边边角角的零碎时间，例如萨曼塔·科恩，带领她亚特兰大的一年级学生完成了佐治亚州最难的二年级学习目标，她制作复习数学和语法技巧的小卡片，让学生们排队吃饭或者集会的时候使用，"从一天中偷更多时间"。

某些老师甚至和同事们协作，改变学校时间的安排。北卡罗来纳州老师塔米·萨顿和坎勒伯·多兰主动将每天的上学时间延长了45分钟。2005年"美国国家年度教师奖"得主詹森·卡姆拉斯，说服他的校长把数学课的时间增加了一倍——这个改变极大促进了学生们的数学水平。尼科尔·谢林和其他老师一起努力，把学校一个没有使用的学习室变成了数学辅导室。茉莉·艾根和她的高中生们一起，把"工作餐"变成了正式的学习讨论场合，每天都能吸引几位老师和十几名同学参与。

当然，我们通览了这本书，知道高效能教师还会调动其他人鼓励学生学习，帮助学生拓展学习时间，实现学习目标。例如，莫里斯·拉伯告诉他的学生家长，如何促进学生的阅读教学。其他老师召集大学生或者其他社区成员担任志愿者，例如，萨拉·艾格丽告诉我们：

我总是希望有更多时间。我在课堂上有太多事情想要做，时间似乎总是不够用。我非常想做的一件事，就是多和学生们进行一对一的教学，但这很难做到。我觉得，今年如果自己做不到，就找其他人来帮忙。我和我的一年级教学团队向校长建议，发起一个八年级学生助教项目，每天都有一个八年级学生来到我们的课堂，与一年级学生进行一对一的教学。我们制订了课程计划，准备了材料，为这些学生提供培训。现在我可以保证，我的每个学生都能得到一对一的针对性辅导，哪怕不是我亲自辅导，不过又有什么关系呢？

布伦特·马丁所教的科学课的几名学生，因为要在麦当劳打工，放学后无法继续在学校接受辅导。马丁先生就赶到麦当劳餐厅去，在休息的时候辅导他们学习。这一做法非常成功，于是他又邀请其他学生来，很快，他晚上在麦当劳辅导的学生数量多达每周75人。

除了时间以外，低收入社区的老师还常常缺少其他资源。几乎所有与我们合作的老师都反映说，他们需要更多的学习材料，比如书籍和学校补给，才能最大化学生的学习。在最高效的课堂里，老师会想方设法获取这些资源。

他们策略清单上的第一条，就是和掌握这些资源的人搞好关系。例如，新墨西哥州五年级老师香农·斯蒂芬斯，她特别重视向学校管理人员汇报学生们的最新学习进展。斯蒂芬斯回忆说："我向校长汇报，我们对杰瑞·斯皮内利著作的学习，提高了学生理解作者意图的水平（这是我们州考试常考的一项内容），优秀率从23%提升到了78%。他当时的第一反应就是，'你们还需要别的书吗？我这周还有一些经费可以用。'"

此外，高效能教师还会到学校之外寻找更多的资源，这可能意味着申请赞助，改善课堂里的技术资源；根据学生的需要，使用网络捐赠服务购买学校物资，或者让学生家庭为学生制作数学玩具。

贾内尔·沙龙是芝加哥一名化学老师，她通过自己募集资金，解决了资源需求：

撰写申请书并从海洋保育基金会、美国国家航空宇航局、约旦基金会、宽容教学、捐赠者选择等机构接受赞助，缓解了我的课堂严重缺乏资源的困境。我们一共得到了一万五千多美元的赞助，学生们用上了科学计算器，可以进行传统和新颖的科学实验，比如分析DNA或制作纳米纤维，并利用液晶显示屏和投影仪汇报他们的工作。此外，我还利用外部资金组建了美国国家荣誉生协会分会，在美国国家航空宇航局的支持下组建并指导了机器人小组。在美国国家航空宇航局的支持下，我们的机器人小组作为一年级队伍参赛，并获得了"评委会奖"。第二年，我们赢得了地区冠军，并得到了美国国家航空宇航局和芝加哥一些公司的支持。

很多老师，例如利·金凯德，通过较少的正式资源申请，达到了类似的效果：

我恳求并租借学生们需要的资源和材料，家庭、朋友和社区成员，都非常善良慷慨，乐于捐赠各种（书本、支持阅读会的钱、奖品和时间）。这听起来不像是个办法，但我的学生需要这些材料，而我没有，这样做就解决了这个问题。

金凯德女士的"恳求—租借"方法，在其他很多高效能教师身上也很好用，我们曾看到有老师为他们的野外考察、实验室设备、教室图书角等募捐。三年级老师斯蒂芬妮·斯科特在南路易斯安那州执教的第一年，教室里没有一本书，她说："通过大量的电子邮件和一封游说信，我从乐于帮助我们的朋友、前老板、教堂以及朋友的朋友那里收到了七百多本书。"她还得到学生家长的帮助，为不断壮大的图书角制作书架。斯科特女士说："每当我的学生走进图书角，享受自己喜欢的图书时，我们都会感激这些平凡的捐赠。"尽管低收入社区的老师往往需要更多的资源来促进学生学习，但很少有人反映，他们怎样想方设法向外界求援，也得不到额外的资源。

扩大教师的影响力

除了给学生学习拓展时间和资源以外，高效能教师还会拓展他们的影响力，解决影响学生学习的问题。从本质上来说，这些老师以更广阔的眼光来看待老师这个角色。他们对自己提出的要求，不是"老师应该做什么"，而是"为了实现我们的大目标，必须要做到什么"。

泰勒·德尔哈根老师说："我是一个教育者、社会工作者、导师、同事、校长、活动家、学生、朋友，所有这些责任汇成了老师的角色。老师肩负的社会责任无比艰巨，但也令人鼓舞。不能消除学生的成绩分化，并不是一个选项。"几乎在每一个学生成绩超出社会预期的课堂里，我们都听到看到了类似的老师，为了实现有挑战性的大目标，这些老师会承担起所有必要的工作。

对于尼古拉斯·戴费尔来说，这意味着把学校图书馆变为科学课堂，这样他的学生就能进行科学实验，掌握八年级科学课内容。对于隆·卡朋特来说，这意味着学校的预算被裁减之后，自行组织幼儿园干预项目。

对于贾斯汀·梅来说，这意味着把不易变质的食物放在课堂的防鼠盒子里，一些早上饿肚子分神的学生就有食物吃了。对于香农·丁格尔来说，这意味着涉过3英尺深的水域，去后院为12名遭遇水灾的学生上课。在所有这些例子中，这些高效能教师都为了确保学生学习，突破了传统的老师角色。

有时候，要想为学生学习扫除障碍、铺平道路，与老师自己的行动关系不大，而是和学校或社区的其他影响因素密切相关。例如，纽约特殊教育老师瓦内萨·穆勒，意识到了他的三年级学生有巨大的潜力，而一种包容模式能够最有效地激发学生努力学习（在这种包容模式中，学生们将和一般学生一起学习，并得到她的额外辅导）。她与校长一起重新设计学生分班方法（原来的方法是，把有特殊需求的学生安排到单独的教室，他们在那里可以得到更多的指导和帮助，但和同年级一般学生隔离开了）。在穆勒女士的学校里，在新的包容模式下，很多有特殊需求的学生在学业和社交能力上都取得了大幅进步，她的学生阅读能力提高了一年半的水平，掌握了95%的数学学习标准内容，从而实现了所有人个人教育项目的目标。

休斯顿科学实验室老师戴维·欧蒙遇到了不一样的问题，她负责实验室的工作，每周要约660名学生上课，其中包括从幼儿园到五年级的学生。在这个岗位上，她发现有些老师对科学材料不熟悉，在动手实验时影响了学生学习。在与同事们建立了良好关系之后，她成立了一个老师代表委员会，通过培训指导，增强了老师们对教授科学实验的能力和信心，从而解决了这个问题。很快，欧蒙女士就给自己找到了新的挑战：满足所有热爱科学的老师们提出的配合请求和资源需求。

我们有很多类似的故事，老师们为了学生，拓展他们的影响力。例如，有的老师发现了学生们的"暑假退步"现象（学生们在暑假期间忘记了一些知识或技能），就在暑假期间为学生创造学习机会。有的老师，面对学习标准不完善甚至缺失的情况，主动制订新标准，并被学校采纳。还有一些老师，在学校董事会上大力申张学校的需求，和他们的部门主管共同为某门课设计新的授课顺序，或者为了学校的利益开发学习一些特殊技能，比如对教育科技的运用。

不论你追求什么样的影响力，以上这些老师都体现了三种普遍做法，你都应该将其作为自己的行动指南：只有通过学生的优异成绩获得了影响力，老师才能够成为学校改革的动力；认真选择你要做的事，和同事及领导建立密切关系，共同配合。

用学生的成绩赢得影响力

根据我们的经验，大部分成功改变课堂外因素的老师，首先要在课堂内赢得信誉。詹妮·坦，最终在学校形成重要影响力，她阐述了这样的观点：

我一开始就知道，在我们学校"出名"的唯一方法就是当一个好老师，从而赢得尊重。我非常努力地工作，让我的学生掌握学习知识，并在州标准考试中取得了好成绩。在执教的第二年和第三年，我的努力付出得到了回报，同事和领导们倾听我的声音，把我当成教学的贡献者，共同解决学校出现的紧迫问题。

事实上，很多成为改革动力的老师都说，在同事和领导看到他和学生们取得的杰出成绩之后，会主动邀请他们承担重要任务。克里斯托·布瑞克在执教的第一年，努力带领学生取得了大幅进步，第二年，她就被邀请加入督学顾问委员会，她在那里了解并影响了北卡罗来纳地区最重要的一些问题。

类似的，塔拉·哈林顿是夏洛特市一名高中生物老师，她发现，自从执教第一年，她改变了学生们在严格的州期末考试中的通过率，从31%提高到了95%之后，自己就拥有了更大的影响力。她说：

在我执教的第一年，我的领导有时候会担心我的教学（这是可以理解的）。接近年末，当州考试成绩揭晓时，这种担心马上消失了。之后，与校长见面时，他提到我的学生的优异成绩，不经意地问我："你是怎么做到的？"我抓住这个机会，向他介绍了我在课堂里使用的教学方法，以及我对来年的一些想法。他对我所说的追踪系统很感兴趣。

我讲述了这个系统的目的，阐释了用数据驱动教学的方法，以及从此产生的学习氛围。那个夏天，我收到邀请，参加学校为期两周的教学准备会，在会上，我帮助学校完成了教学计划中有关数据的部分。在这次暑期会议中，校长向全校展示了我的追踪系统。在简单介绍之后，我培训了其他老师如何使用这套系统。此外，我还为我的课程创造性地设计了一整套教学方案，最大化学生学习。在新计划中，我在不改变最终目标的前提下，尽可能增加灵活性，因为我知道，这套计划和教学方法有可能得不到批准。

另外，学校的一位顾问坐到我身边，主动与我交流，因为他对我的成绩印象深刻。能和他直接对话令我很激动，"我很喜欢与您交谈！同时我也有一些问题想要咨询您"。他在教育领域有丰富的教学经验，我可以利用这次谈话的机会，征求他对我的计划的看法，并调动他帮助我实现目标。结果，我改进了我的计划，还得到了更多的资源。他介绍我与州教育部门联系，他们鼓励我大胆尝试，开展一项实验。

为了确保这个项目的效果，他们还邀请到了另一位四年教龄的老师，请她使用我的计划和系统，作为整个实验的一部分。我得以牵头本部门的培训会议，向大家阐述透明追踪他们教学情况的效果和目的。我还注意到，我的计划可以把学习目标、纠正错误观念和强化学生理解联系起来。

出于对同事们工作经验的尊重，我谨慎地提出自己公布信息的方式。我没有说："我认为对学生来说，这将是最好的东西。"只是解释了我的逻辑依据，制订计划、创建这套系统的过程，以及我在前一年的经验。我还特别地讨论了我的学生的错误观念，那些他们没有理解的概念，以及我认为出现这些问题的原因。这个讨论给了我一个机会，使我能够展示我发明的解决那些误解的教学技巧。

在教学中必然会遇到一些困难，我向同事们说，我会判断为什么会出现某些问题，并努力帮助大家去解决问题。除了赢得改善教学的机会之外，我还发现，由于第一年的优秀成绩，在我感觉某种做法最有利于学生时（不论是周六补课，还是采用我认为更好的考核方法），得到了领导的支持。

以最大的敬意和谦逊，明智选择你的做法

在努力提升学生成绩的时候，老师们可能看到多种方法，可以为学生学习扫除障碍，或者另辟蹊径。不过，最高效的老师不会一下子采用所有这些方法，他们会优先选择对学生成功影响最大的问题、决策、规定和系统。他们只根据自己的知识、周围环境和能力，解决那些在自己影响范围之内的问题，而且，他们会以最大的敬意和谦虚来做这些事情。

理查德·雷迪克是休斯顿最贫穷地区一所学校的老师，他说："在我执教生涯的初期，我就认识到，在我的学校里进行改革是一件微妙的事情。你必须选择自己的战场——遵循学校有经验老师的引导和建议。尽管在一开始，你可能对学校的某些目标感到丧气，但随着时间推移，你会发现，自己已经拥有了更大的力量去进行改变。"

不幸的是，某些刚刚进入新环境的老师们，以为能够解决自己看到的所有问题。这不仅是对学生、家长和同事们的一种咄咄逼人的傲慢态度，

还忽视了这些人之前投入的所有艰辛努力。如果一个新老师在入职第一周就闯进校长办公室，要求修改除野外考察旅行之外的所有规定；如果一个新老师激动地对他的系主任说，应该怎样重新设计他们的阅读项目；或者如果一个新老师，向当地报社编辑写信，反映自己察觉到的学区经费分配不均的问题。不论在具体问题上，这些老师的观点是对是错，他们这种傲慢的态度，认为自己有限的想法应该给整个学校带来改变，都可能毁掉他们的事业。

我们的调查研究指出，这种适得其反的行为，常常是因为缺乏自知之明，不知道别人对自己的看法如何，不能够从最好的角度来看待其他人。这样的老师很少有机会去建立有意义、有成效的人际关系，而这有助于满足他们的需求。

与此相反，高效能教师通过学生的优异成绩和突出进步，证明自己的领导能力，耐心提升自己的影响力。他们还会怀着敬意和谦虚，与同事和领导们建立良好关系，为了学生们的命运相互配合，共同努力。

建立良好人际关系，与同事相互配合

在谈到他们的影响力时，高效能教师常常会提到，每一个老师都不是孤立的。为了最大化对学生成长的影响，我们必须和周围的人建立良好关系，并依靠这种关系（其中包括我们的同事、领导和学生家长）。斯蒂芬妮·克里门特是一名阅读专家，她这样谈论在她开始教学时建立良好人际关系的重要性：

在进行人际交往的时候，我总是抱着一种想法，我是这个新学校的圈外人，我需要依靠家长、同事和其他成员的经验，我确保自己在人际交往中保持恭敬和谦虚。这里有精通社区、学校和孩子们的专家，我想要和他们合作，确保学生们取得好成绩。我相信，因为我的交际方式，我会被这个社区接受，他们相信我和学生家长、其他老师及社区成员一样，拥有共同的最终目标：提高学生成绩。

相互协作的原因很多，也是显而易见的。从周围有经验的老师那里，我们可以获得有关课程、教学方法、工作的经验和技巧。与同事和领导建立良好关系，在我们必须克服困难的时候，能够得到更多资源和支持。反之，如果同事不支持，我们的影响力就会大打折扣，甚至消失殆尽。

在学校建立富有成效的人际关系，可能是一件复杂的工作。你可能发现一位领导的决策令人费解，可能反对他人喜欢的某项学校规定，可能对某个同事的教学方法或惩罚措施感到陌生甚至惊讶，所遇到的同事可能由于种种原因不愿意与你深入合作，等等。高效能教师在建立人际关系的时候，通过以下几种方法克服这些潜在的障碍。

首先，这些老师知道，自身有限的经验需要谦恭的态度。他们认识到，在自己所有的身份中，"新手"可能是最明显的一个，哪怕有很多宝贵经验和见解值得分享，他们也会先停下来，反思自己还有很多不足。高效能教师对我们说，真诚表达自己向他人学习的愿望，是与有经验的同事和领导建立良好关系的好方法。

其次，高效能教师在与同事有不同意见、关系紧张的时候，会本着相互学习、相互理解的态度来解决问题，而不是去改变对方的想法。这并不意味着，你必须苟同周围人的所有言行。有时候，你可能对他人的看法和行为不仅难以接受，甚至会发现这些令人困惑，甚至会带来伤害，但最高效的老师和领导们会以学习的态度解决这些问题。

一本由谈判专家所写的书《艰难对话》说擅长交际的人即使在关系紧张或者其他困难情况下，也能与他人融洽相处，该书分享了他们的思维模式和交际技巧。一个关键思想就是只有双方都意识到自己视野的局限性，我们才能建立富有成效的关系。下表总结了我们经常意识到和意识不到的情况。如表所示，在任何交际过程中，我们都应该清晰地了解自己的意图、面对的困难、他人对我们的印象，以及他们对解决某个问题可能做出哪些贡献。与此同时，还必须承认，我们在理解他人动机和面对的困难时，可能存在认识盲区。除非我们足够认真倾听并理解他们的反应，否则就不可能真正知道自己言行对他人的影响。

我意识到了：	我可能没有意识到：
我自己的意图	他人的意图
我面临的情况	他人面临的情况
他人对我的印象如何	我对他人的印象如何
他人对我的影响	我对他人的影响
他人对解决问题能做出什么贡献	我对解决问题可能做出什么贡献

我们在与一位老师的交谈中发现了一个常见案例，在这个案例中，老师看到被她送到校长办公室的学生们，受到了不同方式的惩罚，她感到很沮丧。在她看来，同样是犯错误，一个孩子被延迟放学，另一个孩子却被要求写一份检讨书，她认为处理方法既混乱，又不公平。

在一次单独交流中，我们问那位校长，他做处罚决定时，考虑了哪些老师没有考虑到的因素。他告诉了我们很多因素，都是那位老师所没有想到的。按照该地区的政策，校长在确定惩罚措施的时候，有很大的灵活性，可以参考学生之前的违规记录，以及其他老师没有掌握的信息。更有趣的是，该校长也表达了他对州政府和学校董事会的不满——在面对诉讼和立法机构的时候，他们总是不断增补修订新版的管理手册，这束缚了他的手脚。

当把这两个人的看法放在一起时，我们就能看到，他们在利益上的复杂分歧，导致了相互之间的误解和紧张关系。老师没有看到校长考虑的所有因素，而校长也不知道他的决定会对老师产生怎样的影响。

如果例子中的那位老师认为，校长应该假设自己拥有需要知道的全部信息，他准备给校长提出自己的建议，这会使双方关系更加紧张，更难以产生积极成果。

正如《艰难对话》一书中所说的一样："我们不能改变他人的想法，或者强迫改变他们的行为……尝试改变他人，很难取得成功。另外，积极进行旨在相互学习的交流，很容易发生改变。"

下面看一看加州奥克兰市残疾儿童老师丽萨·巴雷特的经历。有一段时间，她发现很多人说话时丝毫不考虑她的学生们的感受——其中既有学生，也有一些老师。巴雷特女士回忆说："每一次，我听到这些话都感到恶心。"她决定尽最大努力，让她的同事和学生们相互了解，并了解他们的故事和经历。她没有因为一些冷嘲热讽而退缩，而是开始去了解什么样的经历和印象造就了他人的观点，并邀请同事们为她的学生营造一个友好的氛围。"我决心在全校范围解决这个问题，"她说，"通过在教师会上发言，解释为什么我的学生有特殊情况，以及我想要老师们如何协助解决问题。"

巴雷特女士在自己能力范围内找到了这种简单方法，她倾听其他老师的反应，开始在大范围内改变人们对其学生的看法。"老师们非常支持我，几个人后来还告诉我，他们曾在自己班里有过一些无心的举动，但以后会注意避免，"她回忆说，"通过坦诚地提出这个问题（并相信同事们没有不良动机），我得到了我所需要的支持。"

▶ 建立良好关系的职业精神

有些人会把本章讨论的所有内容都当成一种职业精神——关注结果，找到原因，请求他人帮助，并和同事们建立良好关系。用凤凰城六年级英语老师简·亨泽灵的话来说，"对于一个新社区的新老师来说，职业精神就是要不加评判的倾听，不要着急说出自己的意见，努力去理解他人的想法，尽量多地去了解这个社区、你的学生及其家长，按照当地习惯（而不是你自己的习惯）参加社区活动。

"职业精神还意味着尊重并遵循学校和社区的传统，这些行为（比如，得体穿着，定期提交准确的到课率记录、课程计划和成绩单，准时上下班等）可能看起来和你的核心目标关系不大，但可以向所有观察你的人们传达一种强烈信息。这些行为习惯表明，你是值得信赖的，你尊重自己的工作，尊重自己的同事。他们也会因此调动自己的社会资源，帮助你获得必要的资源，促成你想要的改变，更好地为你的学生服务。"

这种为了获得广泛理解、与他人建立良好关系的努力，往往会带动更多人的配合。强大的老师意识到，多参加社区活动有助于缩短自己的"新手期"，减少他人对自己行为动机的怀疑。例如，莱安诺·卡拉马哈尔，养成了参加家长会、现场办公会、社区会议的习惯，"在我执教的第一年，有很多事情做得不对，"她说，"但经常在学校和社区的会议上露脸是完全正确的。我结识了很多同样关心孩子成长的家长和社区成员，建立了一个社交网。"

正如南达科他州老师克里斯南·马尼亚所说，在你的学校或社区寻求帮助，将直接关系到学生们的学习：

如果你有宏伟的想法，想要和你的学生及社区共同参与、努力、创造，首先且最重要的，是要获取实施这个宏伟计划的必要资源。谦虚地问一问："我能为他人做什么？"可以帮助你获得必要的人际关系和经验。通过主动对同事和领导们做出一些让步，为某位资深教师组织纪念日活动，主持其他老师不愿意做的活动，我的学生将是最终受益者，因为我们的阅读活动能够得到补充和帮助，领导会给我们发放奖品。

一个决定性的故事，来自密西西比河三角洲的五年级老师劳拉·博文，她抓住了为高效合作建立良好人际关系的本质。博文女士与学校的一位传奇资深老师合作，我们可以称她为帕克夫人。博文女士说，在学年伊始，她就感受到了多方的压力。博文女士回忆，帕克夫人当时对她教学的能力表示怀疑，但就在八个月之后，博文女士说：

现在是4月一个美妙的周六清晨，我走进一所乡村小教堂，我注意到自己是这里唯一的白人。不过，我很快就忘记了自己的肤色，因为我在这里得到了热情的拥抱。帕克夫人拉着我，向大家介绍说我是"她的朋友"，她已经成为我的可信同事和朋友。几天之后，帕克夫人来到教室给我送来一张便签，表达我和她一起做礼拜她很开心，还邀请我随时可以到那所教堂去。再次到访的时候，我再一次被当作受尊重的客人。这些事情促使我反思自己与帕克夫人的关系发展，她曾用怀疑的眼光看待我。她何时开始转变的呢？我是从什么时候开始受到欢迎的呢？

回顾这八个月，我意识到，并没有发生什么特别的事改变我在卡佛和帕克夫人眼中的形象。也没有什么事件一下子使我融入所有五年级老师的群体。渐渐地，我发现只要带着尊重、谦虚和喜爱的态度对待新环境，改变就一定会发生。这些琐事就像一块块砖瓦，隔开了原来的偏见、过去的压力和深深的怀疑。因为在最开始的几个月，所有眼光都盯着我们，一言一行都会被人们看到并记住。因此，无论是在走廊里愉快的聊天，还是对孩子们的全心奉献、和蔼可亲的态度，以及忘我地努力工作，都会被注意到。帕克夫人最近非常留意我，而且她渐渐开始与我分享她的经验。她会给我的班级提供援助，把我介绍给学生家长，在某些刁钻家长面前支持我，而且，最重要的是，在卡佛的学生面前支持我。她从来没有当着他人的面质疑过我的教学方法，而我非常确定，这并非因为她对我的教学方法毫无意见。相反，她选择了关注我在第一年取得的成功，而不是失败。尽管我们在工作上也有分歧（她认为我太娇纵学生，而且不认为阅读小组是真正的学习），我们还是能够建立牢固的关系，使双方都能从中受益。

从我的角度来看，这种关系是非常必要的。简而言之，我要想在卡佛取得成功，需要和帕克夫人进行合作。但我也意识到，她并没有类似的需求……她的精神、人格和力量，都令我受益匪浅。我相信明年我会教得更好，因为我将再次与我的朋友帕克夫人更好地合作。

长期坚持

"永不放弃"这个词，不仅寓示着瞄准目标集中发力，还捕捉了高效能教师对待学生时的长期耐心。高效能教师认为永不放弃意味着确保自己坚持不懈地努力——为了学生们的命运。

事实上，一下子将激情燃烧殆尽，并不能帮助你和你的学生。疲惫不堪、失去耐心或者不开心，也不能帮助你和你的学生。只有在你精力充沛、心情愉悦、精神集中的时候，才能最好地服务你的学生，如果工作过度、精疲力竭，就会丧失这些优势。

很少有老师不会感到疲惫。但是，根据我们的经验，高效能教师如果意识到这一点，就会进行控制调节，他们会尽量保持最佳，适当休息，并从同事的帮助中获得能量和支持，从学生们提高成绩、转变人生这项壮举中受到鼓舞，重焕精力。

新奥尔良市小学老师杰西·比阿雷茨基，让我有幸见到优秀老师使用的某些方法：

我很早就意识到，如果想要保持一名老师的体力和精力，就需要定期强化自己的精力和激情。我通过多种方法来达到这一目标，其中包括：在晚上开筹划会的时候，在电脑屏幕上播放学生讨人喜欢的滑稽图片幻灯片；严格要求自己遵守"周五晚上不加班"的规则；早上自愿参加劳动，这样我就可以和每名学生聊些和学校无关的事，和他们建立良好关系；和我的室友一起观看最喜欢的电视剧；志愿担任一支女生童子军队伍的领导，我的很多学生都是其中的成员；和其他老师玩室内足球，享受这个城市很多著名的美食和音乐节。

同事的支持

高效能教师在长期坚持中，建立强大的支持力量来分担压力和困难，至少能从感情上分担。你最亲密的朋友们、你的家人、你的同事、顾问、学生监护人和秘书，都是重要的支持力量，能够为你提供不同的观念和基于经验的建议，以及对某些棘手学生的看法。

此外，在同事的合作下，像批改作业、制订计划这样重要而乏味的工作，可以变得有趣甚至激动人心。凤凰城获奖老师约什·拜伯，这样描述他从朋友那里得到的能量：

我清晰地记得，在我执教第二年秋天的一次会议。那是一个周四的晚上，几位五年级老师走到一起，讨论如何在数学教学中组织更多的动觉游戏和活动……我们几乎每个月都会聚到一起，一起动手，做个家常便饭，享受一段美好时光。但有时候，某晚上的某些事也会打动我。有一次，已经是晚上10点了，我们在一起已经三个小时，我们还沉浸在解析几何竞赛的细节讨论中，这远远超过了我们这个年龄的正常工作状态。有一次，大家围绕分数游戏的标准展开了激烈讨论，那时候，我突然有所顿悟，对自己说："现在是周四晚上10点……我不确定那些在华尔街上班的朋友们是否都已经下班，但我可以保证，玩数学宾戈游戏也不过让你坚持到这个时候。最后我才发现，我没有其他地方可去，没有其他人可以共同消遣，而且毫无疑问，我们在一起也没别的事情可干。事实上，这正是我想要的状态，这正是我梦寐以求的群体——激情把我们团结在一起，在周四晚上10点钟还在为我们孩子的学习共同努力。

每一天，我都在学校、宿舍或者与社区与同事们进行交流，得到他们对我在个人和职业上的支持。除了我的学生们，没有谁比周围的老师更能给我正能量，他们是我所知道的最好的朋友、最振奋人心的人。

照顾好自己——为了你和学生们

在史蒂芬·柯维最畅销的《高效能人士的七个习惯》一书中指出，最高效的人不论做什么事，前提是照顾好自己的身体、心理、精神和情感状态，这也同样适用于高效能教师。

新墨西哥州六年级老师雷切尔·米克约翰，分享了自己的认识过程，她认为如果想要帮助学生，必须退一步，照顾好自己：

在执教开始的几个月，我的工作非常辛苦，我感觉自己在吃饭、睡觉、做梦甚至呼吸的时候都在想着教学；尽管我付出了这么多的努力，还是感觉自己有点失败。之前的人生经验告诉我，只要足够努力，就一定能取得成功，但是，作为一名老师，我发现这种想法有问题。我总是有做不完的海报、改不完的试卷，以至于让自己越来越劳累。我把自己的每一分精力都投入到了教学计划实践中，即使不能创建出一个高效课堂，也不会感到遗憾，因为我已经为了实现这个目标用尽了全力。这次经历让我眼界大开，我开始意识到，如果从工作中抽出一些时间来，不但自己的生活会更加快乐和谐，能够更好得解决各种问题，能够更好得反思，对工作进行优先排序，更加高效地工作。

对于某些老师来说，远离工作的这段时间非常有意义，他们坚持在某些时间里不从事与学校有关的工作。对于华盛顿高中数学老师约翰来说，这是每天晚上在家的时间。他说："限制我的工作时间的最大好处是让我变得更加高效。我花在学校的时间更有针对性，这开启了一个让我越来越高效的良性循环。"

六年级老师劳拉·鲍尔斯回忆说，在她执教第一年的中期，感到非常劳累，几乎站着都能睡着，她却还坚持在几乎所有清醒时间工作。她决定，自己必须做出某些改变，开始照顾好自己。她到体育馆锻炼身体，吃健康食品，阅读自己喜欢的书，而不只是为了学校的事情读书。她说：

当拿出更多的时间投入个人生活，我看到了这对课堂的巨大影响。学生们看到的是精神焕发的我，这使他们在上课的所有时间里都更加专心。此外，给自己更多的时间，让我有精力去更好得进行回溯式计划，为学生们设计更加深思熟虑的学习单元。到我执教第一年结束的时候，班里的所有学生都实现了把阅读水平提高1.5年的目标，一些学生甚至还超过了这个目标，这成绩不同凡响，我将一大部分原因归功于精心筹划每天的职业时间和生活时间。

除了挤出自由时间之外，一些老师还会从事一些其他活动，比如跑步、读书、和朋友聚会、做家务、睡觉，或者看电视，这种方法要求我们从两个重要方面了解自己。一方面，能够最好解决自己身体、心理、情感、精神健康问题的老师，是那些发现自己沮丧、疲惫、不满表现的人，这些信号表明他们需要照顾好自己。另一方面，这些老师有足够的自我定位，知道哪些兴趣爱好和活动能够让自己精神焕发、开心愉快，提升自己的健康指数。有了这两方面的自我认识之后，我们就能评测自身需求，照顾好自己，让自己和学生都从中受益。

　　当然，所有身体指标和缓解压力的方法都是因人而异的。对于某些人来说，压力过大的早期症状是头疼、意识模糊，或者缺乏条理。很多老师告诉我们，在自己对待学生缺乏耐心、敷衍了事的时候，感受到自己需要休息。恢复精力的方法多种多样，比如，踢球、吃大餐、喝咖啡、旅行、写博客等，都是不错的方法。

　　有趣的是，确保让你有精力更好服务学生的方法往往意味着你要多做一些事，而不是少做。尽管所有这些老师都描述了他们对学校活动、高效工作优先排序的方法，但他们还指出，少做一些与学校有关的事情可能并不能缓解压力、鼓舞士气、消除疲惫，相反，他们建议以生活中其他重要的事情来充实自己。

　　近期一项研究证实，控制精力而不是时间，是提高效率的关键。在该研究中，他们让不同组的高管进行提升精力的练习，并不是让他们工作更长时间。研究发现，"工作更长时间的核心问题是，时间资源是有限的，而精力则完全不同"。关心自己身体、心理、情感和精神健康的人，可以在较短的时间内产生更高的效率。

　　因此，在我们与高效能教师之间的对话中，频繁出现了一个有悖直觉的观点——如果你多做一些事，你就能做更多。关键是要知道，你在什么时候会遇到麻烦，并及时满足你的需求。比如萨拉·蒙蒂，她是南路易斯安那州的一名特殊教育老师（英语作为第二语言），她对我们说，问题其实很简单：

　　如果你需要睡觉，那就睡觉。如果你需要休息一会儿，那就休息。如果你发现自己需要花更多时间做一些简单的事情，就不妨停一停，重新评估。"永不放弃"意味着你要把握住消除成绩分化的艰难过程，这就要理解你的艰苦工作是以结果来衡量的，而不是以时间来衡量的。

习惯你与学生以及社区的关系

最艰难的事情莫过于假装成另外一个人，当我们对自己在同事或社区中的认可度不确定、不满意的时候，这些情况可能就分散甚至耗尽我们的精力。高效能教师认识到，要想长期保持高效教学，需要反思自己作为老师、学校社区成员以及独立个体的角色。

一年级老师苏珊·阿西亚比是一名教非裔学生的非裔美国人，她回忆说，她希望相同的种族和社会经济经历可以帮助自己更容易融入学校和社区文化。她发现，她需要从学生的角度来考虑问题，拥抱自己的新角色：

有学生和同事质疑说，为什么我曾在其他地区教学。我试图向他们解释，我和他们有着类似的状况和经历，但他们依然对我表示怀疑。他们指出，我说的英语非常正宗，我的衣着样式与众不同，而且每天我都开车回家（到另外一个地区）。这令我感到很失望，但它也让我意识到，我给这个班级带来的特殊好处是多么重要。尽管我是少数族裔，我上过大学，积累了与我的学生及其家庭不一样的人生经验，我的世界观已经完全改变了。我和学生们的肤色相同，但因为我有机会去学习更多知识，我们的人生经历完全不同，所以，我必须利用这种差异。我必须更积极地融入学校社区，在表达我的教学目标时说出自己的优势：要给我的学生和我一样的幸运机会，让他们能够接受更多教育，让他们在自己的人生道路上能有更多选择。

通过思考和理解自己的角色，阿西亚比女士建立了一个可持续的心理和情感基础，并在此基础上努力带领学生走向成功。另一个杰出的老师贾斯汀·梅，对自己的身份以及与学生、社区之间的关系有过类似的思考，这个过程对他全身心投入学生的需求和成长至关重要。梅先生是一名白人，但他的学生大部分是黑人，他在新奥尔良最穷的一个社区开始了自己的职业生涯：

在一个高度贫困的社区，成为一个成功老师的第一步就是照顾好自己。你必须习惯周围的环境。如果你是一名年轻老师，第一次来到这样一个之前完全没有经历过的环境，种族、文化和背景都与你熟悉的情况不同，这将是非常艰难的，你必须习惯自己的与众不同。孩子们的洞察力异常敏锐，他们会像鹰一样在所有场合观察你——观察你走进大厅，观察你与同事交流，观察你所做的每一件事。如果你不习惯这个环境，他们马上就会看出来。

我习惯了和一大堆同事聊天，坐在他们的教室里和他们聊天，我尽量观察其他老师。在我需要和学生家长联系的时候，经常进行家访。我阅读新奥尔良市的历史，了解学生们的生活习惯，我一直在思考。

渐渐地，我逐渐习惯了作为一个来自阿拉斯加的白人，在新奥尔良这个贫困的黑人社区教学。因为我理解了周围的环境，我愤世嫉俗的气概依然存在，但已经轻淡，同时出现了一些更有力量的东西：对我的学生和环境的热爱。如果你首先不做这些，你将无法以任何理性的方式与学生交流。我知道，没有这种相互接受，我可能无法顺利在这个课堂教学，你可能无法达到同样的成就。

借力来自学生的鼓舞和愤慨

长期坚持努力教学的高效能教师们还有另外一个口号——"记住你为什么在这里"。这些老师被学生所鼓舞，并有意识地使用这些力量源泉支撑自己不断前行。

埃伦·戴维斯是亚利桑那州盐河居留地的二年级老师，在学年开始的时候，她的学生的阅读能力只相当于幼儿园或者一年级的水平，但到学年结束的时候，达到了三年级水平，她就掌握了这项自我激励的技巧。对学生们的热爱，从学生们的需求和成功中获取力量，"看到我的一些学生在去年开始的时候发牢骚或厌恶学校，如今却欢快地跑来告诉我自己新学了哪些数学知识、正在读哪些图书，我感到十分欣慰，"她说，"他们或许会对我说：'好久不见您，给我一个拥抱吧……'关键是因为我的全身心投入，投入教学生们如何学习。"

除了从挖掘学生潜力中得到的精神鼓舞，还有另外一种类似的力量，源于对教育不平等对学生人生造成巨大影响的愤慨。瑞安·希尔是纽约的一名六年级老师，他发现，是那些成绩最落后的学生使他加班加点地工作。对于三年级老师珍妮丝·奥尔特加来说，她的学生都是新到美国的移民，学生家庭来到美国面临的生活挑战给了她巨大动力。

来自亚利桑那州盐河居留地的戴维斯老师，向我们述说了激发斗志、坚持长期专注于提升学生成绩的几种方式。首先，她设法了解有关学生的统计数据。当她发现该地区的学生四年来有三分之二没能高中毕业时，她决心要加倍努力，"我听到太多的家长说，他们真心希望孩子们能有所成就，希望他们能有更多的人生机会，"她说，"而且我知道，帮助他们实现这些愿望，就是我的工作。"

和其他很多高效能教师一样，为了充分利用这些数据，戴维斯女士经常"拜访优秀学校"，了解高收入社区优质资源学校的学生成绩。她参考这些成绩，激励自己对学生的高期望。"优秀学校的学生能够做到的事情，我的学生同样可以做到，"她说，"他们不必每年付两万美元的学费，也能拥有这样的机会。我深知我的学生可以做到任何事，如果我必须努力工作才能确保他们获得和高收入社区儿童同样的机会，我就一定会努力让它实现。"

总结：核心思想与后续问题

"像领袖一样教学"的框架（参见附录A）描述了老师永不放弃的三种特定行为。高效能教师：

6-1：面对巨大挑战坚持不懈。

6-2：寻找并获取更多的教学时间和资源。

6-3：为了实现有挑战性的大目标，长期坚持必要的精力投入。

核心思想

有的老师带领学生取得了优异成绩，有的却没有，在对他们的研究中，我们发现很多低效能教师也很努力工作。他们每天工作很长时间，对学生倾注了大量精力，但他们并未取得出色的结果。

永不放弃并不等同于努力工作，它是努力工作的一种特殊情况。正如本章内容所示，永不放弃是以确保你们实现目标的方式努力工作。在下面的表格中，我们列出了高效能教师与低效能教师在这方面的一些区别：

高效能教师	低效能教师
做有助于学生实现目标的事。	想到什么可能有助于学生实现目标就做什么。
发现努力工作令人满足愉悦，因为努力和结果紧密相关。	发现努力工作令人疲惫沮丧，因为他们看不到自己的努力有什么效果。
按照优先程度给他们面临的困难排序。	试图一下子解决所有问题。
以学生进步的大小来衡量他们努力的价值。	以工作时间的长短来衡量他们努力的价值。
通过保持健康状态（身体、心理、情感、精神），坚持自己的努力。	过分牺牲自己的业余时间，结果适得其反。

续表

高效能教师	低效能教师
认识到与他人合作能够提升自己的影响力。	误认为"负责任"就是"事必躬亲"。
在实现学习目标的过程中，不会因为挫折和障碍而灰心。	遇到挫折障碍时丧失信心。

你可以扫描右边的二维码收听《高效能人士的七个习惯》有声版，帮助自己更好地成为一名高效能教师。

如果你只能从本章中获得一条启示，那就是：你和你的学生的成功都取决于你自己，明白自己的力量能够决定学生成败的老师会：

- 努力克服、越过困难障碍。
- 坚持高标准，哪怕是面对学生的其他重要需求和沉重负担。
- 为学生学习拓展可用时间和资源。
- 为减少学生负担、增加学生学习机会，拓展他们的影响力。
- 长期坚持这些工作。

后续问题

有了这些思维和行动基础，一个老师就可以探索一系列有益于他们学生的问题，包括：

- 在我们面临的问题中，哪些问题最严重制约了学生实现大目标？
- 哪些困难在我的控制范围之内？
- 哪些时间和资源严重限制了我们，我该怎样解决它们？

- 什么能够鼓舞我？
- 我该怎样与同事合作，让学生受益更多？
- 我是否有合适的支持系统，坚持我的努力？

永不放弃的核心，应该是你做所有事情的思维模式。永不放弃需要不可动摇的信心，坚信学生的成败尽在你的掌握之中，你要对他们负责。像伟大领导者一样领导你课堂上的学生们，在任何艰难的环境下，都会展现出"不屈的斗志坚持去做任何需要做的事"。

劳拉的故事：你将是他们当中最帅的

"我已经和她说过了，她知道你要来。"

劳拉女士不确定，是不好意思接受教会的慷慨捐助，还是觉得把接受的捐助"戴在"脸上是种耻辱，安东尼很不情愿去配眼镜。

劳拉女士到他的课桌前弯下腰来，贴近安东尼的耳畔轻声说："安东尼，你会大吃一惊的。这副眼镜可以帮助你更快地学习，你的成绩曲线会直线上升。我简直无法相信，我们之前居然没有发现这一点。"

劳拉女士早就发现安东尼在读写的时候离纸面很近，但是上个月前后，她才留意到安东尼在看幻灯片和黑板的时候，眼睛模糊得越来越厉害。当护士告诉她安东尼十分需要一副眼镜时，她瞬间对校长和富兰克林女士把安东尼困在三年级补习班的做法感到非常愤怒。如果安东尼一直在她的班里，劳拉女士就能更早发现这个问题。

心情平复之后，劳拉女士很快就找到了自身的问题，她应该发现安东尼需要眼镜的。

　　"而且，"劳拉女士平静地低声说，"你将是他们当中最帅的。"
然后问道："安东尼，你想让克里夫和你一起去吗？"

　　安东尼点点头，头发使劲甩着。坐在旁边的克里夫也站了起来，
一言不发地聆听他们聊天。两个男孩什么也没说，一起跑出了教室。

"像领袖一样教学"的框架

本书的每一章都讲述了一条领导原则，它们是低收入社区高效能教师身上的显著特征，我们将这六种普遍方法构成的框架称为"像领袖一样教学"。

本附录对"像领袖一样教学"框架的全面归纳，就是在这六种普遍方法的基础上展开的，并进行了更为深入的研究。该框架列出了与每条领导原则相关的老师行为，每条原则都有几种特定的代表性老师行为，我们还在本书的每一章末尾列举了这些行为。这些老师行为主要有：

1. 设定大目标	1-1：设计与标准相一致的、可衡量的、够得着的、有挑战性的目标，会显著提升学生的人生机会。
2. 多管齐下	2-1：通过学生们学习进步的证据、统计数据、对智力可塑性的讨论、创造性的灌输、有带动意义的大目标等，传授给学生一种理性认识，他们可以通过努力实现目标（"我能"）。

2. 多管齐下	2-2：通过把课堂成绩与学生的人生和抱负相联系，并使用其他统计数据、创造性的灌输、有带动意义的大目标等，传授给学生一种理性认识，他们将从学业成就中受益（"我想"）。 2-3：使用恰当的榜样，让学生们认同那些努力取得好成绩的人（"我能"），并以学习进步为荣（"我想"）。 2-4：持续强化为实现大目标而进行努力学习（例如，通过对成功的表扬和公开认可、引入外部竞争与奖励、实施团队合作、建立良好的师生关系等），哪怕在努力学习和实现大目标的过程中要付出日益加大的长期投入。 2-5：营造友好环境，通过理性劝导、榜样示范、持续强化和灌输正确的价值观（例如，相互尊重、包容、善良、协作），让学生们感到温馨，有足够的后盾去冒险冲击大目标。 2-6：充分调动学生们的影响者（例如，学生的家人、朋友、教练、牧师等），使用类似直接阐释、榜样引领、示范帮助、持续强化灌输等方法，让他们积极帮助学生努力学习，为实现大目标而奋斗。
3. 周密筹划	3-1：设计或找到与标准相一致的、评测性的、发展性的、累积性评估方法（以及追踪和评定系统），以判定学生们实现大目标的进展如何。 3-2：使用回溯式方法制订计划，把长期目标分解为一些子目标，把它们安排在整个学年中（长期计划和单元计划）。 3-3：制订严谨的、目标驱动的课程计划，这样，学生们只要成功完成了课堂活动，就掌握了学习目标，离实现大目标更近了一步。 3-4：基于学生们的个人学习情况（包括当前表现数据），为不同学生分别制订计划，使所有学生都能够积极投入，有所进步。 3-5：建立适合学生年龄的长期和短期行为管理计划（包括纪律和奖惩措施），这样，只要学生们遵守纪律，最大化教学时间利用率。 3-6：设计上课流程（转移场地、收集或分发试卷、排队等），让课堂更加井然有序，最大化教学时间利用率。
4. 高效执行	4-1：明确当前学习内容（如果必要的话，可以采取多种形式），让学生们理解关键概念和观点。 4-2：方便、管理、协调学生的练习（如果必要的话，可以采取多种形式），让所有学生都参与进来，有机会去掌握学习目标。

4.高效执行	4-3：经常通过提问、聆听、观察、反馈（确认正确答案，纠正错误答案）等方式检查学生的理解程度，确保学生学习效果。 4-4：通过讲授、练习、重申纪律和奖惩措施，向学生传达对他们行为的高预期，让学生们专心于努力学习。 4-5：实施并练习节约时间的步骤（例如，场地转移、散发和收集教学用品或作业等），最大化学习时间。 4-6：评估并追踪学生们在考试中的表现，这样老师和学生就能察觉到学生在学习、行为、投入目标上的进步。
5.持续增效	5-1：通过检查考试数据，评估学生学习进度，及其与实现大目标之间的明显差距。 5-2：找出对学生成绩进步或落后影响最大的学生习惯或行为。 5-3：通过搜集数据（如使用好未来教学框架）、反思老师的表现，找出对学生关键方面的表现影响最大的老师行为。 5-4：找出导致老师这些行为的深层因素（如知识、技能、思维模式等）。 5-5：调用能够指导、启发老师进行改进的重要学习经验。 5-6：在完成数据收集、反思、学习的循环之后，根据需要调整教学方法（包括大目标、调动学习的方法、计划、执行、毅力等），最大化教学效率。
6.永不放弃	6-1：面对巨大挑战坚持不懈，集中在最终目标上努力，瞄准某个可以解决的问题，提升学生成绩。 6-2：为了增加学生的学习机会，寻找并获取更多的教学时间和资源。 6-3：为了实现有挑战性的大目标，通过多种方法，长期坚持必要的精力投入。

　　老师们通过这些特定的行为，践行"像领袖一样教学"的原则。除了直接描述之外，本框架还对这二十八种行为提出了具体指标，把老师们对这些行为的掌握程度区分为五个层次。这些层次区分，旨在捕捉学习"如何遵循某种行为的规则"与根据个人实际情况调整改造这些规则之间的差异。你在接下来的框架中将看到这样的五列主题。

初学	入门	进阶	高手	典范
没有尝试该行为，尽管试一试。	对该行为有过不成功的尝试。	表面上体现了该行为。	理解了该行为的主旨，能够根据实际情况加以调整使用。	根据需要大胆革新，认识到了该行为在特定环境中的全部潜力。

"像领袖一样教学"的框架，是为了提供一种有针对性的绝对标准，不考虑老师的经验层次，衡量老师的表现。它使用基于优点的语言，也就是说，本框架中的每一个表格单元，都指出了达到这个层次应该表现出哪些特点，而不是没有表现出哪些特点。通过这种方式，本框架力图在老师成长进步的所有阶段，包括必经的初级阶段，都向他们表示庆祝。

本框架的最终目标是帮助老师，靠他们自己或者顾问的支持，让他们把这些教学方法掌握得更好，从而带领学生取得更好的成绩。

"为美国而教"对成功老师的理解在不断改进，"像领袖一样教学"框架的各个方面，也在随之改进。

"像领袖一样教学"综合框架

设定大目标，多管齐下，周密筹划，高效执行，持续增效，永不放弃。

设定大目标

在课堂里制订合理的有挑战性的学习目标，所有的努力都将清晰地指向该目标。

老师行为	初学	入门	进阶	高手	典范
1-1 设计与标准一致的、可衡量的、够得着的、有挑战性的目标，会显著提升学生的人生机会。	缺少尝试和行动。	在行动中…… 表现出一种欲望，尝试根据各种标准设定或采用大目标。 在反思时…… 准确解释大目标背后的主要想法，包括它与学习标准之间的关系、可衡量性，以及怎样才算雄心勃勃和够得着。 用有说服力的方式，描述设定大目标的重要性，特别是根据大目标的重要性，准设定大目标的重要性。	采纳广泛性、普遍性的目标，力争让它对全班人未来人都是有挑战性的、够得着的，最终至少以上学生能够满足一半以上学生的需求。 描述该目标学习是怎样与相关的学习标准准相一致的，并找出实现目标的是怎样一个衡量的基本工具。	基于多种来源的信息，包括对需要掌握的学习目标的评估结果，合理设计一个目标。该目标对于大多数学生来说都是具有挑战性且够得着的。 描述该目标学习是怎样与相关的学习标准准相一致的，概括描述该目标，实现该目标学生们应该知道什么、能做到什么；使用必要的评估工具（如学习评估等），基于对学生的不同角度，从对学习的不同角度，对该目标进行评估。	基于多种来源的信息，包括对需要掌握的学习目标的评估结果，合理设计一个目标。该目标对于每一个学生来说都具有挑战性且够得着，需要他们投入较大量的努力。 描述目标关键学习是怎样与所有相关的学习标准准相一致的；详细解释及其实现该目标，每个学生需掌握哪些知识和技能；使用一套专门的综合评估工具，从对学生人生最有意义的不同方面，对该目标进行评估。

调动学生和其家人及其他影响者，为实现大目标而努力

给学生们建立信心和愿望，引导他们朝着短期和长期目标努力前进。

老师行为	初学	入门	进阶	高手	典范
2-1 通过学生们的学习进步的证据、统计数据，对智力可塑性的讨论、创造性的灌输、带动意义的大目标等，传递给学生一种理性认识，他们可以通过努力实现大目标（"我做它"）。	缺少尝试和行动。	在行动中…… 表现出一种欲望，去培养学生相信自己能够通过努力实现大目标的理性认识。 在反思时…… 准确解释培养学生相信自己能够通过努力实现大目标的理性认识的方法。 用有说服力的方式，描述培养学生相信自己能够通过努力实现大目标的理性认识的重要性。	在所有环境中，有效使用同一种方法为老师以学生为中心的方法，生传达信息；学生能够通过努力实现大目标。 独立、恰当地实施各种方法，传达信息。	基于对学生的理解，依据具体学生情况，让一定范围内的学生相信，他们能够通过努力学习实现大目标。 定期传达信息，使用一系列综合课堂教学管理方法。	在选择方法和信息，让学生相信他们能够通过努力学习实现大目标时，有效考虑每一个学生的具体情况。 监督每一个学生相信"我能"的投入程度，按照必要的频率采取信息，传达信息，使学生们能够相互鼓励，并开始构造整个学校的大环境。

设定大目标	多管齐下	周密筹划	高效执行	持续增效	永不放弃
老师行为	初学	入门	进阶	高手	典范
2-2 使用恰当的榜样，让学生们认同那些努力取得好成绩的人（"我能"），并以学习进步为荣（"我想"）。	缺少尝试和行动。	在行动中……表现出一种欲望，去使用榜样的力量。在反思中……准确解释培养学生相信自己将从实现大目标中受益的理性认识的方法。	在所有环境中，有效使用同一种以老师为中心的方法，传达共性信息：学生将从学业成就中受益。	基于对学生的理解，依据具体学情况，有效使用以学生为中心的方法，让一定范围内的学生相信，他们将从学业成就中受益。	在选择方法和信息，让学生相信将从学业成就中受益时有效，会虑每一个学生的具体情况。
		用有说服力的方式，描述培养学生相信自己将从学业成就中受益的理性认识的重要性。	独立、恰当地实施各种方法。	定期传达信息，使用一系列综合课堂教学管理方法。	监督每一个学生相信"我想"的投入程度，按照必要的频率采取方法、传达信息，使学生们能够相互鼓励，并开始有效塑造整个学校的大环境。

设定大目标	多管齐下	周密筹划	高效执行	持续增效	永不放弃
老师行为	初学	入门	进阶	高手	典范
2-3 通过把课堂成绩与学生的人生和抱负相联系，并使用其他统计数据、创造性的灌输、有带动意义的大目标等，传授给学生一种理性认识，他们将从实现大目标中受益（"我想"）。	缺少尝试和行动。	在行动中……表现出一种欲望，去培养学生相信自己将从学业成就中受益的理性认识。 在反思时……准确解释如何选择、使用榜样，去传达勤奋或学业成功的信息。 用有说服力的方式，描述使用这些榜样的重要性。	确保使用的榜样能够或者学习的信息。 通过偶尔接触，能让学生们能够学到榜样的故事。 使用与学生相关的恰当榜样，至少能赢得一部分学生自己的认同。	确保使用的榜样能够传达出勤奋学业成功的信息。 让学生们能够经常有意义的接触。 基于对不同学生群体的了解，确保几乎所有学生都有自己的恰当榜样。	确保使用的榜样能够传达出非同寻常及勤奋学习以及学业成功的信息。 为学生们创造与榜样人物进行直接合作的机会。 监督每一个学生，确保所有学生都有非常认同的榜样。

设定大目标	多管齐下	周密筹划	高效执行	持续增效	永不放弃
老师行为	初学	入门	进阶	高手	典范
2-4 持续强化为实现大目标而进行的努力学习（例如，通过对成功的表扬和公开认可、引入外部竞争与奖励、实施团队合作、建立良好的师生关系等），哪怕在努力学习和实现大目标的过程中要付出日益加大的长期投入。	缺少尝试和行动	在行动中……表现出一种欲望，强化学生标为实现大目标而进行的努力。 在反思时……准确解释强化为实现大目标而努力的关键方法。 用有说服力的方式，描述持续强化为实现大目标而努力的重要性。	选择少数几种著名的强化方式，应用于所有场景。	基于对学生的了解，根据具体情况，选择有吸引力的强化方法，用于一定范围内的学生。	根据每一个学生的情况和需求，选择恰当的强化方法。
			强化系统认可基本的努力学习（如参与课堂活动、完成作业等），以及达到精心设计的、绝对性的学习标准。	强化系统对学习努力学习（如刻苦学习）并取得大幅进步，以及达到精心设计的、绝对性的学习标准。	强化系统对学习努力的认可，与他们的个人成绩成正比。
			坚持进行定期强化，在庆祝目标进展时，有时候能起到强化作用。	有针对性地选择间时间，恰当，灵活地进行强化，在庆祝目标进展时，几乎总是能起到强化作用，能大化其影响，激发学生的内在动力。	根据实际需要，恰当、增加学生的内在动力；在庆祝目标进展时，总是能起到强化作用，并教会学生如何提升自己的学习表现。

设定大目标	多管齐下	周密筹划	高效执行	持续增效	永不放弃
老师行为	初学	入门	进阶	高手	典范
2-5 营造友好环境，通过理性劝导、榜样示范、持续强化和灌输正确的价值观（如相互尊重、包容、善良、协作），让学生们感到温馨，有足够的后盾语言去冒险冲击大目标。	缺少尝试和行动。	在行动中…… 表现出一种欲望，去营造一个友好的环境。 在反思时…… 准确解释营造友好环境的关键方法。 用有说服力的方式，描述营造友好环境的重要性。	有效选择一些普适性信息，表达友善尊重，包容，协作）。	有效选择适用于课堂中不同学生群体依赖信息（例如，不同学习水平、不同技能、不同类型，特殊需求、民族、种族、阶层、性取向、背景，等等）。	有效选择适用于课堂中不同学生群体让每个学生都相信自己是独一无二的。
			根据营造友好环境的需要，提出足够坚持环境规则的要求，对破坏环境规则的行为有效应对，并以此为契机传达有关友好环境的信息。	根据营造友好环境的需求，积极使用多种环境有利于建立友好环境的方法（例如，课堂工作、社区），对破坏环境规则即时有效制止的行为，并预测及防止大部分破坏环境规则的行为。	为了营造友好环境，提出强有力的要求，以和平的方式解决所有冲突，有效激励全班相互帮助，以和平的方式解决所有冲突，为长期维持全班友好互助的氛围，尊重的领导者。

设定大目标	多管齐下	周密筹划	高效执行	持续增效	永不放弃
老师行为	初学	入门	进阶	高手	典范
2-6 充分调动学生们的影响者（例如，学生的家人、朋友、牧师等），使用类似直接阐释、榜样引领、示范帮助、持续强化灌输等方法，让他们积极帮助学生努力学习，为实现大目标而奋斗。	缺少尝试和行动。	在行动中……表现出一种欲望，去充分调动学生的影响者。 在反思时……准确解释充分调动学生的影响者的关键方法。 用有说服力的方式，描述调动学生影响者的重要性。	使用单一、正式的方法，与学生的每一位家人交流。 在学生不好好学习的时候，向他们提供基本信息，并请求帮助。 根据绝对标准，分享有关学生表现的积极新闻。 成功把学生的基本情况通知其家人。	利用多种机会，调动多种关键影响者（例如，学生的家人、教练、牧师等）。 与他们分享影响者和老师能够如何加速学生学习的知识和技能。 根据相对标准，分享有关学生表现的积极新闻。 成功调动学生的关键影响者。	基于对学生及其关键影响者的了解，因人而异地与学生或者其他关键影响者交流，充分调动他们的积极学习，为实现大目标而奋斗。 除了与他们分享影响者和老师能够如何协作和技能之外，把学生"武装"起来，在本学车之后继续帮助、鼓励学生学习。 告诉影响者们，如何监督学生的学习表现，如何看出他们的进步。 成功调动学生的关键影响者投入其中。

周密筹划

制订教学计划、行为要求和课堂流程，引导学生掌握学习目标，高效实现大目标。

老师行为	初学	入门	进阶	高手	典范
3-1 设计或找到与目标相一致的、评测性的、累积性评估方法（以及追踪和评定系统），以判定学生们实现大目标的进展如何。	缺少尝试和行动。	在行动中…… 表现出一种欲望，设计或找到与标准相一致的、评测性的、发展性的、累积性评估方法（以及追踪和评定系统），以判定学生们实现大目标的进展如何。 在反思时…… 准确解释在设计或寻找评测和评估方法时的标准，以及怎样用它们来判定学生们的实际进展如何。 用有说服力的方式，解释使用评测和评估要求和满足评测和评估方法的重要性。	设计或寻找评测方法，评测学生的掌握状态（含随堂总结性）或发展性（含随堂测验）评估方法，衡量每个学习目标的评估与所教学习目标中没有任何与所教学习目标无关的问题。 使用与测验目标目标相符的题目。	设计或寻找评测方法，评测大多数学生的掌握程度的评估方法（含随堂测验），在恰当的时候（如随堂测验），设计问题对每个所教学习目标对每个掌握性的评估方法，衡量学习目标包括那些高层次思考的密要。评估中不包括任何与所教目标无关的题目。 通过总结性或发展性的评估方法，围绕同一个目标，使用多个题目（同时兼顾效率）。	设计或寻找评测方法，提供有关学生掌握程度的详细信息，包括发展性的评估方法（如随堂测验），在恰当的时候，设计对每个题未对每个掌握目标的掌握程度，以及总结的评估度，衡量学生对每个所教学习目标包括那些密要高层次思考的内容。评估中不包括任何与所教学习目标无关的内容。 通过总结性或发展性的评估方法，围绕同一个目标，以多种方式（同时兼顾效率）。

设定大目标	多管齐下	周密筹划	高效执行	持续增效	永不放弃
老师行为	初学	入门	进阶	高手	典范
			确保测验能够揭示学生对学习目标的掌握情况。	确保每道题目都能揭示真实的掌握情况(同时兼顾效率)。	在恰当的时机,使用可靠的评估方法,揭示真实的掌握率(同时兼顾效率)。
			评定系统能够提供准确的学生学习情况,为将来计划做出指导,老师能够准确说出学生的掌握情况。	评定系统能够有效提供评详细的、可靠的学生学习情况,为将来计划做出指导,老师能够准确说出这些题目表现出来的确切水平。	评定系统始终如一,并非常有效,提供详细而可靠的学生学习情况,为将来计划准确指导,老师能够准确说出每个题目表现出来的确切水平。
			设计或寻找追踪系统,记录学生在评估中的表现。	设计或寻找追踪系统,计算并反映学生个人及整体实现大目标的进度。	设计或寻找追踪系统,反映学生个人及整体实现大目标的进度,并着重指出各方面需要学生在哪些方面进行强化。

设定大目标　｜　多管齐下　｜　周密筹划　｜　高效执行　｜　持续增效　｜　永不放弃

老师行为	初学	入门	进阶	高手	典范
3-2 使用回溯式方法制订计划，把长期目标分解为一些子目标，把它们分解为更小目标，并安排在整个学年中（长期计划和单元计划）。	缺少尝试和行动。	在行动中…… 表现出一种欲望，通过把长期目标分解为一些小目标，并把它们安排在整个学年中（长期计划或单元计划中），回溯式制订计划。 在反思时…… 准确解释回溯式制订计划的过程。 用有说服力的方式，描述回溯式制订长期计划和单元计划的重要性。	使用与学习目标相符的逻辑目标，设计一个单元。其中包括一个测验，以及清晰的、可衡量的、以学生为中心的学习目标、能够反映该单元教学目标的成功实现。 规划单元计划中各个教学目标的教学时间时，时间分配可能不尽合理。 合理借鉴外界数据资源与制订计划（如借鉴学区政策）。	把多个与学习目标相符的学习目标有逻辑地组合到一个单元里（其中包括一个测验），严格地、每天清晰的、可衡量的、以学生为中心的学习目标，组成一个单元的小目标，制订能够实现大目标的长期计划（其中包括一个年底测验）。 提前在日历上规划长期计划中的各个单元，以及单元计划中的各个教学目标，基于教学内容合理分配教学时间。 深入挖掘评测多种信息源，包括评测其他学校的做法（以及有经验的优秀老师的建议），针对本班量体裁衣，有效制订计划。	把多个与学习目标相符的学习目标有逻辑地组织到一个单元里（其中包括测验），各单元层层递进，并指出每个单元清晰的、严格的、以学生为中心的学习目标，以衡量学习目标能够实现的；组织一个单元中心的小目标，制订能够实现大目标的长期计划。 提前在日历上规划长期计划中的各个单元，以及单元计划中的各个教学目标，基于教学内容合理分配教学时间，并对意外情况提前做出计划，强化措施做出计划。 深入挖掘多种信息数据，包括评测多种数据表，针对本班量体裁衣，有效制订计划，并努力将计划与全校对接，补充对策，与各级团队、各学科之间的对接。

老师行为	初学	入门	进阶	高手	典范
3-3 制订严谨的、目标驱动的课程计划，这样，学生们只要完成功了课堂活动，就掌握了课堂学习目标，离实现大目标更近了一步。	缺少尝试和行动。	在行动中……表现出一种欲望，制订严格的、目标导向的课程计划的。在反思时……	从教学目标中分解出恰当的关键点。所有课程内容与教学目标、关键点、以及要求学生掌握的方法大致对应。	从教学目标中分解出准确、恰当的关键点。所有课程内容都与教学目标、关键点，以及要求学生掌握的方法相对应。	从教学目标中分解出准确、恰当的关键点。所有课程内容都与教学目标、关键点，以及要求学生掌握的方法相互联系，针对性强，形成一个有机整体。
		准确解释怎样设计课程，让授课步骤与教学目标相一致。	设计课堂活动时，有意使课之与授课步骤相一致。	设计课堂活动时，使之与授课步骤前后一致，并辅助完成教学目标。	设计新的、以学生为中心的活动，与高效相一致的原则，提醒预备课程计划的知识（例如，表述关键误概念，评估到正确理解程度），使学生高效、有效地掌握学习目标。
		用有说服力的方式，描述授课与教学目标相一致的重要性。	设计的课程能在规定时间内完成。	设计的课程能充分利用时间，提升学生学习。	设计的课程环节表述恰当，能够帮助学生掌握学习目标，并能进行实时调整。

设定大目标	多管齐下	周密筹划	高效执行	持续增效	永不放弃
老师行为	初学	入门	进阶	高手	典范
3-4 基于学生们的个人学习情况（包括当前表现数据），为不同学生分别制订计划，使所有学生都能够积极投入，有所有进步。	缺少尝试和行动。	在行动中…… 表现出一种欲望，去设计区别教学计划。 在反思时…… 准确解释区别教学计划的主要思想，要以学生的评测数据和个人教育项目目标为基础。 用有况服力的方式，解释区别教学计划的重要性。	设计适合大众学生群体的教学内容、过程和目标，遵从官方的调整。	针对不同小群体学生的不同需求和兴趣，定期设计过程和目标。	为每一个学生设计教学内容、过程和目标。
			基于学生的评测数据和个人教育项目目标，精心制订教学计划。	基于多来源数据和个人教育项目目标，精心制订教学计划。	参考多来源数据，精心制订教学计划，坚持不断提升学生的学习成绩。
			设计高效计划，这样老师就能够在全体学习的时候，为各个学生提供帮助。	设计高效计划和责任系统，建立多种形式的结构化分教学（例如，老师在各组学生之间穿插辅学）。	设计高效计划和责任系统，建立灵活的区分方式（例如，把学生分成不同小组，或者让学生独立学习）。

设定大目标	多管齐下	周密筹划	高效执行	持续增效	永不放弃
老师行为	初学	入门	进阶	高手	典范
3-5 建立适合学生年龄的长期和短期行为管理计划（包括纪律和奖惩措施），这样，只要学生们遵守纪律，最大化教学时间利用率。	缺少尝试和行动。	在行动中…… 表现出一种欲望，去制订纪律和奖惩措施，并把它们介绍给学生。 在反思时…… 准确解释有效的纪律及奖惩措施的标准和例子…… 用有说服力的方式，解释制订与学生年龄相符的纪律及奖惩措施的重要性。	精心制订的纪律和奖惩措施，能够解决课堂的核心需求。 制订的纪律要求明确，用正面语言描述。 制订的奖惩措施通情达理，符合逻辑。 设计启动计划，把纪律和奖惩措施清楚地传达给学生。	精心制订的纪律和奖惩措施，能够解决大部分可预见的课堂需求。 制订的纪律容易被学生理解（例如，一经宣布），有语言描述，能够进行量化管理。 制订的奖惩措施通情达理，符合逻辑，能够阻止大部分学生的不当行为。 设计启动计划，要求所有学生都能诉说自己对这些纪律和奖惩措施的理解。	精心制订的纪律和奖惩措施，适用于任何情况，并能根据对个别学生的了解，有效制订个性化规则。 制订的纪律要求明确，容易被学生理解，在纪律宣布之后，所能够用自己的话复述纪律要求，而且所有学生都能把它们运用到新环境中去。 制订的奖惩措施通情达理，个性化规则能够阻止每个学生的不当行为。 设计不断发展的计划，教导引领学生遵守纪律。

设定大目标	多管齐下	周密筹划	高效执行	持续增效	永不放弃
老师行为	初学	入门	进阶	高手	典范
3-6 设计上课流程(转移场地、收集或分发试卷、排队等），让课堂更加井然有序，最大化教学时间利用率。	缺少尝试和行动。	在行动中……表现出一种欲望，去设计上课流程，并把他们介绍个学生。在反思时……准确解释介绍上课流程的时机和方法。用有说服力的方式，解释设计上课流程的重要性。	制订课堂流程，能够解决课堂低效的问题。	设计课堂流程，能够解决大部分可预见的课堂低效问题。	创新课堂流程，能够解决所有可能的课堂低效问题。
			设计的流程，能让整个课堂运转更加流畅。	设计的流程，能带来更多的教学时间。	设计的流程，能够带来更多的教学时间，为老师担负教学责任保留精力。
			设计启动计划，能够清晰传达给学生。	设计启动计划，要求所有学生能够说出他们对课堂流程的理解。	设计不断发展的计划，引领学生遵循上课流程。

高效执行

让学生们从教学计划、行为管理和上课流程中获得最大的帮助。

老师行为	初学	入门	进阶	高手	典范
4-1 明确当前学习内容（如果必要的话，可以采取多种形式），让学生们理解相关概念和观点。	缺少尝试和行动。	在行动中…… 表现出一种欲望，要把学习内容讲得更清楚。 在反思时…… 准确解释讲授教学内容的关键技巧。 用有说服力的方式，解释每一种授课方法的重要性。	解释条理清楚、内容紧凑正确。	解释条理清楚、内容紧凑正确，聚焦关键概念。	解释条理清楚、内容紧凑正确，描述的方法突出、有概念意义，令人难忘。
			保持恰当的语调、音量、姿态和丰富的肢体语言，抓住一多半学生全班的注意力和兴趣。	保持有效的语调、音量、姿态和丰富的肢体语言，调动几乎全班所有学生的注意力和兴趣。	保持强有力的语调、节奏、音量、姿态和丰富的肢体语言，抓住全班所有学生的注意力和兴趣。
			不论情况如何，都坚定贯彻课程计划的内容和节奏。	坚定贯彻课程计划的内容和节奏，并根据当前的具体情况，进行必要的灵活调整。	在必要的时候，为了进一步推动大目标的实现，抓住机会有的放矢地改变课程计划。

设定大目标	多管齐下	周密筹划	高效执行	持续增效	永不放弃
老师行为	初学	入门	进阶	高手	典范
4-2 方便、管理、协调学生的练习（如果必要的话，可以采取多种形式），让所有学生都有机会参与进来，有机会去掌握学习目标。	缺少尝试和行动。	在行动中……表现出一种欲望，方便管理和协调学生的练习。在反思时……准确解释移方便、管理、协调学生练习的关键方法。用有说服力的方式，解释每种方法的重要性。	清晰地进行基本指导。	清晰地进行指导，强调关键点和逻辑依据。	以清晰、实出、富于表现力的方式进行指导、描述关键点和逻辑依据。
			监督学生们在进行练习。确保学生的表现，确保学生们在进行练习。	监督学生的表现，并参与其中，澄清拓展学生们的理解。	以鼓励学生进行自我监督、相互协作的方式，方便学生的练习。
			不论情况如何，都坚定贯彻物课程计划的内容和节奏。	坚定贯彻物课程计划的内容和节奏，并根据当时的具体情况，进行必要的灵活调整。	在必要的时候，为了进一步推进大目标的实现，抓住机改变课程计划、放手地改变课程计划。

老师行为	初学	入门	进阶	高手	典范
4-3 经常通过提问、聆听、观察、反馈（确认正确答案，纠正错误答案）等方式检查学生的理解程度、确保学生学习效果。	缺少尝试和行动。	在行动中…… 表现出一种欲望，去检查学生们的理解程度。 在反思时…… 准确解释检查学生理解程度不同方法的优缺点。 用有说服力的方式，了解检查学生理解程度的重要性。	随机抽查一些学生，直接提问，检验每个人的回答。	选取不同学生群体的代表，直接提问，直接检验个人的回答。	直接提问所有学生，检验每个人的回答。
			精心设计问题，能够准确检验学生是否理解。	精心设计问题，能够准确检验学生的理解程度（例如，层层递进的提问）。	精心设计问题，能够准确找到学生错误源的程度和根源。
			偶尔提问有关最重要概念的问题。	对最重要概念的提问贯穿整节课。	在贯穿整节课的关键时刻，提问有关最重要概念的问题。
			坚持高标准的正确答案，并告诉学生他们是否达到了标准。	坚持高标准的正确答案，并告诉学生他们为什么达到（或者没有达到）标准。	坚持高标准的正确答案，并教给学生怎样提炼、表述应该他们的答案。

老师行为	初学	入门	进阶	高手	典范
4-4 通过讲授、练习、重申纪律和奖惩措施，向学生传达对他们行为的高预期，让学生们专心于努力学习。	缺少尝试和行动。	在行动中…… 表现出一种欲望，向学生传达有关纪律要求，果断、坚决地对他们的错误行为。 在反思时…… 准确解释向学生传达有关纪律要求，以及果断、坚决地对他们的错误行为的关键方法。用有说服力的方式，解释每种方法的重要性。	根据需要，明确地向学生传达纪律要求。有时候能够避免陷入争论，因为它们都是合理的。	根据需要，坚决、明确自信地向学生传达纪律要求。经常向他们讲纪律背后的目的，几乎总能避免陷入争论，因为有关纪律的深入争论，它们都是精心设计的。	根据需要，坚决、明确、自信地向学生传达纪律要求及其背后的目的。讲纪律背后能深入争论，完全把它们内化为对自身要求了。
			有效使用同样的方法，公正地处理同样行为或类似的不当行为，同时维护学生的自尊心。	有效从一系列方法中选择，有针对性地公正处理学生的不当行为，同时维护学生的自尊心。	有效、恰当地辨别并解决学生不当行为的个人原因，同时维护学生的自尊心。
			经常立即、明确、坚决地对违反课堂纪律的行为。	总是立即、明确、坚决地应对违反课堂纪律的行为。	在应对违反课堂纪律的行为时，总考虑每个学生和具体的实际情况。
			有时候会有不当行为，在老师的干预下，常能在较短时间内不再复发。	学生的不当行为很少，会妨碍课程的推进，在老师的干预下，总能在较短或很长时间内不再发生。	学生能够通过独立解决问题，做出正确的选择，解决或避免不当行为。

设定大目标	多管齐下	周密筹划	高效执行	持续增效	永不放弃
老师行为	初学	入门	进阶	高手	典范
4-5 实施并练习这节约时间的步骤（比以呐地蹀踱、散发物品或作业、等等），最大化学习时间。	缺少尝试和行动。	在行动中……表现出一种欲望，去清楚地解释这些步骤并不断强化这些步骤。 在反思时……准确解释清楚并不断强化这些步骤的关键方法。 用有说服力的方式，解释每种方法的重要性。	在需要这些步骤的时候，清楚有这些半学解释这些步骤，因为知道学生都必须遵守这些既定的教学程序。 在教学程序被打乱的时候，有效重建它们。 在老师的推动和干预下，大多数教学程序能正常运转。	在需要这些步骤的时候，清楚经常地阐述这些步骤的背后的含义。在解释这些步骤的时候，几乎所有学生都知道并决定遵守这些既定的教学程序。 在教学程序被打乱的时候，有效主动重建它们。倡会通过主动强化它们的方法，定期实践将它们与目的实践起来，预测、防止大部分打乱教学程序的事情。 在老师的推动下，所有教学程序都能流畅、高速地运转。	在需要这些步骤的时候，与学生交流这些步骤及其背后的含义，以令人难忘的方式，集中讲解这些关键步骤，以及它们之间的关系。学生成绩不必指导这些步骤，因为所有学生都知道并贯穿这些既定的教学程序。 主动强化教学程序，确保学生们能够管理并接权它们的含义，并建立学生评论、监督、创 无须老师的推动，所有教学程序就能流畅、高速地运转。

老师行为	初学	入门	进阶	高手	典范
4-6 评估并追踪学生们在考试中的表现，这样老师就能察觉到学生在学习、行为，投入目标上的进步。	缺少尝试和行动。	在行动中……表现出一种欲望，去进行评测性、发展性或者总结性的测验，去准确评定学生的学习水平，不时追踪学生的表现。在反思时……准确解释进行评测性、发展性或者总结性测验的关键方法。准确解释评定、追踪学生表现的步骤，用有说服力的方式、解释每种方法、步骤的重要性。	不时进行评测性和总结性的测验，判断学生的表现。	定期进行评测性和总结性的测验，判定学生的进度。	为促进达到实现学习目标，根据数据需求，进行各类测验。
			准确有效地评定成绩，让学生们和知道自己的表现如何。	准确有效地理解学生表现，帮助他们在实现大目标的路上处于什么位置。	准确有效地评定成绩，帮助每一个学生认识到自己的优势和劣势，改善自己的表现，并看到自己在实现大目标的路上处于什么位置。
			时不时追踪学生表现。	定期追踪学生的数据就能帮助得到老师订制和长期规划教学区别教学。	密切追踪学生表现，这样得到的数据就能推动老师订制和长期规划教学区别教学。

持续增效

以数据为依据，进行深入的反思、分析，根据需要调整老师行为，改善学生表现。

老师行为	初学	入门	进阶	高手	典范
5-1 通过检查考试数据，评估学生学习进度，及其与实现大目标之间的明显差距。	缺少尝试和行动。	在行动中……表现出一种欲望，去评估学生学习进度，及其与实现大目标之间的明显差距。在反思时……准确描述一种评估学生学习进度与实现大目标表现之间差距的方法。用有说服力的方式，解释使用这种方法评估学生学习进度的重要性。	准确记录学生的整体进度，以及他们的成绩与实现大目标之间的差距。	准确记录各组学生（如分为"高"、"中"、"低"三组）的学习进度及其与实现大目标之间差距，并根据问题的紧迫性和解决问题的可行性，给各项差距排序。	准确记录各组学生的学习进度及其与实现大目标之间差距，把握学生的整体表现趋势，并根据问题的紧迫性和解决问题的可行性，给各项差距排序。
			在被要求的时候，表现出这样的行为。	不需要催促和他人影响，就会定期表现出这样的行为。	一直都表现出这样的行为。

设定大目标	多管齐下	周密筹划	高效执行	持续增效	永不放弃
老师行为	初学	入门	进阶	高手	典范
5-2 找出对学生成绩进步或落后的学生习惯或行为。	缺少尝试和行动。	在行动中…… 表现出一种欲望，去找出对学生成绩进步或落后影响最大的学生习惯或行为。 在反思时…… 准确描述一种方法，可以找出对学生成绩进步或落后影响或习惯或行为。 用有说服力的方式，解释找出学生这些习惯和行为的重要性。	基于观察数据，思考几种学生行为，它们与学生成绩进步或落后相关。 在被要求的时候，表现出这样的行为。 （通过数据或学生作业）准确找出学生行为的一些习惯或逻辑上来看，它们影响了学生现在的成绩。	基于多个来源的观察数据，思考一系列学生行为，它们与它们的关键的进步或成绩落后相关。 不需要催促和他人影响，就会定期表现出这样的行为。 （通过数据或学生作业）检验它们的可行性、有效性或进步情况，按照准确性排序，对学生重点习惯或行为的成绩表现影响最大。	基于多个来源的可靠的观察数据，思考一整套学生行为，与它们的关键的进步或成绩落后相关。 一直都表现出这样的行为。 （通过数据或学生作业）寻找学生行为与学生成绩之间的因果关系，按照改进它们的可行性、有效性或进步排序，并将理论结果与数据相验证，准确找好记录的一种重点习惯或行为，它能够解释学生现在的成绩。

老师行为	初学	入门	进阶	高手	典范
5-3 通过搜集数据来使用好未来教学框架），反思老师方面的表现，找出对学生关键方面的表现方式影响最大的老师行为。	缺少尝试和行动。	在行动中…… 表现出一种欲望，去找出一种老师行为，逻辑上会对学生的表现趋势产生影响。 在反思时…… 准确描述一种方法，可以用未来思考影响学生表现趋势的老师行为。 用有说服力的方式，解释用这种方法思考老师的行为，有什么重要性。	基于观察数据，思考几种老师行为，它们能够解释已经发现的学生行为或习惯。 在被要求的时候，表现出这样的行为。 找出一种老师行为，从逻辑上来看，它影响了学生表现的明显趋势。	基于多个来源的观察数据，思考一系列老师行为，它们能够解释学生的一些关键行为或习惯。 不需要催促和他人影响，就会定期表现出这样的行为。 使用好未来教学框架，基于改进或有效性，紧迫性的行为排序，找出一种关键的老师行为，它引导了学生表现的明显趋势。	基于多个来源的可靠观察数据，思考一整系列老师行为，它们能够解释学生的一些关键行为或习惯。 一直都表现出这样的行为。 使用好未来教学框架，基于改进或有效性，紧迫性进行老师的行为排序，并检验该理论的所有相关方面，有效判定相关结果，老师明确定关键的老师行为，它能够明确解释学生的明显趋势。

老师行为	初学	入门	进阶	高手	典范
5-4 找出导致老师行为的深层因素（例如，知识、技能、思维模式等）。	缺少尝试和行动。	在行动中…… 表现出一种欲望，去找出导致老师某些行为的潜在原因。 在反思时…… 准确描述一种方法，可以找出一些潜在原因，解释某方面的老师行为。 用有说服力的方式，解释用这种方法查找根源的重要性。	思考能够解释某方面老师行为的原因。	思考一系列能够解释关键方面老师行为的原因。	思考一整套能够解释关键方面老师行为的原因。
			在被要求的时候，表现出这样行为的逻辑。	不需要催促和他人影响，就会定期表现出这样的行为。	一直都表现出这样的行为。
			找出某些老师行为逻辑上的潜在根源。	通过列举潜在因素，使用数据，减少反思，并根据数据具体导致老师某种行为的一个根源。	通过使用数据、观察、减少反思，有力验证老师行为的所有数据排序，并有验证该理论相关结果，找出能够解释老师某种行为的根源。

设定大目标	多管齐下	周密筹划	高效执行	持续增效	永不放弃

老师行为	初学	入门	进阶	高手	典范
5-5 运用能够指导、启发老师改进行为进行改进的重要学习经验。	缺少尝试和行动。	在行动中……表现出一种欲望，深入了解与根源相关的学习经验。在反思时……准确描述一种方法，判定、评估与某根源相关的资源或学习经验。用有说服力的方式，解释深入了解与根源相关的学习经验的重要性。	寻找技术上与潜在因素相关的资源或学习经验。	寻找与潜在因素相关的、重要的可信资源和学习经验。	（通过咨询有经验的老师、阅读相关文章、参加工作组等方法，寻找或创造多种有价值的资源和学习经验，它们应该是有效的，并且与那些潜在性的、并且与那些对应的因素完美对应。
			在被要求的时候，表现出这样的行为。	不需要催促和他人影响，就会定期表现出这样的行为。	一直都表现出这样的行为。
			完善一种学习经验，在一定程度上提升老师的知识、技巧或思维模式。	最大化利用一种高效的学习经验，掌握其所追求的知识、技能或思维模式。	掌握所追求的知识、技能或思维模式，拓展机会，把学习延伸到其他领域或需求中去。

老师行为	初学	入门	进阶	高手	典范
设定大目标	多管齐下	周密筹划	高效执行	持续增效	永不放弃
5-6 在完成数据收集、反思、根据学习之后，调整需要循环需要（包括大目标、调动学习的方法、计划、执行、毅力等），最大化教学效率。	缺少尝试和行动。	在行动中…… 表现出一种欲望，去制订并实施一个行动计划。 在反思时…… 准确描述一种方法、选择与课堂问题相对应的教学实施方法，并制订行动计划的方法实施计划。 用有说服力的方式、解释在完成数据收集、反思、学习循环过程课程的重要性。	选择的教学方法，与课堂问题及其原因相对应。 在被要求的时候，表现出这样的行为。 制订的行动计划，从技术上有利于实施。 实施计划。	选择的教学方法，能够解决课堂问题及其问题及其根源，强化老师和课堂的力量。 不需要催促和他人影响，就会定期表现出这样的行为。 制订的行动计划具有可行性，适合老师独立实施。 以必要的献身精神和坚持，来实施计划。	选择多种教学方法，能够改变学生的表现，强化老师和课堂的力量。 一直都表现出这样的行为。 总是在评估，怎样的实施方法对老师来说，既有挑战性又有可行性，适合独立实施。 万一最初的解决方案无效，准备好应急措施；或者通过扩大与他人分享，扩大课堂的影响力。

永不放弃

最大化用以实现目标的时间、精力和资源。

老师行为	初学	入门	进阶	高手	典范
6-1 面对巨大挑战永不放弃,集中在最终目标上努力,瞄准某个可以解决的问题,提升学生成绩。	缺少尝试和行动。	在行动中…… 表现出一种欲望,去实施永不放弃的方法。 在反思时…… 描述自己面对巨大挑战的时候,永不放弃的方法。 用有说服力的方式,解释这些方法的重要性。	从整体上看,不为困难找借口。	坚持把寻找解决问题的方法作为目标,最大程度支撑推动学生靠近大目标。	扩大自己的控制范围,解决那些制约学生实现课堂目标的困难。
			在面对困难的时候加持努力(例如,永不放弃)。	在面对困难的时候加大努力。	优先投入时间和努力,集中解决最大的困难,有针对性地高效工作,找到解决方案。

设定大目标	多管齐下	周密筹划	高效执行	持续增效	永不放弃
老师行为	初学	入门	进阶	高手	典范
6-2 为了增加学生的学习机会，寻找并获取更多的教学时间和资源。	缺少尝试和行动。	在行动中…… 表现出一种欲望，去实施追求更多教学时间和资源的方法。 在反思时…… 描述寻找更多教学时间和资源的方法。 用有说服力的方式，解释这些方法和技巧的重要性。	辨别影响学生成绩的时间或资源限制。	锁定严重影响学生成绩的关键时间限制。	瞄准最紧迫、对全班表现影响最大、最容易解决的时间和资源限制。
			思考并寻找一个可行的解决方案，解决时间和资源需求。	有针对性地思考并寻找一个实质性精选方案，解决时间和资源需求。	寻找一个大胆且长远的解决方案，解决时间和资源需求。
			在必要的时候，有效使用几种游说技巧，影响那些控制时间和资源的人。	在必要的时候，使用多种恰当的游说技巧（例如呼吁、逻辑推理、交易），获得那些控制时间和资源的人的支持。	在必要的时候，通过有力的游说技巧，最大程度地掌控那些时间和资源，获得广泛赞同，建立同盟，坚定且持久的支持。
			补充获得的时间和资源，让它们对学生成绩产生暂时的影响。	把获得的时间和资源融入课堂，让它们对学生成绩产生持续的影响。	确保获得的时间和资源，能在一个老师的课堂、学年和职位之外产生长久影响。

设定大目标	多管齐下	周密筹划	高效执行	持续增效	永不放弃
老师行为	初学	入门	进阶	高手	典范
6-3 为了实现有挑战性的大目标，通过多种方法，长期坚持必要的精力投入。	缺少尝试和行动。	在行动中……表现出一种欲望，去实施长时间集中精力的方法。 在反思时……描述自己有效解决精力和动力不足的方法。用有说服力的方式，解释这些方法的重要性。	主动指出自己在任何时表失了精力和动力。	预知自己可能在任何时表失精力和动力。	为了达到目标，一直坚持良好的平衡状态，避免表失精力。
			有效实施有限数量的方法，解决精力和动力不足的问题。	通过综合运用几种方法，提前采取行动来保持精力和动力。	引领创建一种氛围，通过综合手段维护师生的精力和动力。